A LIBRARY OF
DOCTORAL
DISSERTATIONS
IN SOCIAL SCIENCES IN CHINA

中国
社会科学
博士论文
文库

产业结构调整机制研究

Research on the Mechanism of Industrial Restructuring

康 珂 著

导师 王东京

中国社会科学出版社

图书在版编目（CIP）数据

产业结构调整机制研究/康珂著 . —北京：中国社会科学出版社，
2017.10

ISBN 978 - 7 - 5203 - 0535 - 8

Ⅰ . ①产… Ⅱ . ①康… Ⅲ . ①产业结构调整—研究 Ⅳ . ①F269

中国版本图书馆 CIP 数据核字（2017）第 134132 号

出 版 人	赵剑英	
责任编辑	侯苗苗	
责任校对	王纪慧	
责任印制	王　超	

出　　　版	中国社会科学出版社	
社　　　址	北京鼓楼西大街甲 158 号	
邮　　　编	100720	
网　　　址	http：//www. csspw. cn	
发 行 部	010 - 84083685	
门 市 部	010 - 84029450	
经　　　销	新华书店及其他书店	

印　　　刷	北京君升印刷有限公司	
装　　　订	廊坊市广阳区广增装订厂	
版　　　次	2017 年 10 月第 1 版	
印　　　次	2017 年 10 月第 1 次印刷	

开　　　本	710×1000　1/16	
印　　　张	15.5	
插　　　页	2	
字　　　数	254 千字	
定　　　价	66.00 元	

总　序

　　在胡绳同志倡导和主持下，中国社会科学院组成编委会，从全国每年毕业并通过答辩的社会科学博士论文中遴选优秀者纳入《中国社会科学博士论文文库》，由中国社会科学出版社正式出版，这项工作已持续了12年。这12年所出版的论文，代表了这一时期中国社会科学各学科博士学位论文水平，较好地实现了本文库编辑出版的初衷。

　　编辑出版博士文库，既是培养社会科学各学科学术带头人的有效举措，又是一种重要的文化积累，很有意义。在到中国社会科学院之前，我就曾饶有兴趣地看过文库中的部分论文，到社科院以后，也一直关注和支持文库的出版。新旧世纪之交，原编委会主任胡绳同志仙逝，社科院希望我主持文库编委会的工作，我同意了。社会科学博士都是青年社会科学研究人员，青年是国家的未来，青年社科学者是我们社会科学的未来，我们有责任支持他们更快地成长。

　　每一个时代总有属于它们自己的问题，"问题就是时代的声音"（马克思语）。坚持理论联系实际，注意研究带全局性的战略问题，是我们党的优良传统。我希望包括博士在内的青年社会科学工作者继承和发扬这一优良传统，密切关注、深入研究21世纪初中国面临的重大时代问题。离开了时代性，脱离了社会潮流，社会科学研究的价值就要受到影响。我是鼓励青年人成名成家的，这是党的需要，国家的需要，人民的需要。但问题在于，什么是名呢？名，就是他的价值得到了社会的承认。如果没有得到社会、人民的承认，他的价值又表现在哪里呢？所以说，价值就在于对社会重大问题的回答和解决。一旦回答了时代性的重大问题，就必然会对社会产生巨大而深刻的影响，你也因此而实现了你的价值。在这方面年轻的博士有很大的优势：精力旺盛，思想敏捷，勤于学习，勇于创新。但青年学者要多向老一辈学者学习，博士尤其要很好地向导师学习，在导师的指导下，发挥自己的优势，研究重大问题，就有可能出好的成果，实现自己的价值。过去12年入选文库的论文，也说明了这一点。

什么是当前时代的重大问题呢？纵观当今世界，无外乎两种社会制度，一种是资本主义制度，一种是社会主义制度。所有的世界观问题、政治问题、理论问题都离不开对这两大制度的基本看法。对于社会主义，马克思主义者和资本主义世界的学者都有很多的研究和论述；对于资本主义，马克思主义者和资本主义世界的学者也有过很多研究和论述。面对这些众说纷纭的思潮和学说，我们应该如何认识？从基本倾向看，资本主义国家的学者、政治家论证的是资本主义的合理性和长期存在的"必然性"；中国的马克思主义者，中国的社会科学工作者，当然要向世界、向社会讲清楚，中国坚持走自己的路一定能实现现代化，中华民族一定能通过社会主义来实现全面的振兴。中国的问题只能由中国人用自己的理论来解决，让外国人来解决中国的问题，是行不通的。也许有的同志会说，马克思主义也是外来的。但是，要知道，马克思主义只是在中国化了以后才解决中国的问题的。如果没有马克思主义的普遍原理与中国革命和建设的实际相结合而形成的毛泽东思想、邓小平理论，马克思主义同样不能解决中国的问题。教条主义是不行的，东教条不行，西教条也不行，什么教条都不行。把学问、理论当教条，本身就是反科学的。

在21世纪，人类所面对的最重大的问题仍然是两大制度问题：这两大制度的前途、命运如何？资本主义会如何变化？社会主义怎么发展？中国特色的社会主义怎么发展？中国学者无论是研究资本主义，还是研究社会主义，最终总是要落脚到解决中国的现实与未来问题。我看中国的未来就是如何保持长期的稳定和发展。只要能长期稳定，就能长期发展；只要能长期发展，中国的社会主义现代化就能实现。

什么是21世纪的重大理论问题？我看还是马克思主义的发展问

题。我们的理论是为中国的发展服务的，绝不是相反。解决中国问题的关键，取决于我们能否更好地坚持和发展马克思主义，特别是发展马克思主义。不能发展马克思主义也就不能坚持马克思主义。一切不发展的、僵化的东西都是坚持不住的，也不可能坚持住。坚持马克思主义，就是要随着实践，随着社会、经济各方面的发展，不断地发展马克思主义。马克思主义没有穷尽真理，也没有包揽一切答案。它所提供给我们的，更多的是认识世界、改造世界的世界观、方法论、价值观，是立场，是方法。我们必须学会运用科学的世界观来认识社会的发展，在实践中不断地丰富和发展马克思主义，只有发展马克思主义才能真正坚持马克思主义。我们年轻的社会科学博士们要以坚持和发展马克思主义为己任，在这方面多出精品力作。我们将优先出版这种成果。

2001 年 8 月 8 日于北戴河

序言一

康珂是我指导的博士生，前段时间听说他的博士论文入选"中国社会科学博士论文文库"，作为导师甚是欣慰，昨天他来电话希望我能为他的新书作序，我当然乐意为之。

不言而喻，结构调整是个重要论题。特别是中国经济进入新常态后，调结构就显得更为迫切。事实上，这个话题学界已讨论多年，遗憾的是至今仍有不少难题悬而未决，例如，调结构的症结究竟何在？以往调结构的效果为何不尽如人意？康珂的这篇博士论文对此做了研究，而且他把重点放在机制研究上，为反思结构调整提供了理论参照。

当前有关调结构的文献很多，但本书在选题和论证上不落窠臼，不是一般性地探讨结构比例与对策，而是从学理层面推演结构调整的内在规律。在论证逻辑上，作者没有拘泥于传统新古典经济学的分析框架，而是灵活运用各种分析工具，特别是奥地利学派相关理论，构建了分析产业结构调整机制的学术框架，视角独到、逻辑严谨，读来让人耳目一新。

康珂博士提出，调结构的根本问题是"知识"。这里的"知识"当然不是通常意义上的知识，而是高度分散在经济活动中的有关特定信息以及发现和利用这些信息的能力。市场瞬息万变，如果政府不能及时汇总这些知识，也就无从设计出最优的结构；相反，那些掌握这些分散知识的当事人则可做出相对合理的决策，正基于这一点，康珂认为调结构的主体应该是企业而非政府。

经过30多年的发展，我国改革已进入攻坚期和深水区。经济体制改革是全面深化改革的重点，核心问题是处理好政府和市场的关系。本书的研究对象是结构调整机制，作者论证了市场与政府在结构调整中的作用机理，从一个更广阔的视野看，作者其实是以结构调整为载体，探索政府和市场的边界，并试图为下一步改革提供理论支撑。

　　难能可贵的是，作者在完成博士论文后的两年时间里，还继续撰写并发表了大量有关经济新常态和供给侧结构性改革方面的学术论文。这些研究成果被广泛转载，并产生了一定的社会影响，在本书出版之际附于书中一并出版，可以说是锦上添花，进一步增强了本书的学术价值。

　　"不畏浮云遮望眼，只缘身在最高层。"学术研究无止境，唯有不断攀越，才能登高望远。本书是作者攻读博士期间研究成果的总结，也是学术探索漫漫征途的新起点，愿康珂博士一如既往，为国家复兴再贡献智慧。

王东京

中共中央党校副校长

2016 年 6 月

序言二

2014年6月，我参加了康珂同学的博士学位论文答辩。康珂的博士论文答辩给我留下了深刻的印象，也得到了答辩委员会的一致好评。论文的学术价值得到了相关专家的认同，该论文被选入"中国社会科学博士论文文库"，同时中国社会科学出版社将该论文编辑成书出版。此书出版之际，康珂博士邀我作序，我欣然应允。

中国已进入只有调整经济结构才能促进持续发展的关键时期，尤其是进入新常态后，经济下行压力持续加大，传统发展方式难以为继，调结构、转方式显得更为迫切。产业结构调整是经济结构调整的核心内容，是学术界和决策层都十分关注的话题。本书以产业结构调整机制为研究对象，剖析了产业结构调整的根本性问题，分析了政府主导产业结构调整机制及其在解决产业结构调整根本性问题上的作用和局限，在此基础上系统考察了市场主导产业结构调整机制及其运行的机理，选题和研究成果具有重要理论价值和实践意义。

本书对市场主导产业结构调整机制构成要素和运行机理的分析富有创新性。首先，康珂博士提出并分析了产业结构调整面临的根本问题——"知识问题"，认为知识的性质决定了知识问题只有在竞争过程中才能得到解决，这是认识政府主导和市场主导两种产业结构调整机制的关键。其次，对结构调整中的"市场失灵"进行重新解读，提出了自己的见解；对日本的产业政策进行重新考察及评价，颠覆了人们的一些传统观念。最后，在借鉴前人研究成果的基础上提出了一些新的见解，如对价格机制、竞争过程的分析，对动态效率的理解等。总之，作者认为，产业结构调整所需的知识从未以集中或完整的形式存在，更不可能及时汇总给政府，这是政府不宜担当调结构主体的根本原因。竞争的意义在于它是一个发现和利用那些高度分散知识的过程。实现这一过程的关键是市场决定价格，价格涨落激发企业家发现和利用知识，改变生产要素配置方向，从而引导产业结构自发调整。价格机制绝非新古典经济学框架下简单的数据变化，更重要的是，它在本质上是一种使用知识的有效制度。这是市场主导产业结构调整的基本原理，也是"市场在资源配置中起决定性作用"的核心要义。

在作者看来，发挥市场主导产业调整机制的作用并不意味着否定政府的作用。在论述政府作用时，作者提出为促进产业结构调整，宏观经济政策的重心应从需求管理转向供给管理，从总量调控转向结构调整。作者的分析与我们现在强调的供给侧结构性改革具有一致性，本书的研究内容为进行供给侧结构性改革提供了理论支持。也正是基于这一点，作者在完成博士论文后的两年时间里，坚持运用本书的基础理论分析中国经济现实问题，撰写并发表了关于经济新常态和供给侧结构性改革的一系列延伸研究成果，并将这些成果整理汇集于本书一并出版。在当下较为浮躁的社会氛围下，作者能够潜心读书，认真进行学理性探索研究，在博士毕业后仍笔耕不辍，学以致用，这一点非常可贵。

总的来看，全书逻辑框架清晰、分析视角独到、论证充分有力，体现出较强的创新性、开拓性和前瞻性，是一部很有价值的学术著作。当前我国经济处在结构调整优化、新旧发展模式动能接续转换的关键时期，有许多问题值得深入研究。希望这部著作的出版有助于这些问题特别是产业结构调整问题的研究，推动产业结构的优化调整和国民经济健康发展。愿以此序与康珂博士及广大学界同仁共勉，共同为中国经济发展献智献策。

陈亨光

中国人民大学经济学院教授

2016 年 6 月

摘　要

　　产业结构调整是目前我国学术界十分关注的问题。然而，现有研究产业结构调整的文献大多集中在变量关系或数据分析、对策研究领域，为数不多的对产业结构调整进行学理分析的文献多局限于新古典经济学框架，缺乏从真实市场过程深入探讨产业结构调整机制的理论性文献。本书拟弥补现有文献这方面的不足，跳出新古典经济学机械的分析框架，以奥地利学派知识分立、市场过程、企业家、动态效率等理论为分析工具，沿着一种新的思路，从一个更贴近真实市场运行的视角，对产业结构调整机制进行深入的理论分析。

　　产业结构调整有两种机制，一是政府主导机制，二是市场主导机制。本书首先提出主导产业结构调整应具备的三个条件，从知识的性质、政府的理性与自负、产业结构变动的微观法则、效果与效率之辨等角度对政府主导产业结构调整效果不佳的原因做出解释：一是政府不能事前预知最优产业结构；二是政府官员不会比企业家更关注市场和尊重市场规律；三是行政手段之"效"是效果而非效率。由此，作者指出，产业结构调整应以市场为主导，充分发挥市场机制的作用。

　　其次，在构建产业结构调整过程数学模型的基础上，深入分析市场主导产业结构调整之机理。经济问题由变化引起，产业结构调整的根本问题是知识问题，这一问题只有在竞争的市场过程中才能解决。竞争的意义在于它是一个发现和利用知识的过程，价格机制在本质上是一种使用知识的有效制度，知识问题决定了非均衡状态是现实经济的常态，产业结构的每个缺口都会通过非均衡价格以纯利润的方式表现出来，由此形成对企业家的"激励"，促成竞争性的企业家发现过程。在这个过程中，随着无知的逐渐驱散，市场的非均衡状态得到纠正，产业结构趋于协调。这一过程是政府无法模拟和替代的。

再次,重新认识产业结构调整过程中的"市场失灵"问题,指出市场有效调节产业结构绝不依赖于完全竞争或一般均衡理论脱离现实的假设条件。竞争情况下常常出现重复性生产的"浪费"是市场协调必然的、不可避免的代价,政府主导不仅不能避免资源浪费,而且会恶化知识问题,造成更大损失。产业结构调整过程不存在"市场失灵"。所谓信息不完全和不对称、外部性和垄断问题实际上是人们基于静态观点对真实市场过程的误解,不能成为政府主导产业结构调整的理由。

最后,分析产业结构调整背景下政府应发挥的作用,力图厘清政府和市场的边界。产业结构调整本身是一个市场可以有效发挥作用的领域。作为一种自发秩序,市场机制具有天然的活力,但它有效运行需要一定的制度前提,这些制度应由政府来保障。为维护和促进市场调节产业结构,政府应致力于完善市场体系的制度建设,增进市场机能,在以下三个领域更好地发挥作用:一是制度供给,二是公共物品,三是宏观政策。

日本在"二战"后成功调整产业结构的历程经常被一些学者引述为政府主导产业结构调整或直接干预型产业政策有效的证据,作者在本书最后一章对此提出质疑。通过重新考察和评价日本"二战"后各时期的产业政策,指出日本成功的原因不是政府主导,而是市场主导。产业政策的作用没有人们想象中那么大。日本的案例不仅不能作为反驳作者观点的论据,事实上反而验证了作者的观点。

总而言之,本书的核心观点可概括为:政府不具备主导产业结构调整的条件,不宜成为调结构的主体。市场主导产业结构调整可以借助价格机制,激励企业家精神,通过竞争有效地解决知识问题这一根本经济问题,促进市场实现自我修正、产业结构趋于协调。这一过程不存在"市场失灵"。

本书可能的创新之处有以下五点:一是选题的创新。产业结构调整是一个热点问题,但目前缺乏对产业结构调整机制进行深入理论分析的文献,本书弥补了这方面的不足。二是研究视角的创新,采用一个不同于长期流行的新古典经济学的理论框架对产业结构调整机制进行学理性分析。三是试图澄清人们长期以来形成的认识误区,运用一系列理论工具对市场机制有效运行的条件、市场的"盲目性""市场失灵"、日本的产业政策等做出新的解读,提出了一些具有创新性的观点。四是为我国反思产业结构调整，推进经济结构战略性调整，促进经济转型提供一个新的理论思路。五是以产业结构调整为载体，尝试回答如何处理好政府和市场的关系这一经济体制改革的核心问题，为我国全面深化改革提供新的理论支持。

本书的主要研究方法有文献研究法、理论分析法、动态分析法、数理分析法以及案例分析法。

关键词：产业结构；产业结构调整；知识问题；市场过程；价格机制

Abstract

Industrial restructuring is a central issue which attracts great attention from scholars in China at present. However, most documents about industrial restructuring pay close attention to the variables or data analysis and countermeasure research. And few theoretical analyses about this issue are limit in the frame of neoclassical economics theories. It is short of theoretical documents which probe into the mechanism of industrial restructuring deeply from the real market process. This doctoral dissertation aims to make up this deficiency by breaking through the framework of neoclassical economics, and to do a theoretical and deep analysis of industrial restructuring using the Austria School's analyzing measures such as the division of knowledge, marketing process, entrepreneur, dynamic efficiency, from a more market – based point of view.

Industrial restructuring can be realized in two ways, the government – led mechanism and the market – led mechanism. Firstly, this book proposes three conditions for who can lead the industrial restructuring effectively. It also explains why the government failed to lead the industrial restructuring successfully from the prospective of the nature of knowledge, the bounded rationality and self – conceited of government, micro law of the change of industrial structure, and the dialectical difference between effect and efficiency. The reasons are as follows: ① The government does not have the ability to foresee the optimal industrial structure; ② The government officials do not pay attention and respect to market rules as entrepreneurs do; ③ The administrative measures produce effect but not efficiency. So the author points out that industrial restructuring should be dominated by the market, and make full use of the market mechanism.

Secondly, on the basis of building a mathematical model about industrial restructuring, this book provides an in – depth analysis of the mechanism of the market – dominated industrial restructuring. The economic problems are caused by the changes, and the fundamental problem of industrial restructuring is the problem of knowledge, which can only be solved through competitive market process. The meaning of market competition is that it is a procedure of discover and use knowledge. In essentially, price mechanism is an effective system to use knowledge. The problem of knowledge decides that non – equilibrium state is the normal state of real economy. Every industrial structure gap will show it through the non – equilibrium price in the form of net profit, which constructs an incentive to entrepreneurs and contributes to the formation of emulative entrepreneur's procedure of discovery. In this process, as the ignorance being eliminated, the market's non – equilibrium state is corrected and the industrial structure tends to be harmonious. It is a process that the government cannot simulate or duplicate.

Thirdly, the author re – recognizes the "market failure" in the process of industrial restructuring, and points out that the effective industrial restructuring never depends on perfect competition or the assumptions of general equilibrium theory. In the market competition, the "waste" of repetitive manufacturing is the necessary and irresistible cost of market regulation. The domination of the government not only fails to avoid the "waste" of resources, but also exacerbates the problem of knowledge and make greater losses. There is no market failure in the process of industrial restructuring. In fact, the so – called "information incompletion and asymmetry", external and monopolistic problems are people's misunderstandings based on the static views to the process of real market. It cannot be the reason to support government to lead the industrial restructuring.

Lastly, this book analyzes the role of government under the background of industrial restructuring, and strives to clarify the boundary between government and market. Industrial restructuring itself is a filed in which market can effectively operate. As a kind of spontaneous order, market mechanism has its own vitality, though its effective operation needs certain systematic preconditions guaranteed by the government. To maintain and promote the market to regulate the industrial restructuring, the government should devote itself to perfect the rule of market, to promote the function of market, and play a better role in three fields, namely, ① system supplies; ② public goods; ③ macro policies.

After the Second World War, Japan's successful industrial restructuring process has always been quoted by some scholars as the evidence that government – led industrial restructuring or direct intervention of industrial policy is effective. In the final of this book, the author raises doubts about this view and evaluates Japan's industrial policies in different post – war periods. The author points out that the reason for the success of Japan's industrial restructuring is not government – led, but market – led. The case of Japan failed to refute the author's view. Instead, it verified the author's view.

To sum up, this book mainly argues that the government does not have the conditions to lead industrial restructuring, and it should not intervene directly in industry development. Market – led industrial restructuring can solve the fundamental economic problem: the knowledge problem effectively by using the price mechanism, encouraging entrepreneurship and market competition. This process will promote market self – correcting, and the industrial structure tending to be coordinated. During this process, there is no "market failure" exist.

In this book, the possible innovation placed in five aspects. The first one is the innovation of the topic selection. Industrial restructuring is a central issue in China. But it is short of theoretical documents which deeply search the mechanism of industrial restructuring. This paper is going to make up this deficiency. The second point is the innovation of the research perspective, for using a different theoretical framework from neoclassical economics to analyze the industrial restructuring mechanism. The third one is that this book is trying to clarify some long – lived misunderstandings about market. By using a series of theoretical tool, the author reinterprets the effective conditions of market mechanism, the "blindness" of market, "market failure", Japan's industrial policy and so on, then puts forward some innovative ideas. The fourth one is to provide a new theoretical thinking pattern for rethinking of China's industrial restructuring, promoting strategic adjustment of economic structure and economic transformation.

The fifth one, taking industrial restructuring as a case study, this book tries to elaborate the key question to economic institution reform, which is how to handle the relationship between government and market, in order to provide new theoretical support to comprehensively deepening reform of China.

The main research methods in the book are: the method of literature research, theoretical analysis, dynamic analysis, mathematical analysis and case analysis.

Keywords: Industrial Structure; Industrial Restructuring; the Knowledge Problem; Market Process; Price Mechanism

目　录

Contents

导　　论

在经历了改革开放以来30多年的高速增长后，中国经济已进入提质增效的"第二季"，进入只有调结构才能促进持续发展的关键时期。产业结构调整是目前我国学术界十分关注的问题。现有关于产业结构调整的文献多集中在变量关系或数据分析、对策研究领域，为数不多的对产业结构调整进行学理分析的文献多局限于新古典经济学框架，缺乏从真实市场过程深入探讨产业结构调整机理的理论性文献。本书拟弥补现有文献这方面的不足，从一个新的视角对产业结构调整机制进行深入的理论分析。导论部分包括选题背景与研究意义、主要研究内容与结构框架、主要研究方法与创新点等内容，为全书提供一个概览。

第一节　选题背景与研究意义

产业结构调整是经济结构调整的核心内容。理论的障碍、认识的误区导致我国结构调整在实践中屡屡遇挫。研究产业结构调整机制问题具有重要的理论价值和现实意义。

一　选题背景

经济总量与结构是相辅相成、相互联系的。合理的结构是总量增长的基础，如果结构不合理，总量增长势必受到抑制，经济就不可能持续健康发展。改革开放以来，中国创造了世界罕见的"经济奇迹"。但经历了30多年的高速增长后，传统的经济发展方式已不能维系，结构问题是当前制约中国经济持续发展的主要矛盾，中国已进入只有调整经济结构才能促进持续发展的关键时期。

　　兰斯·泰勒（Lance Taylor, 1983）指出："一个经济体系，如果它的制度和成员的行为，在资源分配并在逐步发展中形成某些格局，实质上与别的一些体系相类似，它就有结构。"① 经济结构是一个宽泛的概念，产业结构是最重要的经济结构。我国经济结构战略性调整的核心内容是产业结构调整。生产方式决定社会发展，产业结构调整机制出现问题会造成资源错配，进而引发一系列经济问题。在计划经济时代，我国实施重工业优先发展的战略。这一战略在当时确实取得了巨大的工业成就，但很大程度上是以挤压轻工业、牺牲农业为代价，造成产业结构严重失调，人民生活水平一直较低。改革开放以来，我国经济发展取得了令世界瞩目的巨大成就，然而结构不合理的深层次矛盾和问题却始终存在。多年来，学术界和决策层都一直在强调结构调整，但调整的绩效始终不理想。这迫切需要我们从理论上深入研究产业结构调整机制，正本清源，解决结构调整的体制机制障碍问题。因为理论源于实践，又指导着实践，理论上不可行的模式，在实践中无论怎么去尝试都会遇挫。

　　产业结构调整是生产要素在国民经济各行业和部门流动的过程，它的实现有两种机制：一是政府主导机制，二是市场主导机制。我国的产业结构调整多年来一直由政府倡导和推动，更多地采用政府主导机制。进入 21 世纪，特别是 2008 年国际金融危机以来，中国政府对产业结构调整的干预明显加强。2009 年，政府公布十大产业调整和振兴规划，随后出台并落实的实施细则多达 165 项，涉及产业活动的各个方面。我国于 2011 年出台、2013 年修订的《产业结构调整指导目录（2011 年本）修正版》将政府鼓励、限制和淘汰的产业名称一一列出，明确、详细地对产业结构调整进行指导。② 然而，政府主导产业机构调整的绩效并不理想，2008 年国际金融危机后，我国政府对产业发展的干预虽然在短期内保证了经济增长，但却带来了更多深层次问题，使原本不合理的经济结构进一步固化，调整结构更加困难。政府能否主导产业结构

---

　　① ［美］兰斯·泰勒：《结构主义宏观经济学》，颜泽龙译，经济科学出版社 1990 年版，第 1 页。

　　② 《产业结构调整指导目录（2011 年本）修正版》于 2013 年 5 月实行。该目录对产业发展的干预延伸至十分具体和细微的行业，例如："3 亿只/年以下的天然胶乳安全套""模拟 CRT 黑白及彩色电视机项目""PG - 27 型真空过滤机"等，体现出强烈的政府直接干预市场、主导产业结构调整的特征。

调整？人们对此提出质疑。中共十八届三中全会提出"使市场在资源配置中起决定性作用和更好发挥政府作用"。[①] 市场能否自行解决产业结构调整问题？市场主导产业结构调整的机理是什么？这些问题有待深入研究。人们对产业结构调整中政府和市场关系认识的认识误区也有待通过进一步的研究来澄清。

二　研究意义

产业结构不协调长期困扰着我国经济发展。研究产业结构调整机制问题，在理论和实践中都有重要的意义。

在理论方面，一是弥补现有文献对产业结构调整机制进行深入学理性分析较少的不足，丰富现有的研究成果。二是跳出新古典经济学思维的束缚，整合相关理论工具，从动态和更接近现实的视角构建了一个分析产业结构调整机制的新理论框架，解释政府不能主导产业结构调整的原因，分析市场主导产业结构调整的机理，有助于人们更深入地了解市场的本质。三是将市场过程与市场结果统一起来，指出市场主导机制与政府主导机制的本质区别，为避免各种假借市场之名的"伪市场调节"提供理论依据。四是通过澄清人们的理论误解和认识误区，为产业结构从行政化调整转变为市场化调整扫除理论障碍，为发挥市场在资源配置中的决定性作用提供新的理论支撑。五是通过对产业结构调整与政府作用的分析，明确了政府应更好地发挥作用的领域，有助于深化对政府和市场关系的理论认识。六是反驳了国内较为流行的日本政府成功主导，或直接干预型产业政策成功调整产业结构的观点，有助于澄清人们对日本产业政策的误解，并借此反思产业政策的相关理论。

在实践方面，一是为解决长期困扰我国的产业结构失调问题（如产能过剩），建立市场主导产业结构调整的机制提供了理论依据，有利于我国破解结构性矛盾，顺利推进经济结构战略性调整，促进经济持续健康发展。二是促使决策者认识到我国产业结构调整绩效长期不佳的根本原因，深化人们对市场机制的认识，有利于我国从广度和深度上推进市场化改革。三是有助于政府明确自身职责，在制度供给、公共物品、稳定市场预期等方面更好地发挥作用，处理好政府和市场的关系。四是有助于决策者

---

① 《中共中央关于全面深化改革若干重大问题的决定》，人民出版社 2013 年版，第 5 页。

对产业政策进行重新思考和定位，产业政策要以增进市场机能、扩展市场范围为目标，而不是直接干预产业发展。

第二节　主要内容与结构框架

本书的研究对象是"产业结构调整机制"。政府究竟面临哪些困难，为何不能主导产业结构调整？市场又是如何解决这些困难的？市场主导产业结构调整的机理是什么？如何看待"市场失灵"？在结构调整中如何处理好政府和市场的关系？日本产业结构调整的成就果真缘于强势政府的普遍的产业政策干预吗？本书试图通过较为深入的理论分析来解答这些问题。

一　主要内容

正文部分包括导论、主体和结语。除导论、结语外，共有六章内容。

导论部分是本书的开篇之作，为全书提供一个概览，包括四方面内容，分别是：选题背景与研究意义、主要内容与结构框架、主要研究方法和创新点。

第一章是文献综述。通过回顾和评价前人的研究成果，为本书的研究奠定基础。回顾的文献主要包括三部分：一是20世纪20—40年代学术界关于"计划"和"市场"的争论，这些经典文献也是本书综述的重点；二是20世纪50年代以来国外的研究进展；三是新中国成立以来国内学者关于产业结构的研究。

第二章基于政府视角分析行为主体主导产业结构调整的条件。从知识的性质、政府的理性与自负、产业结构变动的微观法、效果与效率之辨等角度对政府主导产业结构调整效果不佳的原因做出解释：一是政府不能事前预知最优产业结构；二是政府官员不会比企业家更关注市场；三是行政手段之"效"是效果而非效率。

第三章构建了一个表达产业结构调整竞争性过程的数学模型，然后深入分析市场主导产业结构调整之机理。经济问题由变化引起，产业结构调整的根本问题是知识问题，只有在竞争的市场过程中才能解决。竞争的意义在于它是一个发现和利用知识的过程，价格机制在本质上是一种使用知识的有效制度，知识问题决定了非均衡状态是现实经济的常态，产业结构的每个缺口都会通过非均衡价格以纯利润的方式表现出来，由此形成对企业家的"激励"，促成竞争性的企业家发现过程。在这个过程中，随着无知的逐渐驱散，市场的非均衡状态得到纠正，产业结构趋于协调。这一过程是政府无法模拟和替代的。

第四章对产业结构调整过程中的"市场失灵"问题提出新的解读，意在澄清人们对市场机制的误解。市场有效调节产业结构绝不依赖于完全竞争或一般均衡理论脱离现实的假设条件。竞争情况下常常出现重复性生产的"浪费"是市场协调必然的、不可避免的代价，政府主导不仅不能避免资源浪费，而且会恶化知识问题，造成更大损失。产业结构调整过程不存在"市场失灵"。所谓信息不完全和不对称、外部性和垄断问题实际上是人们基于静态观点对真实市场过程的误解，不能成为政府主导产业结构调整的理由。

第五章分析产业结构调整与政府作用，力图厘清政府和市场的边界。产业结构调整本身是一个市场可以有效发挥作用的领域。作为一种自发秩序，市场机制具有天然的活力，但它有效运行需要一定的制度前提，这些制度需要政府来保障。为维护和促进市场调节产业结构，政府应致力于完善市场体系的制度建设，增进市场机能，在以下三个领域更好地发挥作用：一是制度供给，二是公共物品，三是宏观政策。

第六章对日本"二战"后至20世纪80年代经济腾飞时期各个发展阶段的产业政策进行重新考察和评价，反驳了将日本产业结构调整历程引述为政府主导或直接干预型产业政策有效证据的观点。指出日本产业结构调整成功的原因不是政府主导，而是市场主导。产业政策的作用没有人们想象中那么大。日本的案例不仅不能反驳，反而验证了本书的观点。

最后，在结语部分对全书进行总结。

二　结构框架

根据所研究的主要内容，本书的结构框架如图0-1所示。

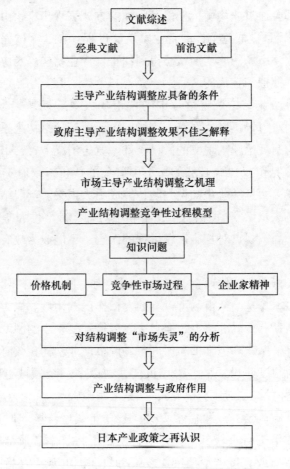

图 0－1　本书的结构框架

第三节　主要研究方法与创新点

本书以抽象理论分析法为基础，综合运用五种研究方法。可能的创新之处有以下五点。

一　主要研究方法

马克思指出："分析经济形式，既不能用显微镜，也不能用化学试剂。二者都必须用抽象力来代替。"① 本书以抽象理论分析为基础，综合运用的研究方法主要有以下几种。

第一，文献研究法。这是社会科学领域通用的研究方法。确定研究课题后，首先要查阅前人的研究成果，对相关文献进行收集、整理和分析。本书首先运用文献研究法，对产业结构调整领域的经典文献和前沿文献进行综述，力图尽可能全面地了解和掌握所研究的问题，以此作为本书研究的起点。

第二，理论分析法。当前较为流行的计量经济学分析方法之研究重点是定量分析各种变量之间的关系。这种方法为经济分析带来很多便利，有效地解决了一些问题，但在本质上是一种经验分析。如果模型的理论前提出现偏差，那么即使分析结果通过各种检验，也可能是伪命题。理论分析法是一种基础性研究方法，是在感性认识的基础上通过理性思维认识事物的本质及其规律的一种科学分析方法。只有在理论上可行，才能进一步进行各种技术化的经验分析。理论分析法是本书的基本研究方法，本书整合了相关理论工具，对产业结构调整机制进行较为深入的学理性分析。

第三，动态分析法。以一般均衡理论为主要内容的新古典经济学本质上是一种静态分析，它注重研究均衡状态下各种变量的关系，但忽视非均衡的调整过程，实际上是把动态的经济问题转化为静态的计算问题，曲解了真实市场的运行。本书主要采用动态分析法，强调产业结构调整是一个连续的过程，把时间因素、企业家精神纳入分析框架。对市场而言，最重要的不是均衡结果是否实现，而是非均衡的调整过程能否顺畅。最优产业结构不可能在事前预知，它是竞争的结果，其所需的知识只能在市场竞争中由企业家发现。

第四，数理分析法。数学通常以两种方式被应用于经济学中：一是推导和表述经济理论；二是从数量上检验经济学假设和经济理论。本书主要运用第一种方式。在论述市场主导产业结构调整的机理时，以投入产出模型、扩展的线性支出系统、供需模型等理论工具为基础，构建了一个表达产业结构调整过程的数学模型。在逻辑上表明生产者和消费者最优决策的形成过程，直观地表达了价格对产业结构调整的核心作用，为下一步进行更深入的理论分析奠定基础。

---

① ［德］马克思：《资本论》（第一卷），中共中央马克思恩格斯列宁斯大林著作编译局译，人民出版社 2004 年版，第 8 页。

第五，案例分析法。本书在理论分析的基础上，选取日本作为案例，考察了日本"二战"后经济崛起时代各时期的产业政策并进行评价。通过这一案例考察，进一步验证了本书的观点。

二 可能的创新之处

本书可能的创新之处有以下五点。

一是选题的创新。产业结构调整是一个热点问题，但目前学术界对产业结构调整机制进行深入理论分析的文献较少，多数文献都集中在变量关系或数据分析、对策研究等领域，例如用计量经济学分析某些数据之间的关系，研究产业结构高级化、合理化的对策；如何发展某一产业等。本书弥补了这方面的不足，以产业结构调整机制为研究对象，对其进行较为深入的学理性分析。

二是研究视角的创新。目前研究产业结构调整为数不多的学理性论文一般都采用新古典经济学的观点和方法。本书依托知识分立、市场过程、企业家、动态效率等理论建立了一个不同于新古典经济学的理论框架，从一个更贴近真实市场运行的视角分析产业结构调整机制，在研究视角方面有一定的创新性。

三是在论证过程中，提出了一些具有创新性的观点，试图澄清人们长期以来形成的误解。例如，以一系列理论工具对市场机制有效运行的条件、竞争导致重复性生产的"浪费""市场失灵"、科斯的灯塔问题、日本的产业政策等问题给出新的解读。

四是为我国反思产业结构调整，推进经济结构战略性调整，促进经济转型提供一个新的理论思路。结构问题是当前制约我国经济持续发展的主要矛盾。我国产业结构调整绩效长期不尽如人意，根本原因是体制机制问题，是理论认识存在误区。本书旨在用新的理论方法分析产业结构调整机制，澄清人们的一些认识误区。

五是以产业结构调整为载体，尝试回答如何处理好政府和市场的关系这一经济体制改革的核心问题。市场调节和政府干预都有一定的理论依据，仅仅通过经济学一般原理的抽象解答难以圆满地回答这一问题。产业结构调整是政府和市场关系争论的焦点话题。本书以产业结构调整为载体，探索政府和市场的边界，具体地回答如何处理好政府和市场的关系这一重大问题，为我国全面深化改革提供新的理论支持。

第一章

文献综述

文献综述是本书研究的基础。本章第一节回顾 20 世纪 20—40 年代学术界关于"计划"和"市场"的争论，这些经典文献也是本书综述的重点。第二节和第三节则分别综述 20 世纪 50 年代以来国外的相关研究和新中国成立以来国内学者关于产业结构的研究。

第一节 20 世纪 20—40 年代关于"计划" 和"市场"的争论

20 世纪 20—40 年代，经济学理论界进行了一场关于社会主义经济计算的大论战。围绕政府主导的计划经济能否有效运行，自由主义者和社会主义者展开了旷日持久的争论。尽管大论战有一定的意识形态色彩，但双方都是在学术框架下，以经济学理论进行理性的思想交锋。论战留下了很多宝贵的理论思想和学术遗产。本书分析产业结构调整机制的很多理论工具都起源于这场论战，因此首先要回顾论战中的代表性观点。这些经典文献是本书综述的重点。

一 米塞斯与论战的开始

马克思主义创始人勾勒出了未来理想社会的美好图景，但把未来社会具体如何组织和运行这一问题留给后人探索。总的来说，他们认为社会主义社会不存在资源配置或经济计算的困难。恩格斯指出，在社会主义经济中，"一件产品中所包含的社会劳动量，可以不必首先采用迂回的途径加以确定；日常的经验就直接显示出这件产品平均需要多少数量的社会劳动。"[1] 一般认为，第一位比较正式地讨论社会主义经济计算可能性问题的是意大利经济学家恩里克·巴罗内（Enrico Barone，1908）。他在《集体主义国家的生产部门》（*The Ministry of Production in the Collectivist State*）一文中，用一般均衡模型分别对个人主义制度和集体主义制度下的生产进行了分析，认为在理论上二者都能实现资源优化配置。[2] 第一次世界大战期间，欧洲国家实施战时经济，维持了高就业。奥特·纽拉特（Otto Neurath）根据对战时经济的研究提出实物经济理论，批评了资本主义制度下的货币计算，认为取消价格机制的实物计算不仅在战时，在正常时期也是可行的。以实物经济为基础，生产由政府调节要优于由市场调节。在20世纪初，质疑和批评市场经济的声音越来越多。实行生产资料公有制，由政府集中控制生产的思想逐渐流行。在这样的背景下，奥地利学派代表人物路德维希·冯·米塞斯（Ludwig von Mises，又译为米瑟斯，本书统一使用"米塞斯"）于1920年发表了一篇引起巨大反响的著名论文——《社会主义国家的经济计算》（*Economic Calculation in the Socialist Commonwealth*），从而引发了社会主义经济计算大论战。

米塞斯并不反对社会主义的目标，他强调自己是在进行一项科学研究，而不是政治论战。他指出，马克思主义之所以取得成功，"是由于它承诺要实现那些自远古以来就埋藏在人类灵魂深处的渴望和梦想"[3]。但是，目标是一回事，能否具备实现目标的手段又是另外一回事。任何社会都不能回避资源稀缺这一事实，社会主义国家同样面临经济问题。讨论社会主义问题，首先要研究社会主义的经济秩序。米塞斯认为，取消了价格机制的社会主义社会不可能进行经济计算，因而无法实现有效的资源配置。米塞斯试图通过证明社会主义社会经济计算的不可能，来证明社会主

---

① ［德］马克思、恩格斯：《马克思恩格斯全集》（第二十卷），中共中央马克思恩格斯列宁斯大林著作编译局译，人民出版社1971年版，第334页。

② Barone E.，"The Ministry of Production in the Collectivist State"，Hayek F. A.，*Collectivist Economic Planning*，London：Routledge and Kegan Paul Ltd.，1935，pp. 245–290.

③ ［奥］路德维希·冯·米塞斯：《社会主义：经济与社会学的分析》，王建民、冯克利、崔树义译，中国社会科学出版社2008年版，第16页。

义的不可行。①

米塞斯指出，任何人在经济生活的过程中都要在各种需求的满足之间做出选择。对于复杂和较长的生产过程来说，必须进行仔细的计算，否则就不能确定一项事业是否合理。计算只能按照某个单位进行。在市场经济中，各种商品都在市场上进行交换，商品价值通过货币转化为一个通用的价格标准，使经济计算成为可能。"在生产资料私有制的经济制度下，价值计算系统是每个独立社会成员行为的结果……作为消费者，他对投入消费的商品进行评价。作为生产者，他把生产资料用于带来最大回报的地方。在这个过程中，全部生产性产品也就根据现有生产条件和社会需求，以其适当的用途分门别类。这两个过程相互作用，确保生产和消费都遵循经济原则。这样就产生了准确的价格分级体系，它使每个人都能按照经济的方法协调自己的需求。"②

米塞斯指出，社会主义社会即使取消了生产资料私有制，也要面对资源稀缺的问题，经济生活仍充满了复杂和不确定性。要想解决如何最有效地利用现有生产资料来组织生产这一问题，就必须要有经济计算。然而，社会主义社会取消了市场和价格机制，计划者不可能进行准确的经济计算，漫长而复杂的生产过程只能"在黑暗中摸索"。由于缺乏价格指引，经济管理者将失去方向感。"无法确定一种产品是否需要，或者在生产它的过程中劳动和原材料是否有浪费。"③ 一个静态的社会不需要这些计算，对这种社会来说，所有的生产要素都已找到最佳的配置路径，经济活动只是简单的重复，事实上不存在需要解决的经济计算问题。然而这样的社会

---

① 在当时，计划经济被视为社会主义经济的本质特征，市场经济只属于资本主义。"一个有市场和有市场价格的社会主义制度这个观念，正同一个'三角的四方形'的观念同样是自相矛盾。"（［奥］米塞斯：《人的行为》，夏道平译，远流出版事业股份有限公司1991年版，第868页）米塞斯所指的社会主义是"生产资料及其衍生品的社会化，由社会，更准确地说是由国家机构集中控制全部生产"。他认为："社会主义的本质是：全部生产资料完全处在组织起来的社会的控制下。这就是社会主义，也只有它是社会主义。所有其他定义都是错误的。"米塞斯从当时的实际情况出发，认为市场经济与社会主义是不相容的。"选择仍然只能是：要么是社会主义，要么是市场经济。"（［奥］路德维希·冯·米塞斯：《社会主义：经济与社会学的分析》，王建民、冯克利、崔树义译，中国社会科学出版社2008年版，第14、107、202页）因此，米塞斯在《社会主义国家的经济计算》一文中对社会主义的批判实际上是对计划经济的批判。

② Mises L. V., *Economic Calculation in the Socialist Commonwealth*, Auburn: Ludwig von Mises Institute, 1990, p. 15.

③ Ibid., p. 14.

并不存在，事物总是不断变化的，经济计算问题产生于不断变化的、每天都要解决新问题的经济之中。米塞斯否认了计划经济条件下单个生产部门进行独立经济计算的可能。他说："只有当所有类型的产品和服务的价格由市场决定，从而提供了一个计算的基础时，一个企业的各部分分别计算才是可能的。没有自由市场就没有价格机制，没有价格机制就没有经济计算。"在社会主义社会，经济活动的意义既不能事先预见，也不能事后确定，"一切只能在黑暗中摸索，社会主义是对理性经济的抛弃。"①

在随后出版的《社会主义》一书中，米塞斯进一步否定了"一些年轻的社会主义者"提出的建立一个生产资料的"人造市场"来解决社会主义经济计算之可能。他指出："不可能把市场及其价格形成机制同生产资料私有制基础上的社会的功能分离开，在这种社会制度下，地主、资本家和企业家能够以他们认为合适的方式处置自己的财产。形成生产资料市场价格的整个过程的动力是，资本家和企业家通过满足消费者的需求而不停地追求利润最大化。没有风险投资家（包括股票持有者）对利润、地主对地租、资本家对利息、工人对工资的追求，整个机制的功能的成功发挥是不可想象的。唯有利润前景能够引导生产进入使消费者以最小花费获得最大满足的渠道。赢利前景消失，整个机制将失去主动力，正是这一前景为机制注入动力并维持其运转。"② 米塞斯强调市场机制是不能被人为模仿的。

总而言之，根据米塞斯的观点，在资本主义社会，通过市场竞争自发形成的价格能够引导生产者，根据消费者需求和生产条件的变化及时进行经济计算，不断地调整生产决策，在追逐利润的同时促进结构调整。尽管以货币计算为基础的经济计算并不完美，但它是唯一可行的方式。而社会主义社会废除生产资料私有制，取消了市场和价格机制，这样就无法解决经济计算问题，因而不可能实现资源优化配置。在中央计划经济尚未正式出现之时，米塞斯就以极强的理论洞察力认识到这种体制运行中的问题。从 20 世纪计划经济国家的实践来看，经济计算这一问题确实没有得到很好的解决，很多国家为此付出了沉重代价。米塞斯在论战双方都获得了声

---

① Mises L. V., *Economic Calculation in the Socialist Commonwealth*, Auburn: Ludwig von Mises Institute, 1990, pp. 17 - 18.

② ［奥］路德维希·冯·米塞斯：《社会主义：经济与社会学的分析》，王建民、冯克利、崔树义译，中国社会科学出版社 2008 年版，第 103—104 页。

誉和尊重。① "他冷酷、严格的逻辑、清晰的解释以及不竭的激情,使得他的言论不可能被人忽视。"② 他通过经济计算这一视角指出了政府指导生产、配置资源面临的困难,这对我们今天反思以政府为主体的产业结构调整方式仍有很大的启发意义。

二 社会主义者对米塞斯的回应

在米塞斯的批评下,计划经济的信奉者或支持者进行了反思。他们承认了经济计算问题的重要性,并设计出多种经济计算方案回应米塞斯,其中最著名的是美国经济学家弗莱德·泰勒(Fred M. Taylor)的"试错法"和波兰经济学家奥斯卡·兰格(Oskar Lange)的"兰格模式"。

泰勒在 1928 年就任美国经济学会主席时发表了"社会主义国家的生产指导"(The Guidance of Production in a Socialist State)这一著名演讲,试图用数学方法解决社会主义社会的经济计算问题。③ 这一方案主要包括三点内容:①国家确保每个公民得到一定的货币收入。②公民用其收入任意购买国家生产的商品,商品价格由经济当局根据生产成本决定。③经济当局采用"试错法"(Trial and Error),即"用一系列假设的解值去试验,直至其中一个被证明是正确的为止"的方法对商品价格进行校正。试错的方法是当局通过估价来确定每项生产要素的有效重要性,再根据生产阶

---

① 米塞斯率先对计划经济进行批评,引发了社会主义经济计算大论战,他的思想深刻影响了包括哈耶克在内的自由主义者。哈耶克指出:"首先用一种使问题永远不可能再从讨论中消失的形式阐述社会主义经济学中心问题的荣誉,属于奥地利经济学家路德维希·冯·米塞斯……米塞斯教授的成就,远远地超过他的先行者们所做的任何事情。"([英]哈耶克:《个人主义与经济秩序》,贾湛、文跃然等译,北京经济学院出版社 1989 年版,第 131 页)论战的另一方对米塞斯的评价也很高。挪威经济学家特吕格弗·霍夫(Trygve Hoff)指出:"米塞斯如此不知疲惫地把社会主义理论家的注意力引向这一问题,无疑是值得称道的。然而,这个批评对社会主义理论和实践的积极发展的贡献,却很少是出于他的本意,但是荣耀必须名至实归。"(Hoff T., *Economic Calculation in the Socialist Society*, Indianapolis: Liberty Press, 1981, p. 5)米塞斯在大论战中的主要对手波兰经济学家奥斯卡·兰格(Oskar Lange)说:"社会主义者肯定有很好的理由来感谢米塞斯教授……使社会主义者系统地研究这个问题的功劳完全属于米塞斯教授。一方面表达对他巨大贡献的认可,另一方面也是提醒健全的经济核算的极端重要性,米塞斯教授的雕像应该在社会主义国家的社会化部或中央计划局的大厅中占据一个尊贵的位置。"(Lange O., "On the Economic Theory of Socialism: Part One", *The Review of Economic Studies*, 4 (1), 1936, pp. 53)

② [西]赫苏斯·韦尔塔·德索托:《社会主义:经济计算与企业家才能》,朱海就译,吉林出版集团有限责任公司 2010 年版,第 132—133 页。

③ 泰勒的这次演讲于次年发表在《美国经济评论》上。(Taylor F. M., "The Guidance of Production in a Socialist State", *The American Economic Review*, 19 (1), 1929, p. 1 - 8)

段结束时该要素出现过剩或赤字来确定估计是过高还是过低。通过不断校正估价，直至过剩和赤字都不再出现。"这时，他们就可以正确地得出结论，对某个要素的估价正确地反映了该要素的有效重要性。既然如此，我们就可以确信，国家当局将能够计算为生产某种公民需求的商品而产生的资源成本。"最后，通过新计算出的成本重新确定商品价格。① 泰勒认为，这一过程可以实现社会主义经济的合理计算。

在泰勒的基础上，兰格在1936年和1937年分别发表《社会主义经济理论：第一部分》和《社会主义经济理论：第二部分》，提出更为完善的"作为一种'解决方法'的竞争"方案，后来被称为"模拟市场社会主义"或"兰格模式"。兰格对市场经济中价格的作用有清晰的认识，他熟练地运用新古典范式分析了在一个竞争市场中，消费者和生产者的行为以及实现经济均衡的条件。兰格说："虽然物价是市场上所有个人行为的结果，每个个人分别把实际市场价格看成是已知数据，他必须调节自己来适应这些价格。每个个人努力利用面对他的他不能控制的市场情况。市场价格因而是决定个人行为的参数。"② 价格形成的过程是什么呢？兰格指出，瓦尔拉斯的一般均衡模型已经表明，这是靠一系列相继的试验（反复试验）做到的。市场的功能就是提供了一种靠试错分配资源的方法。

兰格认为，在社会主义经济中，价格决定过程与竞争市场中的过程很相似。只不过价格不是由市场决定，而是由中央计划局模拟市场，通过"试错"决定。在兰格设想的社会主义经济中，消费者依然拥有选择自由，但生产的目的不再是利润最大化，而是"用可能最好的方式满足消费者的偏好"。边际原则仍然决定消费者和生产者的行为。和竞争市场一样，一般只有一组物价使每种商品的供求相等，这组物价就是生产者进行经济计算的基础。但社会主义经济实行集中生产，不存在通过竞争形成价格的机制，那么怎样确定这组物价呢？兰格认为："达到这个目的的技术很简单，中央计划局必须规定物价并且监督所有工厂、产业和资源的经理

---

① ［美］弗莱德·M·泰勒：《社会主义国家的生产指导》，张春霖译，《经济社会体制比较》1987年第5期，第51—54页。

② ［波］奥斯卡·兰格：《社会主义经济理论》，王宏昌译，中国社会科学出版社1981年版，第8页。

根据中央计划局规定的物价做他们的会计工作。"① 兰格指出，中央计划局规定的价格不是任意的，而是与竞争体制中的市场价格性质十分类似，通过试错形成。"中央计划局规定物价时作出的任何错误会用一种很客观的方式自我暴露——这种商品或资源数量的物质短缺或剩余——并且为了保持生产顺利进行，必须加以修正。由于一般地只有一组满足客观均衡条件的物价，产品的价格和成本都被唯一地决定了。"②

兰格据此认为，社会主义社会也可以根据价格进行计算，只不过是中央计划局起到市场所起的作用。"它规定组合生产要素和选择一个工厂的生产规模的规则，确定一个产业的产量的规则，分配资源的规则，以及在会计中将价格当参数使用的规则。最后，它规定物价，以便使每种商品的供求数量平衡。由此可知用计划代替市场的功能是很可能和可行的。"③兰格还认为，同样是发现价格的试错过程，计划经济的效率要高于市场经济。"因为中央计划局对整个经济体系中正在发生什么事情的知识比任何私人企业家能够有的知识宽广得多，并且因此比竞争市场可以用一个短得多的系列的相继的试验达到正确的均衡价格。"④

兰格提出的解决方案，在当时的学术界获得了很多好评。但实际上，"兰格模式"从理论到实践都存在很多无法解决的困难。例如，他试图通过求解一般均衡模型来获得价格，实际解决的是静态经济的问题。社会主义者在一开始就把论战错误地引向了静态方向，试图用数学方法来解决经济计算问题，而米塞斯早已说明静态条件下不存在经济计算问题。兰格试图将市场引入社会主义，但由于生产资料被国家集中控制，生产资料市场和资本市场都是不存在的。企业经理缺乏信息和激励，不能有效地发挥企业家才能。市场经济条件下的价格是各个市场主体相互作用产生的，过剩或短缺都是相对而言，只能由市场决定。而兰格设想由政府通过观察库存来调节价格，这种决策是武断的，不能实现合理的经济计算。一是由于信息的缺乏和时滞，中央计划局不可能及时而准确地调价；二是按品种定价会忽视产品质的差异，造成产品单一，使消费者不可能拥有真正的选择自

---

①　[波] 奥斯卡·兰格：《社会主义经济理论》，王宏昌译，中国社会科学出版社 1981 年版，第 14 页。

②　同上书，第 14—15 页。

③　同上书，第 15 页。

④　同上书，第 19 页。

由，企业只能执行中央计划局的命令，而不是去了解和适应消费者偏好的变化。

兰格对中央计划局的能力估计得过高。他承认经济生活官僚化是社会主义面临的危险，但他远远低估了这个危险的程度。兰格说："服从民主控制的官吏似乎优于实际上不对任何人负责的私营公司董事们。"[①] 现实与兰格的观点恰恰相反。官员是用公共资源试错，收益成本皆由公众承担，而企业家是拿自己的财产去冒险，每一项投资决策都事关存亡，因此前者一定不如后者谨慎、勤勉和机警。科尔奈（Kornai，1986）一针见血地指出："兰格的模型是建立在对'计划者'特征错误的假设之上的。中央计划局那些人是哲学家柏拉图再世，是团结、无私和智慧的体现。他们除了严格地实施'规则'、调整价格以应对过度的需求外，别无他求。这种超凡脱俗的官僚在过去不存在，在将来也绝不可能存在。"[②] 另外，兰格自信地认为，中央计划局所拥有的经济体系的知识比任何私人企业家拥有的知识更多。的确，中央计划局对经济的总体把握可能比任何单个的企业家更为准确，但"问题不是中央计划当局的知识与那些孤立的、单个的企业家的知识的比较，而是与在自由社会中，自由发挥企业家才能的个体企业家组成的整体之网产生与使用的知识的比较"[③]。中央计划局所掌握的市场知识远远不如无数个微观个体所掌握的充分。这些微观个体掌握的分散知识也不可能加总汇集给中央计划局的决策者。因而中央计划局试错的过程不仅不会更短，而且也不可能成功。事实上，在今天调整产业结构的过程中，我国依然犯了不少类似兰格这样过于相信政府能力的错误。

三　哈耶克对社会主义者的回应

弗里德里希·奥古斯特·冯·哈耶克（Friedrich August Von Hayek）在年轻时曾是社会主义支持者，受米塞斯影响，他放弃了早年对社会主义的追求，转而对社会主义计划经济进行了长期、深入的批评，逐渐成为自

---

① ［波］奥斯卡·兰格：《社会主义经济理论》，王宏昌译，中国社会科学出版社 1981 年版，第 29 页。

② Kornai J.，"The Hungarian Reform Process：Visions，Hopes，and Reality"，*Journal of Economic Literature*，24（4），1986，p.1726.

③ ［西］赫苏斯·韦尔塔·德索托：《社会主义：经济计算与企业家才能》，朱海就译，吉林出版集团有限责任公司 2010 年版，第 274 页。

由主义的主要代表人物。① 哈耶克对论战的过程和问题进行了较为系统的梳理。② 和米塞斯一样，哈耶克强调要区别社会主义的目标和手段。"关于最终目的的正确性，科学没有什么可说的。科学可能接受或拒绝接受这些目的，但是不能证实或反驳它们。我们能够理智地进行争论的全部问题就是，既定的措施是否以及在什么程度上导向理想的结果。"③ 哈耶克主要批评的是实现社会主义目标的经济手段，即计划经济。

哈耶克指出，经济问题不是工程问题。如果可以用一种确定或绝对的方法来决定社会不同需要之重要性的次序，以致要不计成本地为某种需要提供准备时，资源配置面临的问题才与工程师要解决的问题相似。例如，在战争时期，社会的目的是单一而明确的，即获得战争胜利。社会将集中一切可以利用的资源，最大限度地满足战争的需要。为了达到战争胜利的目的，人们不惜付出任何代价。这时，计划作为一种手段，是可取和高效的。在这种情况下，人们不必考虑成本，社会根本就不存在经济问题，生产纯粹是一个用技术就可以解决的工程问题。然而，"一旦我们为了不同的目的竞争可利用的资源，经济问题就产生了。它产生的标志是必须考虑成本问题。这里的成本像其他任何地方的成本一样，仅仅指既定资源使用于其他方面所得到的利益……不论在哪种经济制度中，人们必须在既定资源的不同使用中进行选择"。④ 这时，就不能不加选择、不计成本地采用

---

① 哈耶克受到了米塞斯思想的深刻影响。哈耶克曾说："我的思想主要是受米塞斯对计划经济问题的认识的启发。"（Hayek F. A., "The Moral Imperative of the Market", *The Unfinished Agenda: Essays on the Political Economy of Government Policy in Honour of Arthur Seldon*, London: Institute of Economy Affairs, 1986, p. 143）他在米塞斯《社会主义》一书的序言中写道："社会主义许诺给我们一个更加理性、更加公正的世界。此时，《社会主义》问世了，我们的信念坍塌了。《社会主义》对我们说，我们的方向错了。……它向一代人的观念挑战，改变了许多人的思想，尽管过程是缓慢的。"（[奥] 路德维希·冯·米塞斯：《社会主义：经济与社会学的分析》，王建民、冯克利、崔树义译，中国社会科学出版社 2008 年版，第 1—7 页）

② 哈耶克在 1935 年编撰出版的《集体主义经济计划》（*Collectivist Economic Planning*）一书中收录了一些社会主义经济计算大论战过程中的代表性论文，并对论战的性质、历史和问题进行了详细的梳理。他关于大论战的三篇著名论文《社会主义的计算（一）：问题的性质与历史》《社会主义的计算（二）：1935 年争论的真相》和《社会主义的计算（三）：竞争的"解决办法"》也收录在 1949 年出版的《个人主义与经济秩序》（*Individualism and Economic Order*）一书中。

③ [英] 哈耶克：《社会主义的计算（一）：问题的性质与历史》，载 [英] 哈耶克《个人主义与经济秩序》，贾湛、文跃然等译，北京经济学院出版社 1989 年版，第 120 页。

④ 同上书，第 113 页。

一种绝对的方式。

为了进一步说明计划经济这种手段面临的现实困难，哈耶克创造性地从知识论的角度对计划经济提出了强有力的质疑。① 哈耶克指出，经济问题由变化产生，谁也不可能知道全部的事情，完全知识假设在现实中不存在，经济问题就是要解决知识问题。合理的经济决策需要利用关于各种具体情况的知识，这些知识不完全是科学或技术领域的知识，更重要的是"许多非常重要但未组织起来的知识，即有关特定时间和地点的知识"。它们从未以集中或整体的形式存在，而是以不全面且时常矛盾的形式为各自独立的个人所掌握，从未也绝不可能为了整个社会而"赋予"一个能由其得出结论的头脑。

哈耶克说："在普通语言中，我们把关于分配现有资源的相互关联的决策的综合称作'计划'。在此意义上，所有的经济活动都是计划。"② 这种计划不管由谁制订，都要依据以某种方式传递给计划者的那种知识。问题不是要不要计划，而是谁来制订计划，这才是关于计划经济争论的中心问题。计划是由一个权威机构为整个经济体系集中地制订，还是由许多人分散地制订？这主要取决于在哪一种制度下能够更为充分地利用现有知识。哈耶克强调，社会经济问题主要是适应具体时间和地点情况的变化问题。在这方面的知识，"每个人实际上都对所有其他人来说具有某种优势，因为每个人都掌握可以利用的独一无二的信息，而基于这种信息的决策只有由每个个人做出，或由他积极参与做出，这种信息才能被利用。……最终的决策必须要由那些熟悉这些具体情况并直接了解有关变化以及立即可以弄到的应付这些变化的资源的人来做出。我们不能指望通过让此人首先把所有这些知识都传递给某一中央机构，然后该中央机构综合了全部知识再发出命令这样一种途径来解决这个问题，而只能以非集权化的方法来解决它，因为只有后者才能保证及时利用有关特定时间和地点之

---

① 哈耶克的这一思想在《知识在社会中的利用》一文中得到了总结，这篇论文最初于1945年发表在《美国经济评论》上。(Hayek F. A. , "The Use of Knowledge in Society", *The American Economic Review*, 35 (4), 1945, pp. 519 – 530) 论文后来也收录在《个人主义与经济秩序》一书中。

② ［英］哈耶克：《知识在社会中的利用》，载哈耶克《个人主义与经济秩序》，贾湛、文跃然等译，北京经济学院出版社 1989 年版，第 75 页。

具体情况的知识。"①

价格机制实际上就是一种使用知识、交流信息的机制。每个人不需要了解市场的全部,"他完全不必要知道为什么在特定时间内某种尺寸的螺钉需要量更大;为什么纸袋比帆布袋更易搞到,为什么熟练工人或某些机床暂时难以弄到,因为这些事与他全无关系"。② 他只需根据价格变化,就能做出相对合理的决策。"从根本上说,在一个关于相关事实的知识掌握在分散的许多人手中的体系中,价格能协调不同个人的单独行为……并非因为任一市场成员都须对市场整体全部了解,而是因为他们每个有限的视野合在一起足以叠盖整个市场。"③ 所以,通过价格这个中介,有关信息就能传递到全体成员。价格机制最重要的特点是配置资源的成本较低,即"其运转所需的知识很经济",参与这个体系的个人只需要掌握很少信息便能采取正确的行动。价格越僵硬,这种作用就发挥得越不理想。

针对兰格提出的由中央权威机构来制定价格以取代市场,哈耶克说:"如果问题在于找到一个能在长时期内几乎不发生变化的价格体系,则正在研究的这一提议就不是完全没有道理的。有了给定的并且不变的数据,确实可以通过反复试验的方法来接近均衡状态。但是这与现实生活中的实际情况相差甚远,不断地发生变化是现实世界中的规律。"④ 哈耶克指出,价格机制是无数参与者通过竞争自发形成的,"它既不是人类设计的产物,受其引导的人们通常也不知道自己为何会如此行事……价格体系正是一种人类偶然发现的,未经理解而学会利用的体系。"⑤ 哈耶克分析了"兰格模式"在逻辑上的矛盾。由中央集中控制的价格根本不同于竞争体制下自发形成的价格。前者的灵活性不如后者,使价格的作用受到极大影响。同时,中央计划局只限于为一类产品确定一个统一的价格,这样就无法体现出不同产地、时间和质量商品的差别,这样的价格是不合理的价格。由于价格僵硬和不合理,兰格提出的企业经理按照边际成本等于产品

---

① 〔英〕哈耶克:《知识在社会中的利用》,载哈耶克《个人主义与经济秩序》,贾湛、文跃然等译,北京经济学院出版社 1989 年版,第 77—79 页。

② 同上书,第 80 页。

③ 同上书,第 81 页。

④ 〔英〕哈耶克:《社会主义的计算(三):竞争的"解决办法"》,载哈耶克《个人主义与经济秩序》,贾湛、文跃然等译,北京经济学院出版社 1989 年版,第 170 页。

⑤ 〔英〕哈耶克:《知识在社会中的利用》,载哈耶克《个人主义与经济秩序》,贾湛、文跃然等译,北京经济学院出版社 1989 年版,第 82—83 页。

价格的生产原则就无法奏效。另外，计划经济在提供激励方面也存在严重问题。在特定条件下最廉价的生产方法必须由企业家在利润的激励下去发掘和更新。社会主义企业的负责人没有财产所有权，与企业经营活动的成败没有直接的物质利害关系，在集中定价的情况下，他只能执行命令，没有多少经营的权力和积极性。哈耶克对计划经济的批评直指政府直接控制生产的问题所在。回到本书所研究的问题，政府主导产业结构调整，也面临着相似的问题或困难。特别是政府干预价格的行为会适得其反，阻碍产业结构调整所需知识的发现和利用。

大论战关于"计划"与"市场"的争论对我们今天认识政府和市场关系、反思产业结构调整机制有重要的启示意义。大论战已经表明，计划经济不能解决资源的合理配置问题，20世纪很多国家进行计划经济实践的糟糕表现为此提供了证据。中国在改革开放后也对计划经济进行了深入的批判，但过去长期的计划经济体制使中国不但形成了一整套高度集中的官本经济体制，而且也形成了一整套根深蒂固的官本经济观念。时至今日，我国的改革开放事业还远未完成，未来将面临更大的挑战，正如党的十八届三中全会所指出的："实践发展永无止境，解放思想永无止境，改革开放永无止境……实现中华民族伟大复兴的中国梦，必须在新的历史起点上全面深化改革。"① 面对当前包括产业结构在内的各种问题，我们要认清楚到底是市场体制的内在缺陷所致，还是计划经济的遗留思维造成的。大论战中涉及的经济学理论为我们判断和解决这类问题提供了理论和方法。

论战双方对计划和市场两种配置资源手段进行了深入的分析。传统的社会主义经济理论没有涉及经济计算问题，以兰格为代表的社会主义者在新古典经济学框架下提出的解决经济计算问题的方案既在理论上遇到了困难，又在实践中被证明行不通。而以米塞斯、哈耶克为代表的奥地利学派经济学家对市场运行的洞见超越新古典经济学，推动形成一系列新的分析工具，为我们认识和理解市场机制开辟了新的思路。伊斯雷尔·柯兹纳（Israel M. Kirzner）、赫苏斯·韦尔塔·德索托（J. Huerta de Soto）等后继奥地利学派经济学家在企业家精神、市场过程、动态效率等理论领域进一步发展了米塞斯、哈耶克等的思想。这些理论从一个更贴近现实的视角

---

① 《中共中央关于全面深化改革若干重大问题的决定》，人民出版社2013年版，第5页。

解释了市场的本质，为本书研究产业结构调整机制问题奠定了理论根基。

第二节 20世纪50年代以来国外的研究进展

社会主义经济计算大论战后，随着凯恩斯主义的流行，政府主导产业结构调整的思想一时很受欢迎。特别是"二战"后，很多国家在苏联的指导下建立了计划经济体制，在一些发展中国家，为迅速改变自身的落后状况，也加强了国家对经济的干预。20世纪50—70年代流行的结构主义发展理论（Structuralism）对拉美国家以政府为主体的产业结构调整方式进行了诠释。日本等东亚经济体走出了一条与拉美不同的道路，特别是日本的产业政策引起了很大关注，也引发了不少争议。随着结构主义的衰落和计划经济走向失败，市场化改革成为共识，然而围绕产业政策、政府和市场关系的争论一直没有停止。

一 结构主义的兴起和衰落

西方主流经济学对产业的分析是建立在市场经济前提下的，他们关注的重点是产业组织。在国外学术界，产业经济学和产业组织学指的是同一学术领域，正如斯蒂芬·马丁（Stephen Martin，2003）所言："在经济学中，'产业经济学'和'产业组织学'这两个术语是同义词，它们所涉及的是关于企业及其所处产业的理论和经验性研究。"[①] 相对而言，发展中国家对产业结构更为关注。早期的发展经济学家重视结构分析，强调市场失灵，即发展中国家产业结构僵硬，市场无法有效配置资源，主张政府应积极干预，主导产业结构调整。

结构主义发展理论从全球视角思考发展中国家的经济发展问题，认为发展中国家与发达国家的差距主要在于结构差异。以劳尔·普雷维什（Raúl Prebisch，1950）为代表的联合国拉丁美洲经济委员会提出的"中心—外围"理论把世界经济分为两个部分：一个是生产结构同质和多样化的大的工业"中心"；另一个是生产结构异质和专业化的，为大的工业中心生产粮食和原材料的"外围"。前者主要由发达国家组成，具有劳动

---

① ［美］斯蒂芬·马丁：《高级产业经济学》，史东辉等译，上海财经大学出版社2003年版，第1—2页。

生产率较高的出口部门；后者主要是发展中国家，以劳动生产率较低的温饱型农业为主，出口部门集中生产少数几种初级产品。在工业品和初级产品这样的国际分工体系中，"中心"获得的利益要比"外围"大得多，发展中国家处于不利地位。国际分工不同职能的背后，正是两种类型经济的结构差异。[①] 刘易斯（W. A. Lewis，1954）的二元经济结构理论表明了资本积累对发展中国家经济转型的重要意义。[②] 但在不利的国际分工中，发展中国家很难积累足够的资本。缪尔达尔（Gunnar Myrdal，1957）的"循环积累因果理论"指出，欠发达地区的生产要素被发达地区吸收，经济增长较慢，而经济增长较慢又导致更低水平的生产要素需求，进而导致进一步贫穷这种恶性循环。[③] 总之，结构差异使发展中国家和发达国家之间的贸易形成巨大的"剪刀差"，财富从发展中国家流入发达国家。遵循各自比较优势的国际分工又强化了发展中国家与发达国家的结构差异效用，造成二者差距进一步扩大。

因此，结构主义者对大卫·李嘉图的比较优势理论、赫克歇尔和俄林的生产要素禀赋理论等传统国际贸易理论提出批评。[④] 他们认为，如果让国际市场上"看不见的手"一直发挥作用，不平等的贸易关系将使"外围"的贸易条件趋于恶化，处于贫穷的恶性循环。而这种恶性循环，有可能通过产业结构调整来避免。调整的路径是大力发展资本密集型的重工业，实施进口替代工业化战略。由于国内民间缺乏资本和技术，结构主义者建议政府积极干预，直接配置资源去支援先进产业或重工业优先发展。很多拉美国家接受了这一建议，选择政府主导机制调整产业结构，制定了庞大的经济发展计划，追求高目标、高速度、高投资，甚至不惜在国际资

---

① Economic Commission for Latin America, *The Economic Development of Latin America and Its Principal Problems*, New York: United Nations Publication, 1950.

② Lewis W. A., "Economic Development with Unlimited Supplies of Labour", *The Manchester School*, 22 (2), 1954, pp. 139 – 191.

③ Myrdal G., *Economic Theory and Under – Developed Regions*, London: Duckworth, 1957.

④ 结构主义经济学家对自由贸易批评的思想可以追溯到贸易保护理论的先驱，德国经济学家弗里德里希·李斯特（Friedrich List，1841）。李斯特反对完全的自由主义，主张落后地区应由国家主导工业化。他指出，自由贸易符合当时经济较发达的英国的利益，而"德国国家的生存、独立和它的前途所依靠的，就是它的保护制度的发展"。（［德］弗里德里希·李斯特：《政治经济学的国民体系》，陈万煦译，商务印书馆1961年版，第354页）他的幼稚产业保护理论认为，落后国家应通过设置进口关税甚至颁布进口禁令来扶植本国的民族工业，唯有如此才有赶超发达国家的希望。

本市场上大举借债发展资本密集型产业。

这种政策很快就取得了短期效果，但随着时间推移，却出现了严重问题。刚开始的几年，由于投资大量增加，这些国家经济快速增长，产业结构得到升级，国内一片繁荣。然而正如林毅夫（2009）所言，这些国家违背了由自身禀赋结构所决定的比较优势，不顾国内资本的稀缺，去优先发展资本密集型的重工业。为了实施这种战略，政府不得不去保护优先发展部门中大量没有自生能力的企业。[1] 政府优先发展的这些产业大多经不起市场检验，竞争力不强，相关企业多数都陷入严重亏损。[2] 经过 20 多年的发展，拉美国家与发达国家的差距不仅没有缩小，反而被日本、韩国等东亚国家赶超。20 世纪 80 年代，拉美国家债务危机爆发，通货膨胀、经济衰退随之而来，经济和社会出现全面危机。拉美国家纷纷启动市场化改革，结构主义发展理论走向衰落。

二　对日本产业结构调整的研究

与拉美国家形成鲜明对比的是，日本、韩国、中国台湾等东亚国家和地区在相同时期取得了产业结构调整的巨大成功，创造了东亚经济发展的"奇迹"。东亚特别是日本产业结构调整的经验引起了学术界的广泛关注。

日本学者对产业结构理论做出了很大贡献，"产业结构""产业政策"这些概念都起源于日本。筱原三代平（1955）是日本研究产业结构的先驱，他将李嘉图的比较优势理论和李斯特的幼稚产业保护理论相结合，提出"动态比较成本说"。他认为，经济发展是一个动态的过程，一国在经济发展过程中的比较优势或劣势是可以变化的。虽然在某一时点，后发国家的一些产品在国际贸易中处于劣势，但经过一定时期发展，特别是政府

---

① Lin J. Y. , *Economic Development and Transition: Thought, Strategy, and Viability*, Cambridge: Cambridge University Press, 2009.

② 拉美国家的产业升级主要靠政府扶持和保护的国有企业推动。而这些国有企业大多经营不善，亏损严重，逐渐成为政府越来越重的负担。尤安山（1986）举例指出："墨西哥国营企业的赤字 1970 年为九十亿比索，到 1982 年高达三千三百亿比索，约占国民生产总值的 10%。巴西国营企业管理秘书处所属的三百八十二家联邦国营企业，1981 年经营亏损达九十亿美元，相当于这一年联邦税收的 73%。1982 年仍然亏损严重。由于国营企业开支庞大，1982 年公共部门的赤字已占当年国内生产总值的 16.9%。委内瑞拉政府雇用的工作人员达一百三十万，是十年前的六倍，同期政府参与的企业增加二倍，但多数企业收益极差。在委内瑞拉三百二十多亿美元的外债总额中，公共部门的外债占 78%，约二百五十亿美元。"（尤安山：《拉美债务危机：原因及对策》，《拉丁美洲研究》1986 年第 1 期，第 23—26 页）

给予强有力的支持后，可能从劣势转变为优势。筱原三代平强调比较优势的转化形成要和本国产业结构调整相联系，提出产业结构调整的两个基准，即收入弹性基准和生产率上升基准。前者要求发展收入弹性大的产业，因为这些产业有较大的市场需求，可以迅速提高企业利润；后者要求发展生产率上升较快的产业，因为这些产业会大幅提高生产率水平，从而降低成本。他认为政府应积极扶持符合这两个基准的产业。选择扶植产业的这两个基准被称为"筱原二基准"。赤松要（1960）提出产业发展的"雁行形态理论"，指出日本的产业发展经历了进口、国内生产、出口三个阶段，这一变化从纺织业开始，然后转向机械、化工、电子等产业。这一理论客观描述了后发国家内部产业结构发展的顺序和走向高度化的路径，表明产业结构调整存在一定的规律和顺序，是一个自发的市场过程。20世纪90年代日本泡沫经济破灭后，日本开始再次讨论产业结构调整问题。关满博（1993）指出，进入成熟阶段的日本产业，由于机械等基础工业的衰落，面临着"地基塌方式的崩溃"。为适应下一个时代，必须进行结构调整。"日本产业以往通过形成所谓'全套型'的产业，在一国之内建成了效率极高的生产体系，并获得了闻名世界的成功，而如今却无法维持原状，不得不在与周边国家和地区分工合作这种新的网络之中，来构建它的新时代了。"① 关满博认为未来的时代是"与亚洲各国建成新的经济网络的时代"，日本应放弃大而全的产业结构，以自身优势参与国际分工，特别是要与中国建立密切的产业关系，并预言中国将成为东亚最大的工业基地。日本学者提出的这些理论表明，一个产业的选择、发展和放弃都要根据市场需求和自身比较优势的变化来确定。

有一种观点认为，日本产业结构调整取得成功和取得巨大经济成就的主要原因是政府发挥了主导作用。的确，日本政府在产业结构调整中发挥了重要作用，这也是日本经济发展区别于欧美经济发展的重要特征。但这并不意味着政府取代企业，成为调结构的主体。从上文日本学者提出的理论不难看出，日本产业结构调整始终面向市场。世界银行（Word Bank，1993）认为，自由市场的发展是日本经济成功的核心要素，产业政策最多只是起辅助性作用，很少有证据表明产业政策会影响产业结构调整和生

---

① ［日］关满博：《东亚新时代的日本经济——超越"全套型"产业结构》，陈生宝、张青平译，上海译文出版社1997年版，第3页。

产率变化。① 休·帕特里克（Hugh Patrick，1977）认为，虽然日本政府对国民经济起了扶持、导向作用，为经济增长创造了条件，但这种作用常常被夸大。"借助完全自由的商品和劳务市场所提供的机会，个体和私营企业做出了巨大努力，这是日本经济取得成就的主要原因。"② 这一观点得到了不少日本学者的赞同。例如，三轮芳朗（2002）在《日本产业政策论的误解》一书中，对于"产业政策有效发挥作用，对'二战'后日本经济的高速发展做出巨大贡献"的观念及其事实依据进行了详细的分析和检验，认为这个观点与事实相悖。他认为，从某种意义上来说，日本并没有实施被称为"产业政策"的国家直接干预，而是通过自由市场经济，实现了"二战"后经济的高速增长。

对西方发达国家而言，产业经济学研究的重点是产业组织，而非产业结构或政策。日本的成就引起了西方学者对产业结构和政策的关注。查默斯·约翰逊（Chalmers Johnson，1982）通过对日本经济发展和通商产业省（简称通产省）这一政府部门的考察，提出发展型国家理论，建立了一个解释日本经济奇迹的经典理论框架。③ 约翰逊指出，"国家指导下高速增长体制的基本问题就是政府机构与私有企业之间的关系问题。"日本最重要的一种方案是公私合作，即政府为指定的产业或企业提供信贷担保、减税优惠、投资协调、分担风险、销售支持、经济下滑时的援助、交流信息等服务，让企业在市场机制下成长发展，促进产业结构在不同时期的调整。尽管约翰逊指出了日本政府，特别是通产省这一"导航机构"的重要作用，但他强调市场是制度基础，政府干预是在符合市场规律的条件下进行的，"完善顺应市场经济规律的国家干预经济方式"是日本模式的一个要素。"企业非常愿意接受政府的援助，但是不喜欢政府对它的干

① World Bank，*The East Asian Miracle*：*Economic Growth and Public Policy*，Oxford：Oxford University Press，1993.

② Patrick H.，"The Future of the Japanese Economy：Output and Labor Productivity"，*Journal of Japanese Studies*，3（2），1977，pp. 219 - 249.

③ 所谓发展型国家就是把发展经济放在首要位置的国家。当然，把经济确定为优先目标并不意味着就能取得经济发展，这不过是一个先决条件。约翰逊指出，一个国家首先必须是发展型国家，只有如此，才能过渡到调节型国家、福利国家等。日本在经济领域的高效"首先应归功于它的优先目标。50多年来，日本始终将经济发展作为其优先发展的目标……一个国家要想获得像日本那样的经济成就，就必须采用类似日本所制定的优先目标"。（［美］查默斯·约翰逊：《通产省与日本奇迹——产业政策的成长（1925—1975）》，金毅、许鸿艳、唐吉洪译，吉林出版集团有限责任公司2010年版，第341页）

预。""日本明显的教训是政府需要市场,而私营企业则需要政府。"① 约翰逊对日本政府在经济发展中作用的评价很高,但他同时也强调市场的基础性作用。

事实上,日本在经济成长过程中对协调政府和市场关系的各种方案都进行过尝试。②"二战"后,日本的产业结构调整主要有两个方面:一是第一、第二、第三产业比重的转变,二是主导产业逐渐从劳动密集型向资本和技术密集型转变。日本产业政策引起了巨大争议,本书将在第六章对其进行专门考察。需要注意的是,很多日本学者对产业政策的评价都不高。例如,今井贤一(1984)指出,对日本而言,产业的发展虽然受到政府的影响,但基本上是遵循市场机制才得以成功。"从战后各国的经验来看,那种取代市场的手段强烈的计划一旦失败,造成的损失会远远超出市场失败的程度,孰优孰劣是显而易见的。"③ 日本的产业结构调整是否真的由政府主导?直接干预型产业政策究竟发挥了多大作用?目前人们对这些问题的认识还存在误区,本书在第六章将日本作为一个案例,对这些问题进行深入分析。

三　结构调整政府与市场关系的持续争论

随着结构主义的衰落和计划经济走向失败,拉美、东欧、苏联等国家纷纷开始转型,市场化改革成为共识。然而围绕产业政策、政府和市场关系的争论仍在继续。

---

① 〔美〕查默斯·约翰逊:《通产省与日本奇迹——产业政策的成长(1925—1975)》,金毅、许鸿艳、唐吉洪译,吉林出版集团有限责任公司2010年版,第345—354页。

② 日本在现代化进程中并非一开始就选择了市场经济,而是首先尝试计划经济。在1868年明治维新后日本开始推行计划经济体制,由政府直接配置资源。"在试行直接经营企业约15年之后,国家发现了计划体制最明显的弊端:贪污、官僚主义和缺乏效率的垄断。其后日本继续保持原有体制,但不再实施企业国有化的方针。"到20世纪,"日本形成并试图执行三种不同的方案——即自我控制、国家控制和公私合作"来解决政府和私有企业之间的关系问题。在战争期间及战后重建初期,国家控制发挥了重要作用,但也造成"产业的不佳表现"。自我控制是国家批准成立企业联合组织,授权企业通过市场竞争自行协调和运营。公私合作是最重要的一种方案,即政府为所支持的产业或企业提供各种服务,让企业通过市场实现政府的经济目标。除国家控制外,自我控制和公私合作实际上都是在市场经济条件下,以企业为主体调整产业结构的方式。(〔美〕查默斯·约翰逊:《通产省与日本奇迹——产业政策的成长(1925—1975)》,金毅、许鸿艳、唐吉洪译,吉林出版集团有限责任公司2010年版,第24、348—349页)

③ 〔日〕今井贤一:《综合评论之二》,载小宫隆太郎、奥野正宽、铃村兴太郎《日本的产业政策》,黄晓勇等译,国际文化出版公司1988年版,第528页。

苏联和东欧国家在向市场经济转型过程中遇到的严重挫折使人们对全面市场化的"华盛顿共识"（Washington Consensus）产生强烈质疑。事实上，早期的"华盛顿共识"针对的对象是已建立市场经济体系，但市场体系扭曲的发展中国家。① 市场机制并非万能，它发挥作用需要一系列条件，对于市场经济体系残缺的转型国家而言，在不具备条件的情况下采取激进的"休克疗法"进行市场化改革，不仅产业结构不会在短期内得以改善，而且会酿成更多的经济社会问题，必然出现危机。奥尔布和杰奥尔杰斯库（Albu & Georgescu，1994）对1990—1992年，罗马尼亚向市场经济转型早期经济结构问题的分析证明了这一点。他们指出，结构扭曲、传统体制的惯性力量、经济货币政策的不协调等原因使罗马尼亚的市场化改革推迟到了20世纪90年代早期。由于经济私有化和消除垄断缺乏足够的准备，价格自由化不但没有促进资源优化配置，反而造成了相反的结果：供需之间的结构性失衡加剧、工业产出下降和竞争力衰退、整个经济陷入严重衰退。他们认为，罗马尼亚需要一个更为缜密的改革方案，平稳地向市场经济过渡。② 格玛沃特和肯尼迪（Ghemawat & Kennedy，1999）则以波兰制造业为例，分析了在20世纪90年代体制转轨过程中，市场竞争对产业结构带来的冲击。③

主张政府调整产业结构的学者强调政府直接干预型产业政策对经济发展的积极意义。继查默斯·约翰逊（Chalmers Johnson，1982）以通产省来解释日本经济奇迹后，爱丽丝·阿姆斯登（Alice Amsden，1989）、罗伯特·韦德（Robert Wade，1990）对韩国和中国台湾地区的产业升级和经济发展进行了考察。④ 他们一致认为产业政策是推动东亚经济发展的重要因素，把东亚经济的成功归功于强势政府对经济的积极干预。在这些东亚国家和地区，政府不仅组织市场，而且参与市场，并最终驾驭市场

---

① Williamson J. "What Washington Means by Policy Reform", *Latin American Adjustment: How Much Has Happened*, 7, 1990, pp. 7–20.

② Albu L. L., Georgescu G., *Problems in the Structure of Romania's Economy*, University Library of Munich, Germany, 1994.

③ Ghemawat P., Kennedy R. E., "Competitive Shocks and Industrial Structure: The Case of Polish Manufacturing", *International Journal of Industrial Organization*, 17 (6), 1999, pp. 847–867.

④ Amsden A., *Asia's Next Giant: South Korea and Late Industrialization*, New York: Oxford University Press, 1989; Wade R., *Governing the Market: Economic Theory and the Role of Government in East Asian Industrialization*, Princeton: Princeton University Press, 1990.

（Governing the Market）。政府主导产业结构调整，使资源从低收益部门流向高收益部门，促进了产业升级和经济发展。桑佳亚·拉尔（Sanjaya Lall，1997）批评了世界银行对日本产业政策的消极评价，强调"技术能力"（Technological Capabilities）在工业发展中的核心作用，指出产业政策是推动经济发展的有效手段，肯定了政府在产业结构调整中的积极作用，主张西方国家学习"亚洲四小龙"的实施产业政策的经验。[1]

"市场失灵"（Market Failure）理论的进一步深化和"战略性贸易政策"（Strategic Trade Policy）理论的提出为政府干预产业结构调整提供了更多的理论支持。垄断、外部性、公共物品、信息的不完全和不对称通常被认为是市场失灵的表现。斯蒂格利茨等（Stiglitz et al.，1993）进一步分析了在金融市场上7个主要的市场失灵，认为金融市场的市场失灵比其他市场更为广泛，为政府干预提供了理论依据。[2] 现代产业政策理论使市场失灵理论进一步深入。Okuno - Fujiwara（1988）研究了相互依存产业之间的"协调失灵"（Coordination Failure），认为政府可以通过提供信息交流以协调具有外部性的相关部门。[3] 豪斯曼和罗德里克（Hausmann & Rodrik，2003）认为信息外溢是导致市场失灵的另一重要原因。企业在创新和发现盈利机会的过程中，如果成功了，模仿者将迅速涌入；如果失败了，成本由该企业自己承担。这样就造成了市场失灵的两个结果："事前的投资和企业家精神太少，事后多样化的产出太多。"进行创新的企业面临较高的风险，收益将低于社会收益，因此市场为进行"自发发现"（Self - discovery）的创新活动提供的激励不足。[4] 战略性贸易政策强调在不完全竞争市场中，政府积极运用出口补贴、进口限制、投资或研发补贴等产业政策对本国产业予以扶持，以保护本国企业抢先进入某些特定产业部门，扩大本国产品在国际市场上所占的市场份额，增强本国企业的国际竞争力。詹姆斯·布朗德（James Brander，1986）对战略性贸易政策的理

---

[1]　Lall S., *Learning from the Asian Tigers: Studies in Technology and Industrial Policy*, London: Macmillan Publishers Limited, 1997.

[2]　Stiglitz J. E., "The Role of the State in Financial Markets", *World Bank Economic Review*, 7 (1), 1993, pp. 19 – 61.

[3]　Okuno - Fujiwara M., "Interdependence of Industries, Coordination Failure and Strategic Promotion of an Industry", *Journal of International Economics*, 25 (1), 1988, pp. 25 – 43.

[4]　Hausmann R. & Rodrik D., "Economic Development as Self - discovery", *Journal of Development Economics*, 72 (2), 2003, pp. 603 – 633.

论基础作了阐释。① 保罗·克鲁格曼（Paul Krugman，1986，2007）、Bernhofen（1997）等进一步深化了战略性贸易政策理论。

　　然而，另一些学者对政府直接干预型产业政策提出了强烈的质疑。在奥地利学派看来，一般均衡理论解释了市场竞争的结果，但忽略了非均衡的调节过程，对人类复杂的行为进行高度抽象和简化，没有充分揭示市场的本质。在新古典经济学的分析框架下推出的"市场失灵"理论实际上是对真实市场运行的误解。柯兹纳（Kirzner，1973，1992）指出，主流经济学的均衡价格理论实际上排除了企业家的作用，要理解生产过程，就要先分析企业家的行为和目的。市场过程由于企业家的对利润机会的"警觉"而启动，而利润机会正是来源于经济的非均衡。非均衡状态是真实市场的常态，由此才会产生促进均衡实现的竞争。由于无知的存在，市场协调必然经历一个试错过程，这一过程也是纠正无知的步骤。由竞争内生的看似无效率的结果不是"市场失灵"，而是激励企业家发现和利用新知识的动力。"市场表现出来的表面缺陷经常被发现根本就不是缺陷，而是社会协调所必需的、不可避免的代价。"② 根据柯兹纳的观点，政府主导产业结构调整不仅不会有助于知识问题的解决，而且压制了企业家的发现过程，必然会恶化知识问题，造成经济的低效率。根据德索托（De Soto，2009）的动态效率理论，产业结构调整面临的主要问题不是在既定资源下合理配置各部门生产，如何促进最大化，而是如何激励企业家"创造"和"协调"，促进更多资源被发现和利用。从动态角度看，各种暂时性的失调、外部性等现象的存在是完全正常的，它们有利于实现动态效率。

　　查尔斯·舒尔茨（Charles Schultze，1983）对政府的产业政策提出了质疑，指出政府制定产业政策的第一个问题是：事前我们不知道如何判定一个产业结构是优胜的产业结构。③ 鲍威尔（Powell，2005）也指出，政府无法代替市场来"正确"选择应该或者不应该发展某个产业或技术等，因为"正确"选择所需要的知识只有在市场的竞争过程中才能产生和获

　　① Brander J. A., "Rationales for Strategic Trade and Industrial Policy", Krugman P. R., *Strategic Trade Policy and the New International Economics*, Cambridge: The MIT Press, 1986.

　　② ［美］伊斯雷尔·柯兹纳：《市场过程的含义》，冯兴元等译，中国社会科学出版社 2012 年版，第 10 页。

　　③ Schultze C. L., "Industrial Policy: A Dissent", *The Brookings Review*, 2（1），1983，pp. 3 - 12.

得。这些高度分散的知识不能加总、统计。另外，政府主导产业结构调整也难以避免相关部门把产业政策作为谋求自身利益的手段。① 针对发展中国家强势政府表现出的积极干预产业发展的姿态，霍布斯和海恩斯（Hobbs & Haines，1991）指出，发展中国家市场经济存在的大多数问题不是"市场失灵"，而是政府过度干预的结果。市场在资源配置方面从未失败，但市场充分发挥作用有赖于一定的制度前提，表面上看似"市场失灵"的现象实际上是不具备市场赖以存在的制度前提，归根到底是"政府失灵"。②

　　综上所述，国外学者基于不同的理论体系对政府在产业结构调整中的功能进行了不同的定位。政府和市场的关系是经济学领域的经典话题。从新古典经济学的分析逻辑出发，必然会产生"市场失灵"的认识，由此为政府主导产业结构调整提供了理由。新古典经济学虽然在体系上不断趋于精确和完美，但过于脱离现实的假设大大降低了它对真实市场运行过程的解释力。而以米塞斯、哈耶克、柯兹纳、德索托等为代表的奥地利学派通过知识分立、市场过程、企业家、动态效率等理论考察市场机制，他们的分析思路和方法更接近现实，在研究产业结构调整机制、政府和市场关系等方面也表现出了较强的解释力。

第三节　国内学者关于产业结构的研究

　　在中国，产业结构或经济结构是一项热点研究课题。国内对产业结构调整机制的研究可分为三个阶段。第一个阶段是新中国成立至改革开放前的研究。在这个时期，我国理论界没有使用"产业结构"这个概念，有关产业结构的研究限定在马克思主义经济学和苏联社会主义经济理论的分析框架内。第二阶段是改革开放后至20世纪末。在这个时期，我国逐步引入西方主流经济学、产业经济学理论，形成新的研究范式，对产业结构调整机制的转变进行了讨论。第三个阶段是21世纪以来。在关于产业结构的基

---

① Powell B., "State Development Planning: Did It Create an East Asian Miracle?" *The Review of Austrian Economics*, 18（3 - 4），2005, pp. 305 - 323.

② Hobbs C., Lee I. & Haines G., et al, "Implementing Multicultural Policy: An Analysis of the Heritage Language Program, 1971 - 1981", *Canadian Public Administration*, 34（4），1991, pp. 664 - 675.

本理论已达成共识的基础上，这个时期研究的焦点是政府和市场的关系。

一　新中国成立至改革开放前的研究

新中国成立后，我国逐步建立了高度集中的计划经济体制，产业结构调整完全以政府为主体，采用计划机制。当时产业结构调整的目标是迅速实现工业化，依据的主要理论是生产资料优先增长原理。[①] 在举全国之力进行工业建设和苏联的援助下，我国很快建立了独立的、比较完整的工业体系，工业化取得历史性成就。但到 20 世纪 50 年代后期，我国出现了国民经济比例严重失调的问题。从决策层到学术界都开始反思结构调整问题。毛泽东（1956）论述了农、轻、重比例关系问题，指出发展一些农业、轻工业会使重工业基础稳固。他在《论十大关系》中指出："如果没有足够的粮食和其他生活必需品，首先就不能养活工人，还谈什么发展重工业？所以，重工业和轻工业、农业的关系，必须处理好。"[②]

1961 年，我国提出"调整、巩固、充实、提高"的八字方针，以计划机制进行产业结构调整，主要目的是解决工农业之间、轻重工业之间的比例失调问题。学术界在肯定生产资料优先增长原理的前提下，对其中涉及的理论问题进行了讨论。金学（1962）对当时争论的主要问题进行了总结，有关产业结构调整的主要有：两大部类的比例关系问题；扩大再生产的基本公式问题；农、轻、重为序的问题。[③]

关于两大部类的比例关系问题主要是就两大部类和农、轻、重比例的关系，生产资料优先增长和第二部类在扩大再生产中的地位和作用等问题展开讨论。杨坚白（1961）指出，虽然农、轻、重的划分并不等于两大部类的划分，但在安排农、轻、重的生产时，必须充分考虑各种产品间的相

[①] 马克思首先提出了生产资料生产优先增长问题。列宁于 1893 年在《论所谓市场问题》一文中，研究了资本有机构成提高对社会生产两大部类增长速度的影响，得出结论："增长最快的是制造生产资料的生产资料生产，其次是制造消费资料的生产资料生产，最慢的是消费资料生产。"由此提出了在技术进步条件下，生产资料生产优先增长的理论。（［苏］列宁：《论所谓市场问题》，载《列宁全集》（第一卷），中共中央马克思恩格斯列宁斯大林著作编译局译，人民出版社 1984 年版，第 66 页）根据这一理论，为促进经济快速增长，要优先促进生产资料生产。

[②] 毛泽东：《论十大关系》，载《毛泽东文集》（第七卷），人民出版社 1999 年版，第 24 页。

[③] 金学：《关于社会主义再生产问题的讨论及值得探讨的若干问题》，《学术月刊》1962 年第 6 期，第 1—5 页。

互联系和它们的经济用途，"这样，农、轻、重比例关系的安排，也就基本上体现着在工农业生产领域中的两大部类比例关系的安排"[1]。吴树青（1962）则认为农、轻、重比例关系可以是两大部类之间的关系，也可以是两大部类内部的关系。前者比后者要复杂得多，不能等同。[2] 生产资料优先增长的条件是什么？一些学者认为 $I(v+m) > IIc$ 就决定着生产资料的优先增长，而另一些学者不同意这一看法，认为 $I(v+m) > IIc$ 是扩大再生产的条件，生产资料优先增长的条件是生产资料的增长速度必须优先于消费资料。因为即使二者速度相等，$I(v+m) > IIc$ 的要求仍可得到满足。关于第二部类在扩大再生产中的地位和作用，大部分学者在肯定第一部类在扩大再生产中主导、决定作用的同时，还必须看到第二部类在扩大再生产中的积极作用，强调生产与消费保持一定平衡。

关于扩大再生产的基本公式，发生了"一个公式还是两个公式"的争论。实学（1961）、宋则行（1961）、雍文远（1962）等认为，扩大再生产除了 $I(v+m) > IIc$ 这个首要的基本公式外，还必须有 $II(c+m-m/x) > I(v+m/x)$ 的公式（m/x 指 m 中用于资本家个人消费的部分）。因为扩大再生产不仅要追加生产资料，而且要追加消费资料，第一个公式只反映了追加生产资料的要求，没有反映第二部类在扩大再生产中的制约作用，第二个公式正是补充这一点。因此，扩大再生产的基本公式，不是一个，而是两个。[3] 这个观点主要针对当时片面发展重工业的倾向而提出，现实针对性很强。而刘国光（1961，1962）等学者坚持认为，扩大再生产的基本公式只有一个，即 $I(v+m) > IIc$。第二部类在扩大再生产中的地位和作用，应予足够的重视，但并不需要把 $II(c+m-m/x) > I(v+m/x)$ 也作为扩大再生产的一个基本公式，提到与 $I(v+m) > IIc$ 并列的位置。因为前者可以从消费资料平衡条件式中推导出来，而消费资料平衡条件式不过是扩大再生产的基本公式，即 $I(v+m) > IIc$ 的一个侧面展开式，

① 杨坚白：《试论农业、轻工业、重工业比例和消费、积累比例之间的内在联系》（上），《经济研究》1961 年第 12 期，第 11—21 页。
② 吴树青：《马克思关于社会生产两大部类的学说及其在社会主义再生产中运用的几个问题》，《光明日报》1962 年 1 月 8 日。
③ 实学：《关于扩大再生产公式的初步探讨》，《光明日报》1961 年 12 月 4 日；宋则行：《也谈关于扩大再生产公式》，光明日报 1961 年 12 月 25 日；雍文远：《关于扩大再生产的公式问题》，《学术月刊》1962 年第 5 期，第 11—17 页。

$II(c+m-m/x) > I(v+m/x)$ 只是一个约束条件，不需要另立"基本公式"。[①]

在农、轻、重为序的问题上，争论之焦点是农、轻、重这一次序是临时性措施，还是长期工作方针？一种观点认为这是临时性措施，是由农业是当时的薄弱环节决定的。反对者认为，以农、轻、重为序是强调农业的基础地位，强调以农业为出发点，而不是重点的次序，也不是发展速度的次序。决定何者为重点，应取决于每一个时期国民经济情况和国际形势等客观条件。1959 年至 1961 年我国出现全国性的粮食短缺和饥荒，一个重要原因是"大跃进"运动以及牺牲农业发展工业的政策导向。这两种观点实际都指出当时的产业结构调整应以发展农业为重点，给农业更多支持。农、轻、重的发展保持适当比例，才能使重工业的发展无后顾之忧。

当时学术界对产业结构问题的研究主要归在社会再生产理论中有关两个部类关系和"农、轻、重"关系的研究中，产业结构调整的主要理论依据是生产资料优先增长原理，目的是发展重工业，调节机制是完全由政府控制的计划经济模式。尽管当时的分析范式较为单一，学术界还是就一些问题展开了热烈的讨论，明确了结构调整的必要性，强调国民经济"按比例发展"。1966 年"文化大革命"爆发，学术界对结构调整的研究基本中断。

二 改革开放至 20 世纪末的研究

在"文化大革命"的创伤还没有完全修复的情况下，1978 年的"洋跃进"进一步恶化了我国已经严重失衡的经济结构。此后，决策层多次强调结构调整。改革开放初期，我国学术界开始检讨片面强调重工业优先发展导致的结构失衡问题，对生产资料优先增长原理提出质疑，强调结构平衡。随后，新的理论和研究方法不断从国外引入，学术界完成了研究范式的转变。随着市场经济体制的逐步建立，产业结构调整由政府完全控制的计划机制渐渐淡出，学术界就产业结构调整机制的转变进行了热烈的讨论。

---

① 刘国光：《论所谓扩大再生产的"第二个基本公式"》，《光明日报》1962 年 2 月 26 日；刘国光：《再论所谓扩大再生产的"第二个基本公式"——与雍文远等同志商榷》，《学术月刊》1962 年第 10 期，第 16—22 页。

　　1978 年，我国的改革开放事业拉开序幕，翌年提出以"计划经济为主、市场调节为辅"的经济体制改革思路，同时也开始了改革开放后第一次产业结构调整。这次产业结构调整仍主要采取计划机制，重点针对片面发展重工业造成的畸形产业结构。学术界仍然使用两大部类或"农、轻、重"的分析框架，对片面发展重工业的历史教训进行了反思。例如，欧阳胜（1979）以马克思两大部类原理为分析基础，指出生产资料和消费资料的平衡是社会再生产的基本条件。保持两大部类平衡发展，是经济计划工作的首要任务。[①] 鲁济典（1979）对生产资料优先增长是否是一个客观规律提出质疑，指出应根据国内外环境和经济发展状况安排经济计划，在当时国民经济受到"文化大革命"严重破坏的情况下，产业结构调整要大力或优先发展农业和轻工业。[②] 1979 年，国务院组织了一次规模较大的经济结构调查工作，马洪、孙尚清（1981）将这次调查的成果汇编出版，较为全面地分析了中国经济结构的现实问题，着重总结新中国成立以来 30 年的经验教训，强调不能片面理解生产优先增长规律。[③] 改革开放早期的这些研究突破了传统的理论教条，但较少涉及产业结构调整机制的转变，仍主张通过政府调整产业结构，计划机制发挥主要作用。

　　1984 年，我国提出"有计划的商品经济"，市场化改革进一步深入。随着国外产业经济学理论和研究方法的引入，学术界开始提出产业结构调整机制转变的问题。马建堂（1987）分析了产业结构调整的纯市场机制和完全计划机制，指出我国传统体制下产业结构形成与调节的机制基本上是一种不完全和不完备的计划体制。我国产业结构严重失衡，主要是由传统战略与传统体制形成的错误配置计划造成的。在有计划的商品经济条件下，我国应建立计划与市场、集中与分散相结合的产业结构协调机制。[④] 厉以宁（1988）指出，当时我国市场不完善，企业还没有成为有真正的利益约束的商品生产者。假定产业结构调整主要依赖市场机制，那么在企业缺乏利益约束和生产要素流动仍然受到产权关系不明确的限制条件下，会造成物价迅速上涨，市场信号扭曲，产业结构不但难以朝着合理化的方

　　① 欧阳胜：《论生产资料和消费资料的平衡》，《经济研究》1979 年第 6 期，第 13—19 页。
　　② 鲁济典：《生产资料生产优先增长是一个客观规律吗?》，《经济研究》1979 年第 11 期，第 16—21 页。
　　③ 马洪、孙尚清：《中国经济结构问题研究》，人民出版社 1981 年版。
　　④ 马建堂：《我国产业结构调整机制的转换》，《学术界》1987 年第 3 期，第 47—53 页。

向调整，甚至历史上形成的产业结构失调状况会加剧，阻碍经济增长。假定主要依赖政府主导机制，有可能促进某些产业发展，并且也有可能维持一定的经济增长率，但由于企业的积极性受到束缚，企业的效率难以提高，因此势必推迟甚至阻碍资源配置新机制的建立，经济增长只可能以牺牲效率作为代价而实现，而产业结构最终会因为缺少正确的市场信号引导而摆脱不了失调的困境。针对这个难题，厉以宁指出，经济增长的主体是企业，产业结构调整的主体也是企业。首先要进行企业体制改革，使企业成为真正的利益主体、有效的投资主体，通过逐渐完善市场，才能走出产业结构调整的困难。[①] 魏杰、张文魁（1990）也是从企业视角，认为纯粹的市场机制和纯粹的计划机制都不可能实现产业结构的有效调整，通过产业组织创新，建立企业之间新型的并联机制，可以达到计划和市场的结合，从而实现产业结构的有效调整。[②]

到了 20 世纪 90 年代，中国经济体制转轨步伐加快，市场经济体制改革的目标逐步得到确立。伴随着改革开放的不断深入，学术界的理论视野不断开阔，不仅经历了研究范式转变，更经历了思想和常识的转变。在这个过程中，新老思想相互碰撞，就产业结构调整的不同机制进行了更深入的分析，展开了一次规模较大的讨论。一些学者主张在计划经济的制度框架下引入市场。例如，薛亮（1992）认为，产业政策是计划与市场相结合的宏观调控方式。我国的产业政策是在计划经济制度下引入市场机制，不同于西方国家在市场经济制度下为弥补市场失灵而进行政府干预的产业政策。他主张"对于长期资源配置即重大结构调整，必须主要运用计划调节；对于短期资源配置即局部结构调整，应当主要实行市场调节"。[③]另一些学者主张平等地看待计划和市场两种机制，寻找二者的结合点。例如，夏杰长（1991）认为，1989 年以来的治理整顿时期产业结构调整效果不甚明显的根本原因在于计划与市场调节机制"双失效"。一方面，计划调节功能严重弱化；另一方面，市场机制赖以发挥作用的条件又残缺不全。产业结构调整要努力寻找计划调控和市场调节协调配套的集合点，建

① 厉以宁：《经济改革、经济增长与产业结构调整之间的关系》，《数量经济技术经济研究》1988 年第 12 期，第 3—9 页。

② 魏杰、张文魁：《以产业组织创新实现产业结构调整》，《云南社会科学》1990 年第 3 期，第 10—16 页。

③ 薛亮：《产业政策和产业结构调整》，《计划经济研究》1992 年第 6 期，第 7—12 页。

立计划市场协调机制。[①] 刘杰、马传景（1991）指出，资源配置机制有两种：市场机制和计划机制。从产业结构运动的角度评判一种资源配置机制的优劣，主要标准有三个：一是效率标准，即能否保证产业结构调整的目标迅速实现；二是功能标准，即是否具有自动纠正产业结构失衡的功能；三是成本标准，即产业结构由不合理到合理付出的代价的大小。通过对两种机制的分析，他们认为理想的产业结构调整机制是计划调节与市场调节的结合。[②] 戴文益（1992）认为，以"市场调节为基础，以计划调节为主导"是市场与政府的结合的调节方式。[③] 付雪成（1995）也认为，在市场体系还不完善的情况下，"建立我国产业结构调整机制必须以政府机制为主导，以市场机制为基础"，产业政策很好地体现了这一点。[④]

还有一些学者旗帜鲜明地主张产业结构调整应由政府主导向市场主导机制转变。李命志（1991）对产业结构调整的主体和机制进行了分析，指出当时我国产业结构调整的主要障碍是主体错位和调整方式不当，即政府是主要的主体，企业次之。要走出产业结构调整的困境，必须结合经济体制的改革，从根本上转变产业结构调整机制，推进价格改革。机制转变的核心在于通过政企分开，使企业成为产业结构调整主体。[⑤] 周叔莲（1998）指出，改革所有制是建立产业结构调整和升级保障机制的一个关键，"应该看到现代经济中促使产业结构变动的主体是企业和企业家，而不是政府和政府官员"。要通过改革使国有企业、集体企业等各类所有制企业都成为真正的企业，使它们成为有活力的市场竞争主体，在产业结构调整和升级中发挥积极作用。[⑥] 舒福荣（1991）明确指出，我国当时产业结构中存在的各种问题，无一不与价格有关，是相对价格长期扭曲的结果。而当时经济体制中的相对价格扭曲主要是由政府管制价格造成的一种

---

① 夏杰长：《计划与市场的双重失效是产业结构调整的最大障碍》，《湘潭大学学报》（社会科学版）1991 年第 1 期，第 54—56 页。

② 刘杰、马传景：《资源配置机制的比较与选择》，《管理世界》1991 年第 2 期，第 210—211 页。

③ 戴文益：《产业结构调整机制及其作用条件探讨》，《上海经济研究》1992 年第 3 期，第 52—56 页。

④ 付雪成：《试论我国产业结构调整的机制》，《经济经纬》1995 年第 5 期，第 24—26 页。

⑤ 李命志：《论产业结构调整机制的转变》，《经济体制改革》1991 年第 3 期，第 68—71 页。

⑥ 周叔莲：《我国产业结构调整和升级的几个问题》，《中国工业经济》1998 年第 7 期，第 22—29 页。

政策型扭曲。① 张俊（1992）、黄建军（1993）也指出价格"阻逆"导致产业结构调整困难，市场调节的关键在于价格，价格改革和产业结构调整都是长期的过程，需要加快市场化改革。② 何大安（1994）对行政配置和市场配置两种方式进行对比，认为"无论怎么说，单一的市场配置方式要比双重配置方式好得多，这便是世界上绝大多数国家都选择市场配置方式的原因所在。"③

1994 年，我国建立社会主义市场经济体制。我国产业结构、经济状况和体制环境发生深刻变化。20 世纪末，短缺经济基本结束。虽然产业结构调整的计划机制完全退出，但政府依然在产业结构调整中担当主角。江小涓（1995，1999）对我国产业结构调整约束条件的变化和迈过短缺经济后产业结构调整面临的新问题进行了总结，指出市场竞争应该成为我国产业结构调整的基本途径。面对新的问题，应有新的思路和对策，总体而言，今后我国大多数产业结构调整问题，应由企业在市场机制的引导下自主进行。④ 至此，改革开放至 20 世纪末关于产业结构调整机制的讨论基本结束。这个阶段的讨论伴随着经济体制改革和思想解放的进程，争论过程中涉及了价格改革、国企改革、资本市场等诸多经济转型过程中的问题，产生了许多既有理论价值，也有实践意义的学术成果。学术界基本否定了产业结构调整的计划机制，主张计划与市场结合更多是过渡时期的权宜之计，市场化改革倾向最终成为共识。同时，新的问题出现，产业结构调整过程中政府和市场的关系成为下一轮讨论的焦点。

三 21 世纪以来的研究

进入 21 世纪后，我国经济总量迅速扩大，但经济结构不合理的深层次矛盾和问题始终存在，产业结构调整面临更复杂的环境和更艰巨的任务。特别是 2008 年国际金融危机为我国实体经济带来严峻挑战，我国为

---

① 舒福荣：《相对价格扭曲与产业结构调整》，《商业经济与管理》1991 年第 5 期，第 61—64 页。

② 张俊：《产业结构调整的价格阻逆及对策》，《经济问题探索》1992 年第 4 期，第 16—19 页；黄建军：《价格机制与产业结构调整的理论分析》，《价格月刊》1993 年第 5 期，第 5—6 页。

③ 何大安：《资源配置与产业结构调整》，《当代经济科学》1994 年第 5 期，第 23—27 页。

④ 江小涓：《市场竞争应该成为我国产业结构调整的基本途径》，《财经问题研究》1995 年第 8 期，第 1—5 页；江小涓：《产业结构调整与产业政策：迈过短缺经济后的再思考》，《经济研究参考》1999 年第 Z1 期，第 61—72 页。

应对危机采取的一系列应急措施使结构调整更加困难。对于如何调整产业结构，学术界仍存在分歧，核心问题是应以政府为主体，还是以企业为主体，争论的焦点是在市场经济框架下政府和市场之关系。

一种观点认为，由于市场不完善、市场失灵以及我国特殊国情等原因，政府干预在产业结构调整中的效果更为明显。政府可以通过识别要素禀赋优势，充分发挥后发优势，推动主导产业快速发展和结构升级，带动整个经济发展。因此，尽管市场奠定了资源分配的基本格局，但产业结构调整应以政府为主体，主要采取政府主导机制。

罗勤（2001）认为，"发展中国家由于市场体系和机制不完善，经济运行中普遍存在着非均衡现象，结构问题较为突出，加上技术相对落后和国际竞争力差等原因，政府对产业结构的调整发挥着更大的作用。"在单纯的市场机制条件下，衰退产业的过剩生产力向其他产业转移的问题，由于市场存在的固有缺陷，而不能很好地实现，这就需要政府的有力干预，以弥补市场机制的缺陷和不足。"我国作为一个发展中大国和体制转轨国家，市场机制的不完善更加明显。因此，中国产业的结构调整，特别是对衰退产业的援助和调整，政府的作用不可替代。"①

吴宏洛（2002）认为，我国产业结构调整一直由政府主导。无论在计划经济时期，还是改革开放以来，政府支持或鼓励的产业都得到迅速发展并带动了产业结构的调整。由于改革的不完全，很多问题没有政府参与几乎无法解决。"政府不仅在营造市场机制方面承担着重要角色，而且在产业结构调整中起着无法替代的直接作用。"政府可以利用各种政治经济手段，如税收、工资、银行信贷等政策影响供求变化从而影响结构变动，也可以直接将资源配置到重点部门与产业。在市场经济总需求不足的宏观环境下，急需发挥主导产业的带动作用。"推动主导产业较快发展，形成对相关产业及整个国民经济增长的带动效应，是政府之所长，而这一点也是市场机制的自发作用不及的方面。"②

王皓（2009）分析了 2008 年国际金融危机对我国产业结构的影响，肯定了政府对调结构的主导作用。他认为："由于金融危机的影响和保持

① 罗勤：《论政府在产业结构调整中的作用》，《社会科学辑刊》2001 年第 4 期，第 97—99 页。

② 吴宏洛：《产业结构调整与政府角色定位》，《福建教育学院学报》2002 年第 4 期，第 1—2 页。

经济增长的压力，在拉动经济的三驾马车（出口、内需和投资）中，投资无疑被政府视为最有力的武器……中国经济发展的独特性突出表现在政府，尤其是地方政府在经济发展中所起的主导作用。地方政府不仅是规则的制定者，同时也是市场的参与者。脱离政府的指导和参与，完全依赖市场调节来进行结构调整，在当前中国并不是现实的选择。"但他同时也强调政府主导的产业结构调整必须遵循市场规律，既要顺应工业化进程的客观规律，又要发挥各地区的比较优势。[1] 从决策层的角度看，虽然市场经济的理念已深入人心，但各级政府在调结构时往往以政府代替市场，很难做到遵循市场规律。类似"发挥政府主导作用，推进产业结构调整"的表述经常出现在政府文件中。政府的"父爱主义"观念十分强烈，担心市场失灵，担心企业不能充分发挥作用，认为调整产业结构是政府自身义不容辞的责任。

另一种观点认为，我国产业结构长期不合理的根源在于政府过于强势，市场在检验产业发展、促进生产要素流动方面的作用受到抑制。产业结构调整多年效果不大的根本原因不是市场失灵，而是政府作为主体参与其中，过度干预市场。产业结构调整的主体是企业，而非政府，应主要依靠市场调节机制。

肖梁（2002）强调了价格在经济结构调整中的杠杆作用。"在社会主义市场经济条件下，市场在资源配置中发挥基础性作用，结构问题也要靠市场去调整。"价格机制是市场机制的核心，价格水平影响供求。只有让企业拥有自主定价权，企业才能通过价格对市场供求变化做出灵敏反应，进而推动产业结构及其相关经济结构的变动，实现社会资源的合理流动和优化配置。[2] 王效昭（2005，2006）指出，只有明确主体并使各主体各就其位，才能保障结构调整成功。中国历次经济结构调整主要靠政府推动。在步入市场经济后，政府在结构调整中仍然作为最重要的，甚至是唯一主体的状况必须改变。在市场经济中，经济结构调整的原动力应来自企业，政府在结构调整中的首要任务和职责是建立和维护市场运行规则，企业才

---

① 王皓：《金融危机对产业结构的影响》，《中国社会科学报》2009 年 7 月 2 日第 7 版。

② 肖梁：《论价格在经济结构调整中的杠杆作用》，《经济体制改革》2002 年第 5 期，第 154—157 页。

是从事经济结构调整的主体。①

王东京（2009，2012）指出，市场失灵不是结构失衡的原因。产业发展不协调不是市场的错，而是政府缺位或干预不当的结果。若由政府调结构，须满足三个前提："第一，政府要知道什么是好的结构；第二，政府官员要比企业家更懂得尊重市场规律；第三，用行政手段调结构要比市场机制更有效。"这三个前提在现实中难以成立。结构问题至今理不顺，不是政府不作为，而是政府急于求成，对结构调整插手过多。产业结构调整的主体应是企业而不是政府，应靠市场机制。价格作为资源配置的信号，只要政府不管制，价格涨落自会引导结构调整。② 魏农建、刘静波（2011）在马克思主义政治经济学的框架下，对产业结构调整进行重新诠释，提出目前我国产业结构调整过程中出现的问题是由于相关参与主体在调整过程中角色"易位"或"缺位"造成的，明确指出企业是整个过程中的主体，而市场需求则是结构调整的源泉，产业结构调整是资本在各个部门间流动，追逐利润的结果。③

江飞涛、李晓萍（2010，2011）指出，中国的产业政策一直以来就具有强烈直接干预市场的特征，产业政策试图以政府的判断、选择来代替市场机制，保护和扶持国有大型企业，限制中小企业对国有大企业市场地位的挑战和竞争。这种直接干预型、选择性的产业政策理论依据并不充分，甚至理论依据本身就存在严重的问题。④ 在重新认识市场机制与"市场失灵"的基础上，他们进一步反思产业政策的理论基础与政策取向。指出在发展和转型国家存在的所谓"市场失灵"，实则多是"政府失灵"或"制度失灵"，实施直接干预市场型的产业政策只会使问题更为严重。⑤ 杨文进（2012）通过对产业结构调整程度与宏观经济运行稳定性的关系、

---

① 王效昭：《经济结构调整主体与政府进、退作为研究》，《华东经济管理》2005 年第 5 期，第 32—34 页；王效昭：《经济结构调整主体研究》，《技术经济》2006 年第 5 期，第 28—30 页。

② 王东京：《调结构，要放手让市场做主》，《21 世纪经济报道》2009 年 5 月 11 日第 26 版；王东京：《谁是中国调结构的主体》，《学习时报》2012 年 10 月 8 日第 4 版。

③ 魏农建、刘静波：《产业结构调整的政治经济学诠释》，《产经评论》2011 年第 1 期，第 14—21 页。

④ 江飞涛、李晓萍：《直接干预市场与限制竞争：中国产业政策的取向与根本缺陷》，《中国工业经济》2010 年第 9 期，第 26—36 页。

⑤ 江飞涛、李晓萍：《干预市场抑或增进与扩展市场——产业政策研究述评及理论重构的初步尝试》，《2011 年产业组织前沿问题国际研讨会会议文集》，第 506—524 页。

市场经济中的产业结构演变的考察，指出："对宏观经济而言，产业结构不均衡是经济持续发展的推动力，随着对产业结构的不断调整，推动经济运行的稳定。虽然市场经济中的结构调整容易矫枉过正，但却为其他部门的发展和技术进步提供条件，同时市场机制有足够的能力解决结构问题……当结构出现长期失衡而得不到有效解决时，一定是市场机制受到抑制。"多年来我国的产业结构调整存在很多问题，主要原因是政府本身作为利益主体参与其中。"政府既不具有相关的信息，也不具有相应的调节能力，政府的过度干预，不仅会加大结构调整的困难，而且会破坏宏观经济运行的稳定。对宏观经济的运行来说，结构的'无序'反而是'有序'的，而人为干预的'有序'的结构反而是'无序'的。"我国要解决产业结构失衡问题，就必须减少政府干预，充分发挥市场机制的作用。①

综上所述，国内学者都承认中国产业结构存在严重问题，一致认为产业结构需要调整，但在由谁调、怎么调的问题上存在分歧。从 2008 年国际金融危机以后我国的产业政策来看，政府进一步加强了对产业发展的直接干预，政府主导结构调整的倾向增强，人们对市场的认识也存在不少理论和政策误区。政府主导结构调整是否可取？这需要充分分析政府是否具备调结构的条件。如何正确认识市场机制？产业结构调整过程中出现的问题真的是由于市场机制的缺陷和不足吗？这需要深入分析市场主导产业结构调整的机理，重新考察"市场失灵"等问题。总之，关于产业结构调整机制，有一系列理论问题有待深入分析，这是本书的研究任务。

① 杨文进：《产业结构调整与宏观经济运行稳定性关系研究》，《经济纵横》2012 年第 9 期，第 24—30、70 页。

第二章

主导产业结构调整应具备的条件

产业结构调整是生产要素在国民经济各行业和部门流动的过程，它的实现有两种机制：一是政府主导机制，二是市场主导机制。① 从现实来看，我国的产业结构调整多年来一直由政府倡导和推动，更多地采用政府主导机制。然而，事实表明政府主导产业结构调整效果并不理想。本章将重点讨论政府作为产业结构调整主体应具备的三个条件，并从理论上对政府主导产业结构调整效果不尽如人意的原因做出解释。

第一节 条件之一：事先预知最优产业结构

政府主导产业结构调整有效的第一个条件是：政府事先知道什么样的产业结构最优。理性行为必然基于一定的信息，需要一定的知识，不能在黑暗中摸索。新古典经济学对经济系统的分析始于完全竞争市场，而完全竞争市场把"每个成员都具备完备的知识"作为一个既定假设，对知识本身没有做过多的分析。② 这样的假设显然与现实世界相差甚远，以此为基础建立的均衡理论实际上描述的是竞争趋向达到的结果，而不是竞争过程。要准确地认识现实世界中市场运行及产业结构调整的过程，首先要全面地了解知识问题。谁掌握了关于市场更充分和完备的知识，谁就更适合担当产业结构调整的主体。人们在论证政府主导产业结构调整必要性时，

---

① 本书研究的"产业结构调整"指的是国民经济中一般竞争性行业的生产要素流动。

② 奈特（Knight，1921）对完全竞争市场的基本条件做了经典的阐释，他指出："在对完全竞争的真正前提条件的简化中，最主要的一个假设是，竞争体系中的每个成员都具备有完备的知识。"（［美］富兰克·H. 奈特：《风险、不确定性和利润》，王宇译，中国人民大学出版社2005年版，第147页）

经常提到的论据是市场具有盲目性，政府比个人拥有较多的信息，更能把握全局。本书通过产业结构调整中的知识问题论证这一论据的谬误，指出"政府事先知道什么产业结构最优"这一命题不可能成立。

一　知识的性质

20 世纪 20—40 年代的社会主义经济计算大论战产生了许多重要的理论成果，以哈耶克为代表的奥地利学派提出的有关知识问题的理论便是其中之一。合理的经济决策需要利用关于各种具体情况的知识。哈耶克指出，除了科学或技术领域的知识，人类社会还存在"分立的个人知识"。在经济活动中，人们运用更多的是第二种知识，它们是"许多非常重要但未组织起来的知识，即有关特定时间和地点的知识"。[①] 这种知识比主流经济学语境下的知识（价格、数量等）宽泛得多，"是由一种探明特定情势的能力构成的"。[②] 它们告诉行为主体在何处以及如何去发现所需要的信息，应该采取什么行动。这些知识具有以下几个特点。

第一，主观性。经济活动是无数微观个体共同参与的，行为主体所拥有的特定时间和地点的知识是个人知识，与行为主体的主观心理有关。正如消费者对商品的评价是主观的，不同人对同一现象或信息的认识和反应也是主观和各不相同的。同一事件，有人敏锐发现，有人毫无察觉，还有人视而不见。即使大家都认识到这一事件，反应也会根据各自偏好、条件而不同。在哈耶克（Hayek，1960）看来，知识是行为者个人拥有或主观解释的。"知识只会作为个人的知识而存在。所谓整个社会的知识，只是一种比喻而已。所有个人的知识（the Knowledge of All the Individuals）的总和，绝不是作为一种整合过的整体知识（an Integrated Whole）而存在的。"[③] 这些知识处于分立状态，为不同行动者以不同的量所拥有，在不同的、具体的主观时空协调情境下存在，人们不可能以客观的方法或一种统一的尺度对它们进行分析和解释。

① ［英］哈耶克：《知识在社会中的利用》，载哈耶克《个人主义与经济秩序》，贾湛、文跃然等译，北京经济学院出版社 1989 年版，第 76 页。
② ［英］哈耶克：《作为一种发现过程的竞争——哈耶克经济学、历史学论文集》，邓正来译，首都经济贸易大学出版社 2014 年版，第 38 页。
③ ［英］哈耶克：《自由秩序原理》（上），邓正来译，生活·读书·新知三联书店 1997 年版，第 22 页。

第二，实践性。迈克尔·欧克肖特（Michael Oakeshott，1962）把人类知识分为两类：技术知识和实践知识。技术知识是可以被精确制定，通过教学过程来获得的知识。而实践知识在形态上并不精确，在表达上只存在于运用之中，不能被限定为规则，在获得方式上只能通过耳濡目染习得，既不能教也不能学。经济活动需要的知识，更多的是实践知识，是"在现场者"在具体的时间和地点发现，在实践中逐步获得的。这样的知识不是既定存在的知识，不能通过某些储藏信息的物质手段（如书籍、统计资料、计算机等）来获得，而是与人的行为密切相关，在本质上是实践的。

第三，分散性。经济活动过程运用了大量的知识，但这些知识是在特定的时间和地点产生，只能以分散的形式存在，且受环境变化影响而很快更新，无法得以组织和整合。哈耶克（Hayek，1936，1945）在米塞斯的基础上提出"知识分工"这一命题，指出知识是个人拥有的，为不同的人所分散掌握。"这里显然存在着一个知识分工的问题，它与劳动分工问题非常相似，起码具有同等的重要性。"[1] "我们所必须利用的关于各种具体情况的知识，从未以集中的或完整的形式存在，而只是以不全面而且时常矛盾的形式为各自独立的个人所掌握。"[2] 由于"知识分工"的存在，人们对现实世界中的很多事情处于"必然的无知"状态。任何人都不可能全知全能地了解一切，行为主体拥有的信息只占社会中产生和传递的全部信息的极小一部分。每个行为主体都只能根据自己所掌握的有限知识作决策，但掌握信息的人对其他人来说又具有某种优势。"因为每个人都掌握可以利用的独一无二的信息，而基于这种信息的决策只有由每个个人作出，或由他积极参与作出，这种信息才能被利用。"[3] 分散性是知识基本的存在状态。

第四，默会性。实践知识难以通过文字、语言、图像等显性形式表达和传递，是不能言说的，只能由行为主体自己默默体会，不可能完全与人共享。吉尔伯特·赖尔（Gilbert Ryle，1945）区分了"知道如何"（Knowing How）和"知道那个"（Knowing That），表明行为主体往往知道

---

① [英] 哈耶克：《经济学和知识》，载哈耶克《个人主义与经济秩序》，贾湛、文跃然等译，北京经济学院出版社1989年版，第48页。

② [英] 哈耶克：《知识在社会中的利用》，载哈耶克《个人主义与经济秩序》，贾湛、文跃然等译，北京经济学院出版社1989年版，第74页。

③ 同上书，第77页。

怎么做，但他不能辨别出是哪些因素构成了他所做的事。① 迈尔克·波兰尼（Michael Polanyi，1958）通过对认识中所存在的"我们所知道的多于我们能告诉的"现象的研究，进一步提出"默会知识"（Tacit Knowledge）这一概念，指出人类通过认识活动所获得的知识，有的可以用文字或符号来明确地表达，有的却很难直接表达。② 例如我们可以在成千上万张脸中辨认出一张熟悉的脸，但却说不出我们是如何认出这张脸的。这些思想对哈耶克的知识理论产生了影响。哈耶克（Hayek，1962）以骑自行车者、手艺人、滑雪者等为例，说明了行为主体在"知道如何"方面的"知"和在"知道那个"方面的"无知"，指出在社会经济生活中，有许多现象是个人无从阐明、并不知道也不可能知道的。③ 很多企业家并不懂经济学原理，但他们依然能按其规律行事，正如台球高手不需弄清力学原理一样。关于默会知识，行为主体并不需要"有意识"地获取就已经在实践中拥有了它。经济活动所需的知识大多数都有默会性的特点，它指引着很多人的行为，却不能言说。

二　政府在利用知识方面的困难

知识理论为我们看待经济问题提供了一个更贴近现实的视角。如果我们掌握了全部的知识，那么生产只是一个技术问题。新古典框架下市场均衡之本质就是市场参与者具备完全的共同知识所可能达到的结果。但现实问题是：不可能有哪个人或哪个机构掌握了全部知识或完备信息，经济问题不只是如何配置"给定"资源的问题，更重要的是这样一个问题：如何发现和利用知识。产业结构调整就是一个典型的经济问题，而非技术问题。选择政府主导或者市场主导，关键是看哪种机制能更有效地发现和更充分地利用现有的知识。根据知识的性质，政府不可能掌握全部的知识，

---

① Ryle G., "Knowing How and Knowing That: The Presidential Address", *Proceedings of the Aristotelian Society*, 46 (9), 1945, pp: 1 - 16.

② 波兰尼指出，通常所说的知识是用书面文字或地图、数学公式来表达的，这只是知识的一种形式。还有一种知识是不能系统表述的，例如我们有关自己行为的某种知识。相对于前一种显性知识而言，波兰尼把后一种知识称为默会知识。默会知识不仅在日常生活中存在，而且在非常理性化的科学研究中也存在，这造成了"我们所知道的多于我们能告诉的"（We can know more than we can tell）这一现象。（Polanyi M., *The Study of Man*, Chicago: The University of Chicago Press, 1958）

③ Hayek F. A., *Rules, Perception and Intelligibility*, Oxford: Oxford University Press, 1962.

而且政府发现和利用知识的能力也受到强烈质疑。

首先，从知识主观性和实践性的特点来看，是生产者而非政府承担起预测消费者欲望的责任，是企业而非政府从事产业结构调整的实践，因此政府掌握的知识不如企业充分。生产的目的是满足消费，正如奈特（Knight，1921）在论证利润的起源时所言："生产商品是为了满足欲望……经济制度最为重要的特征，即生产是为市场的生产。"① 消费者的需求处在不断变化之中，市场充满了各种不确定性。产业结构没有绝对的优劣之分，也不存在一个统一的合理标准，各部门的短缺或过剩只能由市场决定。企业家在追求利润的动机下，把生产要素从利润率较低的部门转移到利润率较高的部门，也就是从产品相对过剩的部门转移到相对稀缺的部门，由此决定了产业结构调整。在这个过程中，是企业家而非政府发现和利用知识。只有在个人可以根据自己的情况、按照自己的决定自由地运用他的知识时，才可能使任何个人所拥有的许多具体知识全部得到利用。

其次，从知识分散性的特点来看，政府不可能把企业掌握的知识以集中或完整的形式汇总起来，也就无从设计最优产业结构。在市场上，每个行为主体都掌握着一定的、不完全的知识。"最终的决策必须要由那些熟悉这些具体情况并直接了解有关变化以及立即可以弄到的应付这些变化的资源的人来作出。我们不能指望通过让此人首先把所有这些知识都传递给某一中央机构，然后该中央机构综合了全部知识再发出命令这样一种途径来解决这个问题，而只能以非集权化的方法来解决它，因为只有后者才能保证及时利用有关特定时间和地点之具体情况的知识。"② 政府主导产业结构调整意味着政府集中作决策，市场主导产业结构调整意味着企业分散作决策。显然只有后者才能更有效地利用分散的知识。

最后，从知识默会性的特点来看，政府不可能通过学习和调研的形式获得产业结构调整必备的知识。政府试图优化产业结构的初衷是好的，但分立的个人知识由于其性质只能由当事人在现场发现和利用，无法进入统计数字，也不可能通过学习获得。政府虽然掌握了一定的统计数据和调研资料，但这些数据和资料在本质上仍是显性知识，无法涵盖那些镶嵌于无

---

① ［美］弗兰克·H. 奈特：《风险、不确定性与利润》，安佳译，商务印书馆 2010 年版，第 228—232 页。

② ［英］哈耶克：《知识在社会中的利用》，载哈耶克《个人主义与经济秩序》，贾湛、文跃然等译，北京经济学院出版社 1989 年版，第 79—80 页。

数实践活动之中、不能言说的默会知识。正如哈耶克（Hayek，1988）所言，"没有任何人能够把自己的全部知识都传达给别人，因为许多他能够亲自加以利用的知识，是在制定行动计划的过程中才变得明确起来的。这种信息，例如了解到他能够获得的各种物资相对匮乏，会随着他在自己所处的环境下着手具体的工作而出现。"① 政府不是从事生产的实践者，无法习得这些默会知识。产业政策再周密，也不能完全考虑到那些具体时间和地点的情况，更无法适应这些情况的变化。

综上所述，知识的性质决定了政府事先知道什么产业结构最优这一条件不成立。当然，企业也不知道什么产业结构最优，甚至单个企业对经济形势总体的把握远远不如政府，但问题不是政府的知识与孤立、单个的企业的知识比较，而是和市场上无数企业、居民的知识总和比较。由政府选定的产业结构不应该成为产业结构调整的参考标准，因为关于"最优产业结构"的知识从来都不是对于任何人的头脑给定的事物。产业结构调整的问题绝不是如何运用这样的知识去设计最优产业结构，而是将分散在整个经济中主观、实践、默会的知识动员起来。产业结构是不计其数的企业不断地发现和利用知识，在追逐利润过程中通过"试错"形成的，很多知识本身就是企业家在实践中创造出来的。市场竞争真正的价值在于发现知识与有效地利用分散知识。每个人不可能，也不需要了解一切，在价格的指引下，生产者和消费者都能按照经济原则决定和调整自己的行为。市场竞争就是一个发现和利用知识的过程，一种协调不同个人单独行为的机制。② 市场之所以在发现和利用知识方面更为有效，"并非因为任一市场成员都须对市场整体全部了解，而是因为他们每个有限的视野合在一起

---

① ［英］哈耶克：《致命的自负》，冯克利、胡晋华译，中国社会科学出版社2000年版，第86页。

② 在知识分工的情况下，市场主导产业结构调整的一大优势在于市场形成的价格体系能协调不同人的分散行动，比政府主导能更有效地发现和利用知识。哈耶克（Hayek，1945）以锡这种生产原料为例，说明了价格体系的作用。假设有一处锡矿已枯竭，锡的供给紧张，价格上涨。"至于其中哪一种原因造成锡的紧缺，于我们关系不大……锡的用户需要知道的只是，他们以前一直使用的锡中的一部分，现在在另外一个地方利用起来更能盈利，因此他们必须节约用锡。对于其中大部分用户来说，甚至不必知道这个更需要锡的地方或用途。只要其中有些人直接了解到这种新需求，并把资源转用到这种新需求上，只要了解到由此产生的新缺口的人转而寻求其他来源来填补这个缺口，则其影响就会迅速扩及整个经济体系。"（［英］哈耶克：《知识在社会中的利用》，载哈耶克《个人主义与经济秩序》，贾湛、文跃然等译，北京经济学院出版社1989年版，第81页）锡的价格变动不仅影响到锡的使用，还影响到锡的替代品、替代品的替代品。它们价格的变动自动协调消费者和生产者的行为，使人们根据自己的情况，利用掌握的信息适时制定决策，一方面使自身趋利避害，另一方面促进资源用在最需要的地方。在锡的案例中，价格充当信息交流和沟通的工具，市场把"分立的个人知识"组织起来，降低相互性无知的程度。

足以叠盖整个市场"①。

第二节　条件之二：关注市场和尊重市场规律

"调整"意味着对变化的适应。要适应变化，首先要关注变化，并根据变化规律调整自己的行为。政府主导产业结构调整若想成功，必须满足的第二个条件是：政府官员比企业家更关注市场和尊重市场规律。无论是从政府理性的特征，还是从产业结构变动的微观法则来看，这一条件都难以得到满足。

一　政府的理性与自负

政府作为公共利益的代表，它的理性应表现为追求公共利益最大化。然而理论和实践都表明，"政府"不是一个抽象的概念，它是由不同的部门和具体的人组成的。这些部门和官员的利益诉求并非完全一致，政府在调整产业结构的过程中，除了公共利益外，至少还会考虑以下几方面的利益：部门利益、地方利益、官员个人利益（包括个人权力、物质利益、声誉、升迁机会等）以及其他集团利益等。这些利益的存在使政府官员与产业结构调整并非利害攸关，政府行为也不一定完全符合公共利益，理性和权威还会使政府产生凌驾于市场规律之上的自负。这使得政府不会比企业更关注市场和尊重市场规律。

（一）产业结构调整之利害承担

产业结构调整是基于对未来预测的探索。未来充满不确定性，任何预测都可能出错，每一项决策都面临风险。无论是政府主导，还是市场主导，产业结构调整都要通过"试错"进行。产业结构调整的方向是否正确，只能事后证明，而不能事先确定。当个人和企业进行这种探索时，他们是以自己的切身利益为自己的决策负责。如果成功，企业家就获得利润，更多的资源将被吸引进入，一个行业就发展起来。如果失败，企业家遭受损失，要么破产被市场淘汰，要么主动认错，赶紧撤出资源进行别的探索。简言之，企业试错的收益由自己获得，成本由自己承担，事关存

---

① ［英］哈耶克：《知识在社会中的利用》，载哈耶克《个人主义与经济秩序》，贾湛、文跃然等译，北京经济学院出版社 1989 年版，第 81 页。

亡，自然会格外谨慎、勤勉和机警。如果不存在制度扭曲，每一个生存下来的企业都是市场需要的，促进市场向"均衡"趋近的企业。相反，政府调整产业结构是官员以公共资源来试错，即使失败损失也是由企业和公众承担，无关自己的切身利益。更危险的是，政府在市场上的纠错能力远远不如企业。为了短期政绩和自身声誉，政府官员甚至还会在自己权力范围之内试图通过投入更多资源，以行政手段来掩盖和挽救自己决策的失误。① 相关既得利益集团为了维护既得利益，也会鼓励政府在错误的方向上继续投放资源。这导致产业结构屡次调整，屡次失调。事实上，行为主体对市场的判断错误不可避免，个体对产业发展一次性判断的对错也并不重要。这里的关键是判断错误的代价由谁来承担，这决定了错误的损失程度以及纠正的速度。政府承担的利害远不如企业，因此不会比企业更关注市场和尊重市场规律。

(二) 政府理性的偏移

政府由不同的部门和具体的人组成，而非一个抽象的概念。公共选择理论认为，政府官员同市场上的经济人一样关心个人利益，只不过他们活动的场所不是市场而是政治舞台。正如布坎南和瓦格纳 (Buchanan & Wagner, 1987) 所言："公共选择理论体现了这样一个基本的行为假设，即那些处于掌握决策权的政治和管理地位上的人和我们其他人并没有多大

---

① 在政府主导产业结构调整的背景下，我国各地方政府往往"一窝蜂"式地发展某一产业。钢铁、光伏、多晶硅、电解铝、风电、造船等投资领域都曾出现过"一窝蜂"式的投资热潮。GDP 由于投资而高涨，短期的政绩被制造出来。然而，这些产业最后纷纷走向产能过剩。虽然政府一再对产能过剩表示痛心疾首，可当市场这只"看不见的手"真正开始调整产能过剩时，政府这只"看得见的手"又选择对抗。以造船业为例，地方政府积极推动造船业的主要原因是造船行业投资大，能带动相关产业发展，拉动 GDP。很多地方对过剩风险视而不见，把造船业列为支柱产业，热衷于建设造船基地。当造船业不可避免地出现产能过剩时，政府不惜"毁船挽救"。2010 年交通部等四部委联合出台《促进老旧运输船舶和单壳油轮报废更新实施方案》，提出以财政补贴的形式鼓励企业提前报废旧船，购买新船。据《经济参考报》2013 年 7 月 2 日报道，国家发改委等部委正在研究出台"振兴船舶工业未来三年行动计划"，其中一项重要内容是将 15 年以上船龄的老旧船舶提前报废，国家财政将给予 20% 的补贴。"毁旧造新"表面上增加需求，的确能拉动 GDP 增长。但强制报废让船东利益受损，财政补贴增加纳税人负担。这种反复拆建、拆东补西的办法实际创造的是虚假需求，GDP 虽然在数字上增长了，但真实财富存量没有增加，产业结构也没有得到真正调整。(康珂：《经济结构调整也要走"群众路线"》，《党政论坛》2013 年第 9 期，第 31—33 页)

差别，他们总想成为个人效用最大化者。"① 部门利益、地方利益、官员个人利益以及其他集团利益的存在，使政府决策不可避免地面临公共选择问题。一旦各种利益同时出现，政府理性就会发生偏移。政府作为公共利益的代表，其理性原本应表现为追求公共利益最大化；但现实中政府的理性可能偏移为追求局部或个人利益最大化。这就使政府不会比企业更关注市场和尊重市场规律，没有足够的意愿制定和实施在公众和市场看来合理的产业政策。无论是在发达国家还是发展中国家，不符合市场规律和公共利益，但却能为政府带来局部或个人利益的政策都可能出现，政治力量往往限制产业结构的正常调整。② 科尔奈（Kornai, 1986）在批评兰格以政府代替市场时曾指出兰格模式是建立在对"计划者"特征的错误假定之上，那种只考虑公共利益、超凡脱俗的官僚从未存在。"政治官僚有内部冲突，它们反映社会的分工以及各种各样的社会集团多变的压力。他们追求他们个人的利益和集团的利益，包括他们所属的特定机构的利益。权力创造了使用权力这个难以抵挡的诱惑。官僚必然是干预主义者，因为那是他们的社会角色；他的情势决定了这一点。"③ 这样的批评对市场经济条件下政府主导产业结构调整依然有借鉴意义。

（三）政府自负的产生

商品的生产和交换在国家产生之前就已出现。市场经济的秩序在很大程度上不是人类特意设计或追求的结果，而是在无人能预知其后果的情况下自发形成的。上文已指出，知识的性质决定了政府不可能集中发现和利用产业结构调整所需的知识，但人们对权威的畏惧和政府本身的强势导致政府在判断自己理性控制能力上出现一种幻觉，即哈耶克所说的"致命

---

① ［美］布坎南、瓦格纳：《赤字中的民主——凯恩斯勋爵的政治遗产》，刘廷安、罗光译，北京经济学院出版社 1988 年版，第 116 页。
② 在不发达国家和发达的民主经济里，政治过程常常在固化经济结构方面有很大的影响力。在不发达国家里，已形成的既得利益集团可能握有统治权。而在发达的民主经济中，院外集团和谋求私利的权势集团可能把持政治过程和行政过程，抵制适应新条件的结构调整。（［德］柯武刚、史漫飞：《制度经济学：社会秩序与公共政策》，韩朝华译，商务印书馆 2000 年版，第 19 页）
③ Kornai J., "The Hungarian Reform Process: Visions, Hopes, and Reality", *Journal of Economic Literature*, 24（4），1986, pp. 1726 – 1727.

的自负"。① 在哈耶克看来，一切打算对整个社会实行计划的企图，不管它们是出于何种高尚的动机，都是建立在危险的知识自负上。特别是对于官本位思想根深蒂固，又经历了权力配置资源之计划经济时代的中国来说，人们更容易出现"政府万能"之幻觉，产生对权威的依赖。很多人认为没有政府办不成的事，或者凡事只要政府出面事情就一定能办好。改革开放以来的经济成就在某种程度上加强了政府在经济领域的自负。在我国，政府对经济的干预十分积极和强势，很多地方政府往往是经济发展的主导者、产业结构调整的直接发动者。决策者往往认为市场是盲目和短视的，市场机制见效慢，且存在各种弊端，而政府目光更为长远，行为更为理性，调节效果更加明显。这种危险的自负使政府常常越位、错位，不认真研究市场，将官员意志和行政权力凌驾于市场规律之上，调整产业结构时迫不及待地替代市场配置资源，最终付出沉重代价。②

二　产业结构变动的微观法则

即使政府公正无私，始终以社会利益最大化为目标，试图认真关注市场、尊重市场规律，但这还不足以解决问题。因为市场经济是一个复杂的系统，政府即使有意愿，也没有能力调整好产业结构。我们可以通过产业结构变动的微观法则来观察政府主导产业结构调整在关注市场和尊重市场

---

①　在哈耶克（Hayek，1988）看来，人类经济行为的秩序不是人类特意计划或追求的结果，而是在无人能知其后果的情况下，在漫长的岁月中自发进化而形成的。文明的成长与其说是由于理性的完善和强大政治国家的建立，倒不如说国家和理性精神的产生是它们的结果。"智力不是文化进化的向导而是它的产物，它主要是以模仿而不是见识和理性为基础。"人类文明的成就反而为人类带来了一个巨大的潜在危险，使一些人错误地认为可以通过理性人为地设计和改造一切。这种"致命的自负"（The Fatal Conceit）是"能力和技巧主要来自理性的观点""进化的产物总是可以由人类设计加以改进的观点""人类能够随心所欲塑造世界的观点"。（[英] 哈耶克：《致命的自负》，冯克利、胡晋华译，中国社会科学出版社 2000 年版，第 4—5、19、226 页）

②　政府自负地选择发展某一产业而导致巨大损失和浪费的现象在我们身边经常出现。2014 年 1 月 13 日《中国经营报》就报道了这样一个案例。山东某地为发展航空产业，投资数十亿元建设航空产业园。然而，该产业园建成后并未吸引大量企业入驻，此前公开的众多协议项目，最终也大多没有落地。当地自 2009 年起连续举办了 3 年的"中国国际航空体育节"也因资金不足于 2012 年停办，政府数年来斥巨资打造的"中国航空运动城"，正在逐步成为一座"空城"。（柴刚：《山东莱芜：一座航空之城的落地难题》，《中国经营报》2014 年 1 月 13 日 B9 版）实际上，当前全国很多地方政府在调整产业结构时都会出现这样的问题或困境。地方政府重点发展的产业项目往往不是企业自由选择的项目，而是官员主观地认为"前景好""发展潜力大"的项目。所谓专家论证也只是邀请专家为领导头脑中已经形成的论点寻找论据。这样的产业结构调整方式不可能认真研究市场，也难以做到尊重市场规律。这正是政府自负的典型表现。

规律方面的困难。

在市场经济中，产业结构调整最终是由企业完成。在企业内部，企业家根据边际原则确定最优生产要素组合与最优生产规模。在企业外部，企业家在价格的指引下把资本从低利润部门转移到高利润部门。市场经济中的一切都处在不断变化中，各部门之间利润率的非均衡引起投资结构的改变，进而引起产业结构变动。假设只有两个产业部门，分别生产商品 A 和 B；每种商品分别都有两种投入要素：劳动（L）和资本（K）。由生产的契约曲线推导出的生产可能性曲线显示了在技术不变的情况下，用固定的劳动和资本投入可以生产出的各种商品 A 和 B 的组合。由于资源有限，多生产一定数量的 A 就要少生产一定数量的 B。产业结构调整通过生产要素在 A、B 两部门之间的流动来表示。对生产者而言，曲线上的任一点的产量组合都是有效率的。A 对 B 的边际转换率（Marginal Rate of Transformation，MRT）为：

$$MRT_{AB} = \frac{MC_A}{MC_B} \qquad\qquad 式（2-1）$$

产业结构调整意味着生产对消费的适应。对企业而言，利润最大化不仅要求商品以最低成本生产，而且要求商品组合与消费者的购买意愿相一致。消费者同样根据边际原则决定自己的消费。假设消费者面临 A 和 B 两种商品的选择，当效用最大时，消费者对他们预算的配置使 A、B 两种商品的边际替代率（Marginal Rate of Substitution，MRS）等于价格之比，即：

$$MRS_{AB} = \frac{P_A}{P_B} \qquad\qquad 式（2-2）$$

根据微观经济学的基本理论，在完全竞争条件下，当边际成本（MC）等于产品价格（P），即 $P_A = MC_A$，$P_B = MC_B$ 时，最优生产规模被确定。如果 MRT 和 MRS 不相等，表明 A、B 两个部门利润率存在差异，一个有效的市场会自动协调生产者和消费者的行为，促进产业结构调整。假设 MRT = 1，MRS = 5，这时消费者愿意放弃 5 单位的 B 来取得 1 单位 A，但对生产者来说，生产 1 单位 A 的成本只是少生产 1 单位 B。显然生产 A 获利更大，因此产业结构调整的方向是资源从 B 部门流向 A 部门，从而使 MRT 提高，MRS 下降，直至二者相等。只有 MRT = MRS 时，A、B 两部门的利润率相等，产业结构实现稳定，市场最有效率。在这一点上，企业生产 A、B 两种商品的边际转换率等于消费者的边际替代率，生产和交换都达到帕累托最优状态。只要 MRT 和 MRS 不相等，产业结构就会一直变动，直至 MRT 和 MRS 趋于一致。式（2-3）是产业结构趋于稳定的条件。

$$MRS_{AB} = MRT_{AB} = \frac{P_A}{P_B} = \frac{MC_A}{MC_B} \qquad \text{式（2-3）}$$

产业结构趋于稳定的条件可通过图 2-1 中得到直观的表达。图中横坐标是商品 B 部门的产量，纵坐标是商品 A 部门的产量。凹向原点的曲线为企业的生产可能性曲线，边际转换率 MRT 是其斜率的绝对值，表示产业结构调整的机会成本，即为多生产 1 单位 B 要放弃多少单位 A 的生产。凸向原点的曲线为消费者的无差异曲线，其斜率为边际替代率 MRS。虽然从生产者的角度来看，生产可能性曲线上所有的点在技术上都是有效率的。但对消费者而言，只有在无差异曲线与生产可能性曲线相切的点 E，消费者才实现效用最大化。在点 E，无差异曲线与生产可能性曲线斜率相等，即 MRS = MRT。点 E 就是结构最优的均衡点。

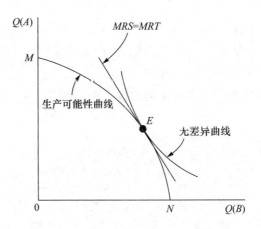

图 2-1 产业结构趋于稳定的条件

在只存在 A、B 两个产业部门的经济中，如果政府作为产业结构调整的主体，必然面临发展 A 部门还是 B 部门的问题。这个问题没有标准答案。在一个竞争性市场上，应当是消费者而非政府指引生产者去寻找这一问题的答案。点 M 表示一种极端：只发展 A 部门，生产商品 A；点 N 表示另一种极端：只发展 B 部门，生产商品 B。如果消费者只需要 A，无差异曲线和生产可能性曲线相切于 M 点，那么 M 就是结构最优的均衡点。如果消费者只需要 B，那么 N 就是结构最优的均衡点。通常的情况是消费者既需要 A，也需要 B，且偏好处在变化中，生产可能性曲线 M、N 之间所有的点都可能成为结构最优的均衡点。

如何寻找这一均衡点？即如何决定 A 和 B 的生产水平，使 MRT 和 MRS 相等？这需要产业结构调整的主体强烈关注消费者偏好及其变化，在 M、N 之间寻找最佳的生产组合。为便于分析，本书假设只存在生产商品 A、B 的两个产业部门。但现实中的商品种类不计其数，如果让政府来调整产业结构，政府就必须使所有商品的 MRT 和所有消费者的 MRS 趋于相等。这样做的信息成本和计算成本巨大到无法想象，政府根本无力完成。[①] 即使能够完成一次计算也无济于事，因为"经济问题总是由变化所引起的，而且只有变化才能引起经济问题"。[②] 利润机会总是在不断产生和消失，不存在一成不变的价格体系。产业结构调整不是一次完成的，而是一直发生的动态过程。一项计算在完成时提供的信息已经过时。幸运的是，我们不必进行复杂的数学运算，市场过程可以自动解决这一问题。不计其数的企业家们根据成本收益分析协调所有生产者的行动。"均衡"和"最优结构"确实从来都没有被实现，但企业家才能与警觉使市场展现出强烈的向均衡趋近的倾向，产业结构在这个过程中趋于优化。因此，不能指望政府官员比企业家更关注市场和尊重市场规律。

---

① 帕累托（Pareto，1927）提出了经济效率的标准，从理论上说明了怎样通过联立方程组来求解市场价格。但他本人否定了用数学运算求出均衡价格的可能性。他说："这里也许要说明的是，这种决定方式绝对没有要达到价格的数量运算的目的。让我们对这种运算做出最理想化的假设——假设我们成功地克服了搜集数据资料的一切困难；假设我们知道各种不同商品对个人的效用值以及所有商品的一切生产条件；等等。这已经是一个荒谬的假设了。但是，有了它，并不足以使问题得到解决。我们已经看到，有 100 人和 700 种商品时，存在 76099 种不同的情况（实际上，我们到目前为止已经忽略的大量情形会使这个数目进一步增大），这样我们就必须解出含有 76099 个方程的方程组，这实际上超出了代数分析的能力。如果考虑一下从四千万人口和几千种商品得出的多得难以令人置信的方程数目，就更是如此了。若确实如此，数学和政治经济学的角色就要改变了——不是数学帮助政治经济学，而是政治经济学帮助数学。换句话说，如果人们确实能知道所有这些方程，那么人类能解决它们的唯一办法就是观察由市场所给出的实际答案。"（Pareto V.，*Manual of Political Economy*，London：Macmillan Publishers Ltd.，1927，pp. 233–234）

② ［英］哈耶克：《知识在社会中的利用》，载哈耶克《个人主义与经济秩序》，贾湛、文跃然等译，北京经济学院出版社 1989 年版，第 78 页。

第三节　条件之三：具有有效的调节手段

政府主导产业结构调整有效的第三个条件是：行政调节比市场调节更有效。这里涉及一个价值判断问题，那就是产业结构调整是追求效果，还是追求效率？行政调节之"效"偏重效果，市场调节之"效"偏重效率。上一节对产业结构调整微观过程的考察再次表明，产业结构调整是一个经济问题，而非工程或技术问题。"一旦我们为了不同的目的竞争可利用的资源，经济问题就产生了。它产生的标志是必须考虑成本问题。"[①] 既然是经济问题，产业结构调整就不能只一味追求某种效果，而必须考虑成本，考虑资源的使用效率。如果从效率标准看，"行政调节比市场调节更有效"这一条件未必总能成立。

一　行政调节之"效"：效果

在我国，十分流行的说法是政府可以运用经济的、法律的和必要的行政手段，改变现有的产业结构状况，使之合理化、完善化，进一步适应生产力发展。决策者通常认为，这样做就已经是在遵循市场规律，而且能弥补"市场失灵"。然而，我国所谓的经济、法律手段与成熟市场经济国家有很大区别，后者对结构调整的干预主要是针对规则和环境，是为了维护市场自动调节机制，增进和扩展市场。而我国对结构调整的干预更多的是针对结构调整本身的内容和过程，经常直接干预和替代市场，所谓经济、法律手段多流于形式，有较强的长官意志，最后都不可避免地归于行政化。就政府主导产业结构调整的手段而言，政府召开会议、下达文件、约谈企业、领导批示等行政手段才是最常用的。

如果从效果的角度看，行政调节具有明显的优点。它可以快速、有效地动员社会资源，在短时间内实现政府调整产业结构的目标。假设政府能用一种确定或绝对的方法来决定社会不同需求之重要性的次序，为完成某个目标而不计资源使用的机会成本时，行政调节作为一种强有力的手段，比市场调节会更快地达到目的，效果非常显著。以本章第二节生产商品 A

---

① ［英］哈耶克：《社会主义的计算（一）：问题的性质与历史》，载哈耶克《个人主义与经济秩序》，贾湛、文跃然等译，北京经济学院出版社 1989 年版，第 113 页。

和 *B* 的两个产业部门为例。如果政府把 *A* 作为最重要的需求来生产，只有当一定的资源在优先满足生产 *A* 之后还有剩余，再考虑 *B* 生产时，行政调节才没有问题。这时决策者已经不需要考虑使 *MRT* 和 *MRS* 相等的问题，要考虑的问题是：在既定的资源条件下，*A* 的产出是否已达到最大化？或者是否能用不同的方法得到更大产量的 *A*？这样的问题用技术方法就能解决，在充足资源的支持下，势必有大量的 *A* 被生产出来，政府意愿得到满足。在这种情况下，决策者不用考虑资源用于生产 *A* 而放弃生产 *B* 的机会成本，即不用考虑"为了不同的目的竞争可利用的资源"，事实上根本就不存在经济问题。

这种由政府确定需求来组织生产的情况在现实中并非不可能出现，只是这种情况不是经济发展的正常状态，不具有一般性和可持续性。例如，假设国家突然爆发一种传染病，全国都急需防治这种疾病的药品，而这种药品在现有的产业结构下生产能力十分有限，制药企业一时没有能力及时扩大产能。这时，政府运用行政手段，可以动员各方面资源投入该药品的生产，使该药品的生产能力迅速提高，社会需求很快得到满足，行政调节取得成功。又例如，在战争时期，社会的目的是单一而明确的，即获得战争胜利。社会将集中一切可以利用的资源，最大限度地满足战争的需要。为了达到战争胜利的目的，人们不惜付出任何代价。这时，行政调节会为建立适应战争需要的产业结构提供强大力量。① 在这些特殊的案例中，行政调节达到了政府想要的效果。

然而，在经济生活的正常状态下，一个经济体中哪种商品需要被生产、生产多少只能由市场决定。行政调节与 20 世纪 30 年代兰格提出的"兰格模式"存在同样的缺陷：片面关注市场结果，忽视市场过程。兰格（Lange，1936，1937）把市场过程视为一个机械的计算机器，认为政府可以取代市场达到相同的市场结果。然而，真实的市场是过程和结果的统一，市场结果是不计其数的当事人在发现和利用知识的过程中无意识形成的。"即使市场的基本数据没有发生改变（例如消费者口味、技术可能

① 纽拉特（Neurath）通过对战时经济的观察和研究，认为生产由政府调节要优于由市场调节。他认为战争时期决策者根据实物计算配置资源的方式在和平时期同样有效，政府为社会利益集中进行的实物计算要优于企业为谋取一己之利进行的货币计算。（Neurath O.，"Economics in Kind，Calculation in Kind and Their Relation to War Economics"，*Otto Neurath Economic Writings Selections* 1904 - 1945，Berlin：Springer Netherlands，2005，pp. 299 - 311）

性、资源可得性），在一个时期做出的决策对后续时期相应的决策催生了系统的修改。长期看来，相互关联的众多市场决策网络里发生的这一系列系统变化构成了市场过程。"① 兰格一开始就错误地假设政府已经掌握"指导选择行动的一个优先顺序"，忽视不断变化的市场过程，把动态的经济问题引向静态的计算问题。② 行政调节实际上也是政府为追求市场结果而对市场过程的模拟。如果行政调节的"效果"不被市场接受，那么"效果"越大，损失或浪费就越大。上文已证明，政府事先并不知道什么产业结构最优，而且政府官员也不会比企业家更关注市场和尊重市场规律。如此怎能保证政府选择的产业结构调整方向一定正确？行政调节纠错能力较弱，假如方向选择错误，"效果"带来的将不是福祉，而是人为造成的灾难性的短缺或过剩。

一言以蔽之，行政调节的"效果"不仅不能解决经济问题，而且还可能起到相反的作用。我国近年来产能严重过剩的钢铁、光伏、多晶硅、风电设备、电解铝、船舶制造、LED 等无一例外都曾经是政府选定大力扶持和补贴的产业。过分注重行政调节的"效果"，而忽视"效果"的机会成本，这也是前计划经济国家从短期看的确取得了巨大的工业成就，但从长期看却表现糟糕的原因之一。③

---

① ［美］伊斯雷尔·柯兹纳：《竞争与企业家精神》，刘业进译，浙江大学出版社 2013 年版，第 8 页。

② 在社会主义经济计算大论战中，兰格承认"经济问题是在不同方案之间选择的问题"。他指出，解决这个问题需要三种资料："①指导选择行动的一个优先顺序；②关于'提供其它选择的条件'的知识；③现有资源数量的知识。"在论证中央计划局可以模拟市场的作用时，兰格直接假定政府已经掌握了①和③两项资料。他说："现在一个社会主义经济显然可以认为①和③两项资料是已知的，其已知程度至少和资本主义经济一样。①项资料可用各人的需求表算出或由管理经济体系的当局的判断来解决。"（［波］奥斯卡·兰格：《社会主义经济理论》，王宏昌译，中国社会科学出版社 1981 年版，第 3 页）

③ 在评价俄国实行计划经济初期的工业成就时，哈耶克（Hayek，1935）指出："从技术观点看俄国在工业设备某些方面的重大成就，常常会给偶尔到达那里的观察者以强烈印象，人们通常也以此作为计划经济成功的证据。但是，它却对于回答我们所关心的一切问题都没有什么意义。我们是否能够证明新的工厂是工业结构中为增加产量而建立的有用的环节，不仅要取决于技术上的考虑，而且甚至更依赖于一般的经济条件。如果拖拉机所替代的劳动力，比制造拖拉机所耗费的原料、劳动力再加上利息要便宜的话，那么，最好的拖拉机工厂也算不上是资产，对这种工厂的投资也是纯粹的损失。"（［英］哈耶克：《社会主义的计算（二）：1935 年争论的真相》，载哈耶克《个人主义与经济秩序》，贾湛、文跃然等译，北京经济学院出版社 1989 年版，第 138 页）

二　市场调节之"效"：效率

市场调节之"效"不是一味注重效果，而是追求效率。经济学中的"效率"指的是帕累托标准（Pareto Criterion），即市场调节试图达到这样一种资源配置状态：没有一个经济主体（企业、居民等）能使自己的状况变好而不使其他某个经济主体的状况变坏。这种状态被称为帕累托最优状态，又称为经济上有效率（Economically Efficient）。满足帕累托最优状态就是有经济效率，否则就是缺乏经济效率。在本章第二节商品 A、B 两部门的分析中，生产 A 或 B 都不是问题，关键是怎么生产、生产多少最合适。经济效率意味着商品不仅要以最小成本生产出来，而且要适应消费者需求。即所有企业都以最小成本生产，它们使用生产要素的边际技术替代率相等；所有消费者按照自己的偏好购买最优的商品组合，他们的边际替代率相等；商品的供给与需求完全衔接，也就是商品的边际转换率与边际替代率相等。帕累托最优状态的条件实际上就是产业结构变动趋于稳定的条件。当然，帕累托最优状态是一种理想状态，在现实中不可能实现。但是，它表达了市场经济条件下资源配置的一种趋势，是指引产业结构调整的一只"看不见的手"。从图 2-1 来看，企业对效率的追求协调 A、B 两种商品的生产组合向 E 点靠近。这种趋势并非经济主体按照某个组织集中设计好的方案有意为之，而是他们事前也不知道会这样。正如柯兹纳（Kirzner，1992）所言："均衡确实从来都没有被实现，但市场确实展现出强烈的朝向它的倾向性。……企业家倾向于发现和抓住利润机会，因此对出现在非均衡状态下的市场无知予以纠正。"[①]

对"效果"的追求往往使政府将市场过程与结果割裂开，而对"效率"的追求则意味着市场过程与结果的统一。市场的"效率"是不计其数的参与者在市场过程中无意识形成的。帕累托最优状态或均衡是确定情况下的最优行为，是完全知识假设下竞争可能达到的结果。市场过程具有"可均衡性"，但这并不意味着均衡事实上达到了。只要个人面临的新事物不断涌现，事实上的均衡在现实中永远也无法实现（Rizzo，1994）。非均衡状态是由潜在的市场参与者知识不完备而形成的，知识问题决定了在

---

① ［美］伊斯雷尔·柯兹纳：《市场过程的含义》，冯兴元等译，中国社会科学出版社 2012 年版，第 5—21 页。

任何时间，非均衡的力量都不可能完全消除。对市场发挥作用而言，最重要的不是均衡这一结果是否达到，而是趋向于均衡的过程是否顺畅，或者说是均衡状态中的过程特征（Hahn，1973）。"市场过程"是奥地利学派的核心概念，为我们观察市场提供了一个更接近现实的视角。根据市场过程理论，市场是一个变化的过程，"市场过程由一系列发现而造就的变化构成，这些发现是因为有构成最初的不均衡状态的无知的存在。"均衡化的过程随时会被新的均衡化过程所打断，"这些过程很难被期望进行到其完成。我们所能主张的是相互发现的力量以及消除无知的力量，总是在起作用。"① 市场过程中的变化使企业不断地获取知识和调整自己的行为，有的个体运用默会知识发现利润机会并及时纠正错误，有的个体判断错误或不能及时纠正错误而被淘汰。市场过程决定了哪些行业兴盛，哪些行业衰落，是一个对早先无知的纠错性发现程序。在市场竞争中，在不计其数的企业趋利避害的努力下，产业结构调整所需的知识逐渐被发现和利用，进而经济趋于效率，产业结构趋于优化。

一般说来，追求"效果"是行政调节的强项，追求"效率"则是市场调节的强项，准确地说，是企业的强项。不同的企业家会根据自己的情况对市场做出不同的反应。市场调节的价值不在于提供一个均衡价格来准确无误地传递信息，使企业家对市场条件做出无摩擦的反应，例如在高价时都卖出，在低价时都买进；而在于非均衡状态始终存在，由此形成的非均衡价格产生的利润机会为企业家提供了"激励"。在奥地利学派看来，"市场过程被理解为提供系统性的力量，这种力量通过企业家的警觉（Entrepreneurial Alertness）而被启动，倾向于降低相互性无知的程度。"② 利润机会吸引了那些警觉、逐利之企业家的注意。是否存在利润机会，只有企业家才能判断。经济是否趋于"效率"，只有市场能够检验。因此，在一般竞争性领域，追求"效率"是市场协调企业家行为的过程，政府无法替代和模拟。至于公共物品的供给效率问题，本书将在第五章专门探讨。

---

① ［美］伊斯雷尔·柯兹纳：《市场过程的含义》，冯兴元等译，中国社会科学出版社 2012 年版，第 48 页。

② 同上书，第 5 页。

第三章

市场主导产业结构调整之机理

上一章论证指出政府主导产业结构调整面临难以克服的困难，而本章则论述市场如何解决这些难题，即市场主导产业结构调整之机理。分三个层面探讨：首先，以投入产出模型、扩展的线性支出系统、供需模型等理论工具为基础，构建了一个表达产业结构调整竞争性过程的数学模型。尽管这个模型是对现实世界的高度抽象和简化，但它还是直观地表明了价格对产业结构调整的核心作用。市场能够协调生产者和消费者的行为，根据价格变化自发调整产业结构。其次，放弃新古典经济学的完全知识假设，深入分析知识问题，探讨竞争作为一种发现过程在产业结构调整中的作用，指出价格机制在本质上是一种使用知识的有效制度。最后，论述企业家的重要作用，指出企业家精神是市场调节产业结构调整的基本动因，这是政府无法模拟和替代的。

第一节　产业结构调整竞争性过程模型

产业结构表达了国民经济各产业部门之间的比例关系，是全部经济资源在各产业之间的分布结构。出于利润最大化的动机，生产者会根据消费者需求的变动改变生产要素流向。正如马克思所言，产业结构调整实际上就是这样的一个过程："资本会从利润较低的部门抽走，投入利润较高的其他部门。通过这种不断的流出和流入，总之，通过资本在不同部门之间根据利润率的升降进行的分配，供求之间就会形成这样一种比例，以致不同的生产部门都有相同的平均利润，因而价值也就转化为生产价格。"[1]
生产者根据成本收益分析组织生产，产品只有满足消费者需求才能销售出
去，进而带来利润。考察产业结构调整的过程，一方面要分析生产者决
策，另一方面要分析消费者决策。

一　生产者最优决策模型

投入产出模型是分析经济系统在某个时间点产业结构的一个经典性理
论工具，由系数、变量的函数关系组成的数学方程组构成。[2] 假设一个经
济系统有 n 个产业部门，各部门的总产品为 $X_1 + X_2 + X_3 + \cdots + X_n$，最终
产品分别为 Y_1，Y_2，Y_3，$\cdots$，Y_n，直接消耗系数为 a_{ij}（即生产一单位 j 部
门产品所消耗 i 部门的产品量）。基本的投入产出模型为：

$$a_{11}X_1 + a_{12}X_2 + \cdots + a_{1n}X_2 + Y_1 = X_1$$
$$a_{21}X_1 + a_{22}X_2 + \cdots + a_{2n}X_2 + Y_2 = X_2 \qquad \text{式（3-1）}$$
$$\vdots$$
$$a_{n1}X_1 + a_{n2}X_2 + \cdots + a_{nn}X_n + Y_n = X_n$$

设直接消耗系数矩阵为 A，总产品矩阵为 X，最终产品矩阵为 Y，则：

$$A = \begin{bmatrix} a_{11} & a_{12} & \cdots & a_{1n} \\ a_{21} & a_{22} & \cdots & a_{2n} \\ \vdots & \vdots & \ddots & \vdots \\ a_{n1} & a_{n2} & \cdots & a_{nn} \end{bmatrix}, \quad X = \begin{bmatrix} X_1 \\ X_2 \\ \vdots \\ X_n \end{bmatrix}, \quad Y = \begin{bmatrix} Y_1 \\ Y_2 \\ \vdots \\ Y_n \end{bmatrix}$$

设各部门产品价格分别为 P_1，P_2，P_3，$\cdots$，P_n，价格矩阵为 P；生
产成本分别为 C_1，C_2，C_3，$\cdots$，C_n，成本矩阵为 $C = AP$，则：

$$P = \begin{bmatrix} P_1 \\ P_2 \\ \vdots \\ P_n \end{bmatrix}, \quad C = \begin{bmatrix} C_1 \\ C_2 \\ \vdots \\ C_n \end{bmatrix} = \begin{bmatrix} a_{11} & a_{12} & \cdots & a_{1n} \\ a_{21} & a_{22} & \cdots & a_{2n} \\ \vdots & \vdots & \ddots & \vdots \\ a_{n1} & a_{n2} & \cdots & a_{nn} \end{bmatrix} \times \begin{bmatrix} P_1 \\ P_2 \\ \vdots \\ P_n \end{bmatrix}$$

---

[1]　［德］马克思、恩格斯：《马克思恩格斯全集》（第二十五卷），中共中央马克思恩格斯
列宁斯大林著作编译局译，人民出版社 1974 年版，第 218 页。

[2]　投入产出模型的思想最早由华西里·列昂惕夫（Wassily Leontief，1936）提出。他的第一
个投入产出表把 1919 年美国的产业结构描述为一个包括 46 个部门的体系，描述了一个经济体的产
品和服务在不同产业之间的流动。（Leontief W.，"Quantitative Input and Output Relations in the Economic
Systems of the United States", *The Review of Economics and Statistics*，18（3），1936，p. 105 - 125）

若忽略折旧，令 R 为该经济系统的单位产出利润，各产业部门总利润为π，则有：

$$R = P - C = P(1 - A) \qquad\qquad 式（3-2）$$

$$\pi = RX = PX(1 - A) \qquad\qquad 式（3-3）$$

最优产业结构是资源在各产业部门中合理分配，将式（3-3）中的π最大化。假设生产要素有两种，分别为劳动（L）和资本（K），资源占用系数矩阵为 B，L_i 表示生产 i 部门产品消耗的劳动量，K_i 表示生产 i 部门产品消耗的资本量。令可投入生产的资源总量为 B^*，则：

$$B = \begin{bmatrix} L_1 & L_2 & \cdots & L_n \\ K_1 & K_2 & \cdots & K_n \end{bmatrix}$$

$$BX \leqslant B^* \qquad\qquad 式（3-4）$$

式（3-4）的经济意义为：各产业部门从事生产所占用的资源只能小于等于资源总量。生产者最优规划如式（3-5）所示。

$$\max \pi = \max(RX) = \max[PX(1 - A)] \qquad\qquad 式（3-5）$$

$$s.t. \begin{cases} BX \leqslant B^* \\ X_n \geqslant 0 \end{cases}$$

给定 A、P、B、B^*，就可由式（3-5）求出最优产量 X^*，并由其对偶规划解出资源的影子价格。

由以上推导可知，总产出最优解 X^* 是价格 P 的函数，即 $X^* = f(P)$。根据投入产出模型，最终产品供给函数为：

$$Y_S = (1 - A)X^* \qquad\qquad 式（3-6）$$

或写为：

$$Y_S = (1 - A)f(P) \qquad\qquad 式（3-7）$$

因此，最终产品供给函数也是价格 P 的函数。价格变动将改变最终产品供给函数，进而引起供给结构的改变。在利润最大化的指引下，生产者供给结构的变动倾向于形成最有利于资源配置的产业结构。

二　消费者最优决策模型

消费者的需求结构可通过扩展的线性支出系统（Expend Linear Expenditure System，ELES）来分析。ELES 本质上是一组需求函数，该系统把人们对各种商品的需求分为基本需求和超过基本需求之外的需求两部分，认为基本需求是一种刚性需求，与收入水平无关，居民在基本需求得到满足之后才将剩余收入按照某种边际消费倾向安排各种非基本消费支出。[①] 设 Q_i 为第 i 种最终产品的需求量，P_i 为第 i 种最终产品的价格，在有 n 个产业部门的经济系统中，扩展的线性支出系统为：

$$P_1 Q_1 = P_1 Q_1^{\min} + \beta_1 \left(I - \sum_{i=1}^{n} P_i Q_i^{\min} \right)$$

$$P_2 Q_2 = P_2 Q_2^{\min} + \beta_2 \left(I - \sum_{i=1}^{n} P_i Q_i^{\min} \right) \qquad \text{式 (3-8)}$$

$$\vdots$$

$$P_n Q_n = P_n Q_n^{\min} + \beta_n \left(I - \sum_{i=1}^{n} P_i Q_i^{\min} \right)$$

其中，$P_i Q_i$ 为消费者在第 i 种商品上的支出，$P_i Q_i^{\min}$ 表示消费者在第 i 种商品上的最低支出，即满足消费者对该商品的基本需求量 $Q_i^{\min}$ 的支出。β_i 为商品 i 的边际消费倾向，I 为消费者的可支配收入。$\sum_{i=1}^{n} P_i Q_i^{\min}$ 表示基本需求总支出。

式（3-8）可用于估算消费者的需求结构。$P_1 Q_1 + P_2 Q_2 + \cdots + P_n Q_{2n}$ 是消费者的消费总支出，是可支配收入 I 的增函数。由于基本需求与收入水平无关，所以基本需求总支出可视为一个外生给定的值。若已知消费者的边际消费倾向 β_i 和可支配收入 I，则可根据式（3-7）得到 Q_i 和 P_i 的函数关系。令消费者最终商品需求量为 Q_D，则有：

$$Q_D = \varphi(P) \qquad \text{式 (3-9)}$$

消费者在预算的约束下追求效用最大化。由式（3-9）可知，每一个 P_i 都将对应唯一的一个 Q_i，消费者对每一种商品的需求量由此确定，即消费者的需求结构通过价格得到确定。

三　生产者与消费者行为的协调

生产者行为的动机是获得利润，其产品只有满足消费者需求才能销售

---

① 理查德·斯通（Richard Stone，1954）以直接效用函数为基础，最早建立了用于分析家庭消费结构的线性支出系统。君士坦丁·路迟（Constantino Lluch，1973）在此基础上将消费者储蓄的因素加入其中，提出扩展的线性支出系统。该模型的详细内容和推导过程请参见：Stone R., "Linear Expenditure Systems and Demand Analysis: An Application to the Qattern of British Demand", *Economic Journal*, 64 (255), 1954, p. 511-527; Lluch C., "The Extended Line Expenditure System", *European Economic Review*, 4 (1), 1973, p. 21-32.

出去，进而带来利润。因此，生产者必须根据消费者需求结构的变化来调整产业结构。调整的过程就是供需趋于平衡，生产者与消费者行为相互协调的市场过程。由上文的分析可知，最终商品供给量 Y_S 是价格的函数，最终商品需求量 Q_D 也是价格的函数，价格将它们联系起来，使生产者与消费者行为的协调成为可能。

由式（3-6）可得：

$$X_D = \frac{Q_D}{1-A}, \quad X_S = \frac{Y_S}{1-A}$$

尽管商品的供给量与需求量不一定相等，但所有商品的销售总额和购买总额必须是相等的，即：

$$PX_D = PX_S$$

$$P \times \frac{Q_D}{1-A} = P \times \frac{Y_S}{1-A} \qquad\qquad 式（3-10）$$

若令供需相等（$Q_D = Y_S$），我们就可以求出唯一的价格 P。将求出的这组价格分别代入相应商品的供给函数或需求函数，就可以求出产业结构趋于稳定，即经济均衡时各种商品的供给和需求量。

以上根据投入产出模型、扩展的线性支出系统、供需模型等理论工具构建的数学模型在逻辑上表明了产业结构调整如何在生产者与消费者行为的协调中完成。事实上，这些方程组无法用解析方法求解。即使能够解出来，求得的结果也会在不断变化的市场过程中迅速过时失效。因此只能求助于市场，根据价格试错来"求解"。事实证明，这种克服无知的"试错"正是市场的强项，政府无法模拟。

这个过程是：有关 Q_{Di} 和 Y_{Si} 是否相等的信息会通过价格 P_i 传递到市场上。总的来看，生产者和消费者将根据价格变化理性地调整自己的行为。若 $Q_{Di} > Y_{Si}$，意味着第 i 种商品供不应求，价格 P_i 上涨，导致需求量 Q_{Di} 减少；同时，机警的生产者预期利润增加，他们会向 i 部门投入更多资源，引起供给量 Y_{Si} 增加。若 $Q_{Di} < Y_{Si}$，意味着第 i 种商品供过于求，价格 P_i 下降。一方面，需求量 Q_{Di} 增加；另一方面，由于商品滞销，生产者利润下降，从而减少投资，供给量 Y_{Si} 下降。这样的过程反复进行，促使 $Q_{Di} \approx Y_{Si}$。这时形成的价格 P_i 是生产者主观上追求利润最大化，客观上自动满足消费者最优需求的价格体系。在这个过程中，价格为生产者和消费者提供了信息。生产者不知道，但为了利润必须预测消费者的需求函

数；消费者不知道，也不必知道生产者的生产函数。他们只能制定自己的最优经济决策，追求自身利益最大化，价格提供的反馈使他们的行为相互协调，促进供需平衡，进而优化产业结构。正如亚当·斯密（Smith，1776）所言："他受着一只看不见的手的指导，去尽力达到一个并非他本意想要达到的目的。也并不因为事非出于本意，就对社会有害。他追求自己的利益，往往使他能比在真正出于本意的情况下更有效地促进社会的利益。"①

综上所述，市场主导产业结构调整是通过价格机制进行的。不同生产者为获得最大利润而竞争，不同消费者为获得最大效益而竞争，生产者和消费者为各自的利益最大化而竞争。价格的变化反映了竞争过程，它能够协调生产者和消费者的行为，只要价格机制不受到人为干扰，价格涨落会自动引导结构调整。产业结构调整过程模型直观地表明了价格对产业结构调整的核心作用，但这种分析只是表面和直观的，其本质仍是新古典经济学框架下的一个理想模型。下一节将深入考察价格机制引导产业结构调整的过程，跳出新古典经济学的分析框架，从一个新的理论视角认识价格机制的本质。

第二节　价格机制：使用知识的制度

在市场调节中，价格能协调不同个人的单独行为。新古典经济学的均衡价格理论对此进行了解释。但完全知识假设使这一解释脱离现实，成为名副其实的"黑板经济学"。要理解真实市场的运行，我们需要在承认知识问题存在的基础上重新认识价格机制。奥地利学派对市场和价格的认识为我们提供了一个更加贴近现实的视角。从宏观层面来看，国民经济各产业部门必须保持与社会需求结构相适应的比例关系。如何调整产业结构，使其适应不断变化的需求结构？关键是要解决知识问题。生产者具备的知识越充分，就越能准确地预测消费者需求并据此成功地制定生产决策。上一章已指出，知识的性质决定了政府的集中决策不可能解决知识问题。而竞争性市场在这方面具有独特的作用。市场根据价格调结构，价格机制在

---

① ［英］亚当·斯密：《国民财富的性质和原因的研究》（下卷），郭大力、王亚南译，商务印书馆1972年版，第27页。

本质上是一种使用知识的有效制度。

一　知识的发现和利用

科斯（Coase，1937）指出："经济体制'自行运行'，这并不意味着没有私人计划。"① 在市场上，每一个行为主体都是出于一定目的，根据自己的计划来行事。哈耶克（Hayek，1945）认为，计划就是"关于分配现有资源的相互关联的决策的综合"。② 从这个意义来看，所有的经济活动都有计划。争议并不是要不要计划，而是由谁来制订计划：是由一个权威机构集中地制订？还是由许多个人分散地制订？从产业结构调整的角度来看，前者意味着政府主导，由政府集中为企业制订计划；后者是市场主导，由市场参与者各自制订计划。罗宾斯（Robbins，1932）着力阐述了"经济性选择"这一概念，指出人们每天都在不断计划，计划者的目的就是实现约束条件下的最优或最大化（利润、效用等）。③ 这一概念被人们普遍接受，成为微观经济学的基本内容。平狄克和鲁宾费尔德（Pindyck & Rubinfeld，2009）就说："微观经济学就是解释这些行为人是如何以及为何做出特定的经济决策的。"④ 计划不管由谁制订，都必须依据通过某种途径传递给计划者的知识。个人计划的概念隐含了不容回避的"知识问题"。

哈耶克意义上的知识问题是分散性知识得以最优利用的问题。本书的第二章已指出，"有关特定时间和地点的知识"由"一种探明特定情势的能力构成"。这种知识比传统经济学语境下的知识或信息的概念（价格、数量等）宽泛得多。它们告诉行为主体在何处以及如何去发现所需要的信息，具有主观性、实践性、分散性和默会性的特点。产业结构调整要解决的基本问题，就是分散于经济主体之间的知识得以协调的问题，是一个如何利用知识的问题，而这些知识并非整体地赋予任何人。市场主导比政

---

① Coase R. H. , "The Nature of the Firm", *Economica*, 4（16），1937，p. 387.

② Hayek F. A. , "The Use of Knowledge in Society", *The American Economic Review*, 35（4），1945，p. 520.

③ Robbins L. , *An Essay on the Nature and Significance of Economic Science*, Auburn：Ludwig von Mises Institute，2007.

④ ［美］罗伯特·S. 平狄克、丹尼尔·L. 鲁宾费尔德：《微观经济学》（第七版），高远、朱海洋、范子英等译，中国人民大学出版社2009年版，第3页。

府主导更有效的关键是市场机制能更有效地发现和更充分地利用分散的知识。不断变化的经济问题需要不断制订新的计划，只有让熟悉具体情况并直接了解有关变化以及立即可以弄到应付这些变化的资源的人来制订计划，才能保证及时发现和利用有关特定时间和地点之具体情况的知识。竞争就是许多单独的个人制订分散的计划，这种非集权化的方法给每一个掌握分散知识的人利用这些知识的机会。微观经济学的完全竞争理论假定生产者以最低成本生产商品，背后暗含的假设是生产者已经具备有关最低成本的知识，但实际上这种知识只有通过竞争才能发现。只有货比三家，不断地搜寻和试验，生产者才能逐渐具备有关最低成本的知识。关于消费者的愿望和需求的知识同样不是已知的，生产者也只能在市场中反复试验，通过竞争的过程才能发现。消费者也存在相同的情况，他们试图掌握的自己所面临选择的知识，也只能通过市场活动才能获得。哈耶克（Hayek，1945，1948）强调竞争是发现和利用分散知识的过程。"竞争主要是一个形成意见的过程：通过传播信息，它带来了经济体系的统一和连贯，而这是我们把它作为一个市场的先决条件；它创造出人们对于什么是最好的和最便宜的看法；而正是由于它，人们所了解的可能性和机会至少像现在了解的那样多。"①

　　柯兹纳（Kirzner，1973，1992）进一步深化了对知识问题的认识，提出"基本的知识问题"（Basic Knowledge Problem）这一概念。他指出，"基本的知识问题"是"由于计划者对其实际情况的了解知识并不充分，他的计划也就可能并不足以带来最优的现实效果"。"哈耶克的知识问题"可以被认为是"基本的知识问题"的特例。② 生产者、消费者、要素所有者各自计划的相互作用构成了市场。越是具备完善的知识，就越能在市场中占据优势。但每个市场参与者只知道身边和有限的一些事情，面临必然的无知。他们的计划可能正确，也可能错误，只有市场才能验证。虽然买卖双方互不了解，但他们十分明白，只有当自己的计划能为对方带来满足时才能得以执行。也就是说，对卖家而言，只有他供给的商品能满足买家的需求，买家才愿意为得到这个商品支付货币；对买家而言，只有他支付

　　① ［英］哈耶克：《竞争的含义》，载哈耶克《个人主义与经济秩序》，贾湛、文跃然等译，北京经济学院出版社1989年版，第98—99页。

　　② ［美］伊斯雷尔·柯兹纳：《市场过程的含义》，冯兴元等译，中国社会科学出版社2012年版，第169页。

的货币足以让卖家满足，卖家才会把商品交给他。每一对相互吻合的决策构成了市场交易的一个案例。参与者成功或失败的决策都传递了有助于修正下一时期计划的信息。"随着市场过程的展开，一个时期的市场无知跟随着另一个市场无知，与此同时，无知已经在某种程度上减少了。每一个买者或者卖者根据其可选择机会获得的新知识来修正他的叫价和供给，而这些新知识正是来源于他要买卖的对象，于是，买者和卖者就都期待在市场其他地方发现其所求。"同哈耶克一样，柯兹纳也强调市场过程的内在竞争性。"在每一个时期及其后继时期中，决策的系统可选择性使得提供给市场的机会较前一时期更具竞争性，即可察觉到市场中有更多其他可得机会，由此引致的必然是竞争。"①

因此，竞争是一个发现和利用知识的过程。产业结构调整问题，或者更广义的经济问题，并非像主流经济学分析的那样，是"以有关稀缺产品的某种'给定'供应的假设为其出发点"。产业结构如何调整？什么产业应该发展？什么产业应该退出？这些问题绝不可能通过政府的集中决策来解决。有关这些问题的答案，只有通过实践中的竞争才能发现。"市场过程在每个阶段上产生的那些暂时性结果，本身就可以告知个人应当去寻求什么东西。"②正如哈耶克（Hayek，1968）所强调的，应该"把竞争视作是发现某些事实的一种过程，因为不诉诸竞争这种过程，这些事实就不会为任何人所知道，或者至少不会为人们所利用"。③

二　价格机制与市场协调

进一步分析，竞争如何发现和利用知识并协调市场参与者的行为？答案是通过价格机制。新古典经济学的均衡价格理论认为，价格是一种协调市场参与者个体选择的有效方式。均衡价格所隐含的条件是：人们的行为是协调一致的，比如都在高价时卖出，低价时买进。均衡价格向潜在买家和卖家传递信息，发挥了协调作用。市场参与者只需了解该商品的现行均衡价格，就能迅速采取行动，实现马歇尔意义上的商品市场买卖协调，即

---

① ［美］伊斯雷尔·柯兹纳：《竞争与企业家精神》，刘业进译，浙江大学出版社2013年版，第9页。
② ［英］哈耶克：《作为一种发现过程的竞争》，载哈耶克《作为一种发现过程的竞争——哈耶克经济学、历史学论文集》，邓正来译，首都经济贸易大学出版社2014年版，第37页。
③ 同上书，第35页。

达到均衡状态。这种分析很好理解，也是主流经济学的基本逻辑，被柯兹纳（Kirzner，1992）称为"所有经济学家工具箱里共有的一部分基本配备"。① 然而，这种分析方法是以"所有的事实都被假设为已知"为前提，忽略了知识问题。事实上，在相同的价格面前，人们的行为是分散的，因为他们自己的知识不同，价格对他们的激励也不同。以米塞斯、哈耶克、柯兹纳为代表的奥地利学派拒绝完全知识假设，以知识问题为出发点，从市场过程角度，更为深入地揭示了价格在市场协调中的根本作用，即价格机制在本质上是一种使用知识的有效制度。

早在 20 世纪社会主义经济计算大论战时，米塞斯（Mises，1920）就强调了市场价格在经济计算中的核心作用。由市场决定的价格是理性经济的基础，离开了它就无法对生产成本和可能的收益进行比较，也就无法进行经济计算。计划经济取消市场，取消价格机制，不能在性质不同的生产过程、不同的产品之间进行成本收益分析的比较，必然造成经济生活的混乱和浪费。米塞斯提到了"某种知识分工"（a Kind of Intellectual Division of Labor），在他看来，它构成了市场的本质，并且提供和传递信息，使企业家决策所需的经济计算得以进行。他指出："在一个人们共同参与生产某种经济财货的社会中，如果要在一些人之间分配经济财货的经营管理权，那么将牵涉到某种知识分工，假如没有某些计算生产的制度，没有经济，这种知识分工是不可能的。"② 米塞斯强调市场价格所传递的信息对现代社会所要求的知识分工是必不可少的。

在 1949 年出版的《人的行为》一书中，米塞斯进一步分析了由竞争产生的定价过程对发现和利用知识的重要意义。他认为主流经济学"各方面都具备关于市场情况的完全知识，因而能够利用最有利的机会在买卖中得到最大的利益"这一假设不符合实际。③ 米塞斯强调市场过程的动态特征，指出价格是一个社会现象，是所有市场参与者对各种商品进行价值评估而引起的相互作用所产生的。价格形成的过程就是发现和利用知识，

---

① ［美］伊斯雷尔·柯兹纳：《市场过程的含义》，冯兴元等译，中国社会科学出版社 2012 年版，第 156 页。

② Mises L. V., *Economic Calculation in the Socialist Commonwealth*, Auburn：Ludwig von Mises Institute，1990，p. 12.

③ ［奥］米塞斯：《人的行为》，夏道平译，远流出版事业股份有限公司 1991 年版，第 428 页。

从而实现市场协调的过程，即米塞斯所言："定价过程是一个社会过程。它是由社会所有份子的相互行为达成的。在分工的构架内，每个人就其所选择的岗位大家通力合作。大家在合作中竞争，在竞争中合作，因而有助于完成这个结果，即市场的价格结构，生产要素配置于各种欲望满足的途径，以及每个人分配额的决定。"①

哈耶克是奥地利学派知识理论的集大成者，他分析了市场竞争形成的价格在利用分散知识方面的独特作用，指出"如果我们想了解价格的真正作用，就必须把价格体系看作一种交流信息的机制"。② 赖尔"知道如何"的知识、波兰尼的默会知识、欧克肖特的实践知识都被哈耶克视为知识的渊源（John Gray，1984）。"我们可以说哈耶克赞同这样一个命题，即实践在人类知识的建构过程中具有首要性。"③ 在竞争的实践中，价格帮助人们发现和甄别知识。"价格会使人们集中关注这样一个问题，即在市场提供的各种各样的物品和服务当中，何者是值得发现的。……只有当那种知识的拥有者能够从市场那里获得有关何种物品或何种服务为人们所需的信息以及有关人们在多大程度上迫切需要这些物品或服务的信息的时候，个人所拥有的那种知识才会成为有效的知识。"④ 在一个知识掌握在分散的许多人手中的现实世界中，价格协调不同个人的单独行为，使市场参与者利用自己掌握的知识制订和修正个人计划，使那些警觉的企业家可以从中发现获利机会，推动产业结构调整。

价格机制一个最重要的特点是，其运转所需的知识很经济。即在价格的指引下，市场参与者不必搜寻一切相关信息，不必为自己对广袤市场的无知而苦恼，他只需掌握很少信息便能采取相对正确的行动。哈耶克（Hayek，1945）举例说："世界上所发生的任何一件事几乎都可能对一个管理者应作的决策产生影响，但他却并不需要了解这些事件本身，也不需要了解这些事件的全部影响。他完全不必要知道为什么在特定时间内某种

---

① ［奥］米塞斯：《人的行为》，夏道平译，远流出版事业股份有限公司1991年版，第439页。

② ［英］哈耶克：《知识在社会中的利用》，载哈耶克《个人主义与经济秩序》，贾湛、文跃然等译，北京经济学院出版社1989年版，第81—82页。

③ Gray J.，*Hayek on Liberty*，Oxford：Basil Blackwell Ltd，1984，p. 14.

④ ［英］哈耶克：《作为一种发现过程的竞争》，载哈耶克《作为一种发现过程的竞争——哈耶克经济学、历史学论文集》，邓正来译，首都经济贸易大学出版社2014年版，第37—38页。

尺寸的螺钉需要量更大；为什么纸袋比帆布袋更易搞到，为什么熟练工人或某些机床暂时难以弄到，因为这些事与他全无关系。对他有意义的只是，弄到这些东西与弄到其它他也关心的东西相比的难易程度，或者他所生产或使用的替代品是否更为急需。"① 也就是说，市场参与者关心的是与自身利益相关的特定事物之相对重要性。在市场竞争中，这些特定事物价格之升降，恰恰告诉了他这一点。

柯兹纳区分了主流经济学和奥地利学派两种价格理论。主流经济学关注均衡条件的满足，强调价格和买卖数量，特别是均衡条件下出现的均衡价格和均衡数量。而奥地利学派的价格理论并不主要关注满足均衡条件的价格和数量构成，柯兹纳（Kirzner，1973）指出："我们宁愿寻求这种价格理论，它能帮助我们理解市场的个体参与者怎样决策，从而产生市场压力迫使价格、产出变化，以及生产方法和资源配置的变化。我们期望价格理论阐明各种市场决策引致的相互影响的性质，这样，我们就可以理解这些决策或者决策背后的数据是如何变化，以系统地推动市场其他方面的变化。"② 简言之，奥地利学派关注的是价格在竞争过程中如何使市场产生自发修正。价格除了具有类似交通信号灯这样传递信息的功能，还能通过激励机制刺激人们捕捉新知识，实现市场协调。与主流经济学强调均衡价格不同，柯兹纳特别强调了非均衡价格在实现市场协调中的重要作用，正是非均衡价格"创造实现自我修正的市场激励"。

总而言之，价格机制能实现市场协调的根本原因是它有效地发现和利用了知识。竞争作为一个发现和利用知识的过程，通过价格变化发挥作用。值得注意的是，市场中的价格，是无数参与者之间自发竞争形成的，并非人们刻意设计的结果。即价格机制就是哈耶克所说的"自生自发秩序"。价格机制的活力和效率源于它是一种天然机制。它是人类行为的结果，却不是人类理性设计的产物，或者说它是人类无意为之的自生自发秩序。任何对由市场决定的价格进行干预的企图往往会造成与干预者目标相反的恶果。

---

① ［英］哈耶克：《知识在社会中的利用》，载哈耶克《个人主义与经济秩序》，贾湛、文跃然等译，北京经济学院出版社 1989 年版，第 80 页。

② ［美］伊斯雷尔·柯兹纳：《竞争与企业家精神》，刘业进译，浙江大学出版社 2013 年版，第 4—5 页。

三　知识、非均衡价格与产业结构调整

通过以上对知识问题和价格机制的分析，我们可以跳出传统新古典经济学那种机械的分析框架，以一种新的思路重新认识产业结构调整问题。经济问题由变化引起，产业结构调整是为适应需求变化而产生，是经济发展的常态，是持续的市场过程，而非一次性地趋向均衡。正如米塞斯（Mises，1949）所言："市场上，动荡永不停止，想象的均匀轮转的经济结构，在实际上没有这回事。"①

产业结构调整面临的根本问题是知识问题。我们可以把市场主导产业结构调整理解为市场参与者纠正以前无知的一系列步骤。这里要区分两种不同的知识，第一种是"有关特定时间和地点的知识"，第二种是科学知识或一般性知识。前者需要"一种探明特定情势的能力"，只能在市场中通过竞争发现。哈耶克（Hayek，1968）指出："经济竞争与极富成效的科学手段之间的区别表现为这样一个事实：前者是一种发现与实现具体且暂时的目的相关的特定事实的方法，而后者则旨在发现那些有时候被人们称作是'一般性事实'（General Fact）的东西，亦即表现为事件之常规性的事实。"② 我们通常所说的产业结构变化规律，如配第—克拉克定理（Colin Clark，1940）、罗斯托的经济成长阶段论理论（Walt W. Rostow，1960）、产业结构高级化等都是第二种知识。政府可以通过第二种知识了解产业发展的一般趋势，但决不能以此指导产业结构调整。③ 因为产业结构调整需要的是第一种知识，这种知识只能通过竞争发现，它的有效性在很大程度上是暂时的，反映的市场机会可能转瞬即逝，但却是有用的、企

---

① ［奥］米塞斯：《人的行为》，夏道平译，远流出版事业股份有限公司 1991 年版，第 429 页。

② ［英］哈耶克：《作为一种发现过程的竞争》，载哈耶克《作为一种发现过程的竞争——哈耶克经济学、历史学论文集》，邓正来译，首都经济贸易大学出版社 2014 年版，第 36 页。

③ 当前我国很多地方都提出"大力发展第三产业"。这种提法无可厚非，但有的地方通过政府主导，一窝蜂似的发展第三产业的方法值得商榷。当经济发展到一定程度后，第三产业在国民经济中的比重不断提升的确是一种客观趋势。但这是经济发展的结果，而不是经济发展的原因。第三产业占比多少合理没有统一标准。随着工业化进程的深入，人们对第三产业的需求不断增加，这是第三产业发展的原动力。在工业化发展不足的情况下，通过政府力量"揠苗助长"式地发展第三产业是本末倒置，不利于经济发展和结构调整。哪些第三产业应该发展？第三产业应该占比多少？这些问题的答案只能在市场中寻找。只有让市场反映需求、甄别当地的比较优势，第三产业才能顺势发展。

业家决策所必需的。最优产业结构不能事先设计，因为知识只能在竞争中产生，这个发现过程所产生的结果在本质上不可预测。企业家可能会犯错，但竞争带来的知识给予他们纠正错误的机会。企业家是产业结构调整的主体，但他们事前也不知道自己会创造出什么结构。"竞争之所以有价值，完全是因为竞争的结果是无法预见的，而且从总体上来讲，他们也不同于任何人刻意达致或原本想达致的那些结果。"①

价格机制在本质上是一种使用知识的有效制度。价格涨落不仅传递和交流信息，而且克服无知，引致市场参与者行为的一系列变化，实现市场协调。这是价格涨落引导产业结构自发调整的要义。市场主导产业结构调整的关键不在于探寻一组能够准确传递市场信息的均衡价格，而在于非均衡价格创造实现自我修正的市场激励。柯兹纳（Kirzner，1992）说："非均衡的价格有着一种能力，可让针对出价和报价的市场选择出现系统性变化，因为原先非协调的一系列选择导致了非理想的结果，所以行为主体就要做出调整，用较为协调的选择来取代先前非协调的选择。"② 均衡价格理论关于市场参与者行为协调一致（大家都低买高卖）的假设是脱离现实的高度抽象。价格的形成是源于竞争的动态过程，在相同的价格面前，人们的行为是分散的，因为他们的知识不同，价格对他们的激励不同。因此，不能指望确定某个最优或合理的价格指导人们共同行动，产业结构调整顺利进行需要一个由市场决定的、灵活的价格体系。价格体系之所以能够发现并传达真实市场情况，促进产业结构调整，正是依靠非均衡价格所产生的激励。政府对价格灵活性的限制会阻遏那种激励的出现，从而抑制产业结构调整。我国多年来一直强调产业结构调整，但调整绩效始终不理想，究其原因，政府对一些商品价格的行政管制难辞其咎。

第三节　产业结构调整过程中的企业家

传统分析产业结构调整的理论较少探讨企业家因素。因为新古典经济学通常把企业家行为视作对市场条件做出的无摩擦反应：企业的行动是在

---

① ［英］哈耶克：《作为一种发现过程的竞争》，载哈耶克《作为一种发现过程的竞争——哈耶克经济学、历史学论文集》，邓正来译，首都经济贸易大学出版社 2014 年版，第 35 页。

② ［美］伊斯雷尔·柯兹纳：《市场过程的含义》，冯兴元等译，中国社会科学出版社 2012 年版，第 157 页。

限定条件下追求利润最大化，"无论是谁干都是一样的"（今井贤一，1984）。① 然而，奥地利学派认为，就市场过程而言，企业家精神是非常重要的维度。市场过程理论的核心就是"企业家发现"。市场有学习和利用持续的市场信息流以生产市场过程的能力，在根本上依赖于企业家要素的良性呈现。本节基于奥地利学派的企业家理论，分析企业家在产业结构调整中的作用，指出企业家精神是市场调节产业结构调整的基本促动因素。企业家的"警觉"启动了产业结构调整，企业家对价格的发现和纠正促进产业结构调整顺利进行，这是政府无法模拟和替代的。

一　企业家精神的本质

　　要认识企业家在产业结构调整中不可替代的作用，首先要了解企业家精神（或企业家才能）的本质。"企业家"（Entrepreneur）这一术语最早可能由坎蒂隆（Cantillon，1755）引入经济学理论，但最早赋予企业家突出重要性的是萨伊（Say，1803）。② 据德索托（De Soto，1992）考证，"企业家"一语的英文、法文和西班牙文在词源上都来自拉丁文"inprehendo – endi – ensum"，其含义是去发现、去看、去感知、去认识以及去实现。③ 在新古典经济学的分析框架下，企业家精神被视为一种给定的生产要素，企业家决定了厂商有效规模的限度。在新古典经济学中，企业家的作用是静态和被动的。鲍莫尔（Baumol，1968）指出，这反映了新古典理论强调的是完全知识假设，这种市场会进行一切必要的协调，企业家的管理和决策变得无足轻重。④ 与传统经济学不同，奥地利学派不关注均衡的条件，而是关注非均衡状态引致的变化而形成的市场过程。他们特别重视企业家在市场协调过程中的核心作用，从行为学的角度理解企业家精神，构建了以"企业家发现"为核心的市场过程理论。

　　让我们首先从广义上来看企业家这一概念。当谈到"企业家"时，

---

　　① ［日］今井贤一：《综合评论之二》，载小宫隆太郎、奥野正宽、铃村兴太郎《日本的产业政策》，黄晓勇等译，国际文化出版公司 1988 年版，第 531 页。

　　② ［英］约翰·伊特韦尔等：《新帕尔格雷夫经济学大辞典》（第二卷），经济科学出版社 1996 年版，第 162 页。

　　③ ［西］赫苏斯·韦尔塔·德索托：《社会主义：经济计算与企业家才能》，朱海就译，吉林出版集团有限责任公司 2010 年版，第 20 页。

　　④ Baumol W. J. ，"Entrepreneurship in Economic Theory"，*The American Economic Review*，58 (2)，1968，p. 64 – 71.

人们通常会想到一些人。但经济学意义上的企业家，不是一些人，而是一个确定的功能。这个功能不是某一些人或某个阶层所具有的特质，而是每一个行为所固有的特质。米塞斯（Mises，1949）指出："用在交换学的'企业家'一词是指：专从每一行为的不确定性这方面来看的行为人。"① 从这个广义的企业家概念来看，只要参与市场并寻找最大化的机会，每个人都是企业家。主流经济学理论中的资本家、经理人、工人、地主等市场主体实际上是市场运作中不同功能的化身，他们的共同点是：付出自己所拥有的要素，在市场上寻找最佳的获利机会。由于市场不断变化，所有参与者都不能安然免于未来的不确定所带来的风险。把任何有形（如金钱、土地、设备）或无形（如经营能力、劳动技能）的财货用之于生产，也即为将来准备，其本身就是一个企业家的活动。因此，德索托（De Soto，1992）说："从广义或一般意义上说，企业家才能与人类行为实际上是一致的。就此而言，任何人，只要他的行为是对目前的状态进行调整，以实现他未来的目标，那么他就是在发挥企业家才能。"②

市场过程本质上是一个企业家过程。柯兹纳（Kirzner，1973）指出，企业家精神内在于竞争性市场过程。"企业家精神与竞争是一个问题的两个方面：企业家的活动是竞争的，同时竞争活动也是企业家的。"③ 在激烈的市场竞争中，有一些走在前面的引领者，也有一些只会效仿别人敏捷行动的跟随者。每个人对同一情况的反应快慢不同、方式不同、程度不同，这个事实是人性的特征。也就是说，虽然人人都是广义上的企业家，但每个人的企业家才能是不同的。我们可以把市场中的佼佼者定义为狭义的企业家。米塞斯（Mises，1949）用"促进者"（Promoter）来表示狭义的企业家概念，他说："经济学把下列的这些人都叫做企业家：特别热衷于调整生产适应预期的变化，以谋取利润的人；比一般人有更多的原创力、更多的冒险精神、更敏锐的眼光的人；推动经济进步的拓荒者。"④

① ［奥］米塞斯：《人的行为》，夏道平译，远流出版事业股份有限公司1991年版，第346页。

② ［西］赫苏斯·韦尔塔·德索托：《社会主义：经济计算与企业家才能》，朱海就译，吉林出版集团有限责任公司2010年版，第18页。

③ ［美］伊斯雷尔·柯兹纳：《竞争与企业家精神》，刘业进译，浙江大学出版社2013年版，第80页。

④ ［奥］米塞斯：《人的行为》，夏道平译，远流出版事业股份有限公司1991年版，第348页。

由于知识问题的存在，市场参与者不可能像新古典模型那样自动协调其行为，但这会表现为一系列价格，使那些警觉的企业家可以从中发现获利机会。企业家精神就是源于对利润的追求。它的出现并非因为当事者占有信息，而是因为他对信息的警觉。这种警觉让他拥有了在哪里寻找信息、克服无知、纠正错误的禀赋。①

米塞斯从"人的行为"这一高度，对企业家精神的本质进行了精辟的总结，他写道：

"市场过程的推动力，既不是来自消费者，也不是来自生产手段——土地、资本财和劳动——的所有者，而是来自一些企业家。他们志在利用价格的差异以谋取利润。他们用敏捷的理解力和远大的眼光向四处寻找利润的源泉。他们在他们认为价格够低的地方和时机买进，在他们认为价格够高的地方和时机卖出。他们接近那些生产要素的所有者，而他们的竞争把这些要素的价格抬高到相当于他们对产品的未来价格所预期的限度。他们接近消费者，而他们的竞争把消费财的价格压低到全部供给量可以销售掉的那一点。追求利润的投机，是市场的推动力，正如同它是生产的推动力。"②

简言之，利润机会具有强大的磁力，它激发了人类行为中的企业家敏感性。企业家精神的本质就是对以前未被认识到的机会的敏感机警，是"产生促进者自强不息精神以及尽可能追求最大利润的那股劲"。这种精神内在于竞争性市场过程，是市场过程的推动力，是产业结构调整的推动力，是"促起不停的革新和改进的因素"。

二　企业家的"警觉"启动产业结构调整

企业家精神的发挥，是与一种特殊的"警觉"（Alertness）联系在一起的。这种警觉是一种持续的警惕性，它使一个人能够发现和把握发生在

---

①　我的岳母曾给我讲述了她的一次投资经历，这个故事可以帮助我们更好地理解企业家精神。那是在1987年，岳母在电视上看到我国大兴安岭地区发生严重森林火灾的新闻。这时，她敏锐地意识到这场森林火灾可能导致木材价格上涨。于是，她拿出家里的7000元储蓄（这在当时是笔不小的数目）购买了木材，以待木材涨价时出售获利。当时很多人都在电视中看到了这则新闻，但很少有人会发现其中的投资机会并冒险采取行动。在我岳母身上，就体现出了强烈的企业家精神，尽管她的职业是护士。

②　〔奥〕米塞斯：《人的行为》，夏道平译，远流出版事业股份有限公司1991年版，第428—429页。

他周围的事情。警觉来自对利润机会的敏感，而利润机会又缘于社会中分散知识产生的非均衡状态。从产业的视角来看，知识问题决定了产业结构在一定程度上会与需求结构脱离，即产生经济非均衡状态。产业结构的每个缺口都会通过非均衡价格以纯利润的方式表现出来。这些利润机会吸引了警觉的企业家的注意，促成了竞争性的企业家发现过程。在这个过程中，市场参与者了解了越来越多的、分散于市场中的相关知识，逐渐驱散无知，促进产业结构与需求结构的协调。可见，产业结构调整是由企业家的"警觉"而非政府的"愿景"所启动。

根据熊彼特（Schumpeter，1934）的观点，企业家作为经济发展的引领者，其作用在于创新。他指出了创新的五种情况：引入新产品、采用新生产方法、开辟新市场、夺取原材料或半制成品的新来源以及创立新的工业组织。① 在本质上，熊彼特意义上的企业家发挥的是管理或决策的作用。柯兹纳（Kirzner，1973）有保留地支持了熊彼特的观点，他指出："我寻求详述的企业家的样子，在许多方面与熊彼特描述的相像。毕竟，熊彼特式的创新者是决策制定者，他对未注意到的机会的警觉，使他能与众所周知的机会的常规重复性工作分离开来。"② 然而，柯兹纳和熊彼特意义上的企业家精神是明显不同的。

熊彼特把企业家创新行为描述为"非均衡"，企业家精神要实现的是打破原有的经济均衡，在均衡中创造非均衡。而在柯兹纳看来则恰恰相反：由于市场参与者的无知而导致非均衡是现实经济的常态，企业家精神是对非均衡所产生利润机会的警觉，它要实现的是启动经济非均衡状态下的市场协调，驱散无知，使经济在非均衡中趋向均衡。假如经济真的实现均衡，这就意味着所有的机会都被利用殆尽，那么每一个市场参与者就不需要改变个人计划，市场过程必定立即终止，企业家精神也就失去意义。柯兹纳（Kirzner，1992）强调企业家精神与均衡状态不相容，但与均衡过程是相容的，企业家警觉的启动降低相互性无知的程度。"知识既不是完美的，无知也不是必然无法战胜的。均衡确实从来都没有被实现，但市

---

① Schumpeter J. A. , *The Theory of Economic Development*：*An Inquiry into Profits*，*Capital*，*Credit*，*Interest*，*and the Business Cycle*，New Jersey：Transaction Publishers，1934.

② ［美］伊斯雷尔·柯兹纳：《竞争与企业家精神》，刘业进译，浙江大学出版社 2013 年版，第 66—67 页。

场确实展现出强烈的朝向它的倾向性。"① 对熊彼特而言，企业家精神的重要性在于通过创新促进经济发展；对柯兹纳而言，企业家精神的重要性在于通过激励带来的市场协调使市场过程自身运行起来，经济发展仅被视为市场过程运行一个可能的结果或例子。

从根本上讲，产业结构调整所需的企业家精神首先是柯兹纳意义上的企业家精神，它源于对信息的警觉，而不是对信息的占有。企业家首先要机警地发现市场机会，然后才能通过熊彼特式的创新扩展市场机会，为自己带来更多利润。也许一个人并不知道如何引入新产品或采用新生产方法，但这并不妨碍他成为一流的企业家，只要他拥有对市场的警觉，能够发现市场机会，他完全可以雇佣那些对具体的市场知识更为了解、具有"创新"能力的人。事实上，这些被雇佣的"创新者"拥有创新的知识但没有利用它，这些知识最终被雇佣他们的企业家所拥有和利用。产业结构调整首先需要企业家发现什么产业该发展、什么产业该退出。对这类信息的警觉促动了企业家的发现过程，启动了产业结构调整。由此可见，企业家所需要的最重要的知识类型是：知道到哪里寻求知识，而不是实质性市场信息的知识。柯兹纳将这种最重要的知识类型称为"警觉"。"我不是把企业家视为先前不存在的（ex nihilo）创新念头的源泉，而是视为对已经存在并等待被注意的机会的警觉。"② 当然，"警觉"也可以被雇佣，"雇一个雇员来对发现知识的可能性保持警觉的这一行动发起人自己已经展现了更高阶的警觉。企业家的知识也许可以描述为'知识的最高阶'（highest order of knowledge）——一种利用可得的已被拥有（或能被发现）信息所需的最后知识。"③

总而言之，企业家的"警觉"是一种最重要的知识。这种知识是引发产业结构调整的根本性力量，它启动产业结构调整，促动市场过程，使企业家进一步发现和利用更多的知识，进而实现市场协调。

这里顺便再次证明了政府不能主导产业结构调整。因为对利润机会的"警觉"是企业家所特有的特质。企业家精神和政府精神难以相容。政府

---

① ［美］伊斯雷尔·柯兹纳：《市场过程的含义》，冯兴元等译，中国社会科学出版社 2012 年版，第 5 页。

② ［美］伊斯雷尔·柯兹纳：《竞争与企业家精神》，刘业进译，浙江大学出版社 2013 年版，第 62 页。

③ 同上书，第 58 页。

官员不可能具备企业家精神中对市场的"警觉"。亚当·斯密（Smith，1776）说过："商人性格与君主性格两不相容的程度，可以说是无以复加了。假若东印度公司的商人精神，使它成了极坏的君主，那它的君主精神，似乎也使它成了极坏的商人。"① 用现在的语境来说，就是政府和企业不可错位。在我国，产业结构调整的发起者往往是政府，这是政府"错位"的表现，这种"错位"从一开始就注定了产业结构调整糟糕的绩效。

三　企业家的犯错与纠正

企业家的"警觉"启动产业结构调整，他们倾向于发现和抓住利润机会，在竞争中利用富有弹性的价格机制发现和利用知识，对出现在非均衡状态下的市场无知予以纠正。这个过程并不意味着企业家不会犯错。事实上，没有人具有完全正确地看穿未来之能力，企业家判断错误、亏损、退出市场会经常出现。但从整体来看，这种错误并不可怕，更不能理解为"市场的盲目性"。在市场主导产业结构调整的框架下，分散决策的企业家所犯的错误属于非系统性错误。这些错误对市场具有重要的价值，是市场调节机制发挥作用的条件和表现。而且，正是这些分散的非系统性错误的出现，避免了整个市场集中出现灾难性的系统性错误。另外，市场具有天然的纠错能力，市场机制本身就是一种自我纠错的机制。

新古典经济学的均衡理论认为企业家能顺畅地对市场做出积极反应，实际上是假定企业家是无差异的。而从奥地利学派的视角来看，由于知识具有主观性、实践性、分散性和默会性的特点，以及每个市场参与者禀赋不同，所以总有一些企业家比其他企业家更机警。后者的相对不机警导致了错误的产生，但错误与正确是相生相伴的。一些企业家由于决策错误导致失败，必定对应着另一些企业家由于决策正确引致成功。失败者改变计划，甚至退出市场，造成相关产业衰落；成功者不断壮大，并吸引新的企业家加入，促进相关产业繁荣。企业存亡与产业兴衰一直在发生，这正是市场过程正常运行的表现，是竞争的特征和知识发现的过程。因此，对整个市场来说，部分企业家的犯错是必然的，也是必要的。

---

① ［英］亚当·斯密：《国民财富的性质和原因的研究》（下卷），郭大力、王亚南译，商务印书馆 1972 年版，第 378 页。

　　企业家犯错的一个重要价值是向市场传递新的信息，降低了市场参与者的无知。对企业家而言，利润是正激励，亏损是负激励。"利润激励（当然包括亏损的负激励）通过引发企业家警觉而最有意义地起作用，鼓励他们保持对将会导致新计划的新信息的关注。"① 一些企业家的错误一方面让他们自己更新知识，及时纠正错误，使自己的计划与别人的计划更为协调；另一方面通过价格机制向其他市场参与者传递信息，让后来跟进的企业家避免犯同样的错误。这样就产生了一种自动纠正错误的机制。这是市场机制的一项基本功能，一种并非人类有意设计的"自生自发秩序"。

　　就错误的性质而言，企业家所犯的错误是非系统性错误。在市场主导产业结构调整机制下，企业家的知识是分散的、行为是分散的，除非市场受到人为干扰，否则不可能所有的企业家同时犯错。犯错的企业家再多，错误也是局部的、非系统性的、可纠正的。而在政府主导机制下，情况就完全不同。政府决策是集中的，对企业的指引是明确的。一旦政府犯错，意味着整个市场被扭曲，市场会出现灾难性的系统性错误。从我国当前的实际来看，长期性的产能过剩就是一种系统性错误。如果让市场真正发挥作用，很难想象这种错误会长期得不到纠正。因为资源是稀缺的，如果一种商品供过于求，它的价格会自动调整，当价格低到不足以带来利润甚至弥补成本时，就不会有企业再生产这种商品，正在从事这种商品生产的企业也会自发减少产量，寻找新的获利机会。机警的企业家总会仔细地比较资源在各种选择性用途上的收益，他会把资源投入收益最大的地方。出现长期性的产能过剩这种系统性错误，不是市场造成的，而是政府过度干预产业发展造成的。② 由于知识问题始终存在，政府的集中决策本身就极易酿成系统性错误，而且政府没有市场纠正错误的那种精巧手段，甚至可能会以行政手段来掩盖和挽救自己决策的失误。③ 由此导致系统性错误积重

---

　　① ［美］伊斯雷尔·柯兹纳：《竞争与企业家精神》，刘业进译，浙江大学出版社 2013 年版，第 183—184 页。

　　② 2014 年全国"两会"期间，全国政协委员、政协经济委员会副主任岳福洪在一次发言中说："政府如果让你养猪，你养鸡就对了。"他借此批评一些地方政府违背市场规律过度干预经济，造成一些行业产能过剩的现象。（向楠：《政府让你养猪你就养鸡》，《中国青年报》2014年 3 月 11 日 T03 版）这一观点引起了主流媒体的广泛关注和网友的热烈讨论，它实际上就是通俗地表达了政府主导产业结构调整可能造成系统性错误的风险。

　　③ 参见本书第二章第二节。

难返。

因此，企业家的犯错不能视为"市场的盲目性"，恰恰相反，这是市场过程正常运行的表现。这种非系统性错误造成的损失，要远远小于政府主导产业结构调整造成系统性错误的损失，它向市场传递新的信息，通过对企业家的负激励纠正了市场参与者初期的无知。

综上所述，企业家在产业结构调整中的主体地位不可替代。经济非均衡产生的利润机会对企业家形成强烈的激励。对以前未被认识到的机会敏感机警的企业家精神是推动产业结构调整的根本性力量。企业家的"警觉"和企业家犯错的纠正机制是政府不能模拟和替代的。

第四章

对结构调整"市场失灵"的分析

前两章论述了政府主导产业结构调整面临的困难和市场如何克服这些困难，并分析了市场主导产业结构调整的机理。人们通常认为，传统经济学的"市场失灵"理论为政府干预产业结构调整提供了理论依据。而本书认为，产业结构调整本身是一个市场可以有效发挥作用的领域，事实上不存在"市场失灵"。本章将对市场机制有效运行的条件、竞争产生的"浪费"问题，以及信息、外部性与垄断进行分析，指出一般均衡所需的理想条件不等于市场主导产业结构调整有效的条件；竞争情况下常常出现重复性生产的"浪费"是市场协调必需的、不可避免的代价，政府主导不仅不能避免资源浪费，而且会恶化知识问题，造成更大损失；所谓信息不完全和不对称、外部性和垄断问题实际上是对市场过程的误解，不能成为政府主导产业结构调整的理由。

第一节　市场机制有效运行的条件

传统经济学认为，完全竞争是市场经济最理想的状态。当完全竞争的条件都得到满足时，市场运行的结果是实现一般均衡，即资源配置达到帕累托最优状态。然而，这种情况只存在于理想世界，现实世界不能满足完全竞争或一般均衡的假设条件，因此资源配置会与理想状态发生偏差，达不到帕累托效率的状态，即出现"市场失灵"。这一逻辑必然推导出政府要积极干预经济，纠正"市场失灵"。本书认为，一般均衡所需的理想条件不等于市场主导产业结构调整有效的条件。市场机制充分发挥作用绝不依赖于竞争均衡那些标准和理想的条件。

一 瓦尔拉斯式的理想世界

均衡理论是新古典经济学分析的重要基石，它用一种较为精确的形式阐述了亚当·斯密"看不见的手"这一思想。马歇尔（Marshall，1890）第一次将"假定其他情况不变"的思想引入经济分析，创立了局部均衡分析法。他指出经济学的规律要受两个条件的限制："第一，假定其他情况不变，第二，这些原因能够不受阻碍地产生某些结果。"[①]大多数一般因素能够不受干扰地起作用，长期正常均衡才会真正出现。马歇尔所指的"其他情况"就是"该理论给定的数据和外部环境——如果数据不变、外部环境可以自由竞争，那么，就会导致长期正常均衡"[②]。莱昂·瓦尔拉斯（Leon Walras，1874）用数学方法将均衡分析扩展至整个经济系统，提出一般均衡理论。在瓦尔拉斯看来，完全竞争可以使经济处于稳定的均衡状态，在这种状态下，消费者获得最大效用，企业家获得最大利润，生产要素的所有者得到最大报酬，经济效率得以实现。

这一理想状态是通过求解一组方程式实现的。在一个存在多种商品的市场上，一种商品的需求量不仅受其本身价格的影响，而且还受其他商品价格的影响，消费者在综合考虑所有商品的价格后再决定购买一种商品的数量。假设有 n 种商品，第 i 种商品（$i = 1, 2, \cdots, n$）的价格、需求量、供给量分别用 P_i、D_i 和 S_i 表示。对于每一种商品都可以建立一个方程来表示作为所有价格函数的需求量：

$$D_1 = f(P_1, P_2, \cdots, P_n)$$
$$D_2 = f(P_1, P_2, \cdots, P_n)$$
$$\vdots$$
$$D_n = f(P_1, P_2, \cdots, P_n) \hspace{3cm} 式（4-1）$$

同样，每一种商品也可以建立一个表示其供给量与所有价格函数关系的方程：

$$S_1 = f(P_1, P_2, \cdots, P_n)$$

---

① ［英］马歇尔：《经济学原理》（上卷），朱志泰译，商务印书馆1964年版，第56页。
② ［英］约翰·伊特韦尔等：《新帕尔格雷夫经济学大辞典》（第二卷），经济科学出版社1996年版，第196页。

$$S_2 = f(P_1, P_2, \cdots, P_n)$$
$$\vdots$$
$$S_n = f(P_1, P_2, \cdots, P_n) \qquad\qquad 式（4-2）$$

瓦尔拉斯认为市场经济中的价格可以用数学方法确定。在均衡状态下，每种商品的需求量等于供给量。假设供给量保持不变，有 n 种商品就有 n 个未知价格，同时有 n 个联立方程。通过对这 n 个联立方程求解，就可以确定满足均衡系统的唯一一组价格。根据这组价格，每一种商品的需求量就能够被计算出来，资源最优配置得以实现。

那么，实际的经济系统能否达到一般均衡状态？瓦尔拉斯通过假设市场上存在一个"拍卖人"来解决这一问题。拍卖人的任务是寻找并确定能使市场供求一致的均衡价格。拍卖人首先报价，消费者和生产者根据价格申报自己的需求和供给。如果在该价格下供求一致，则均衡实现；若不一致，拍卖人修改报价，消费者和生产者调整自己的需求和供给，直到找到一组使供求相等的价格实现均衡。瓦尔拉斯说："要使市场处于平衡状态，也就是，要使每一种商品以通货计的价格稳定，则必需的和充分的条件是，在这类价格下，每种商品的有效需求应等于其有效供给。如果不存在这一均等，要获得平衡价格，就得使有效需求大于其有效供给的那些商品和价格上升，使有效供给大于其有效需求的那些商品的价格下降。"[①]

一般均衡理论以数学形式表达了"看不见的手"这一经济学核心命题，对新古典经济学的发展产生了深远影响。[②] 后来的经济学家不断地完善、证明一般均衡理论，使其成为现代微观经济学的核心思想。特别是以肯尼斯·阿罗（Kenneth Arrow，1954）、吉拉德·德布鲁（Gerard Debreu，1954，1959）等为代表的经济学家通过集合理论、拓扑学等数学方法严格证明了一般均衡体系存在着均衡解，构建了竞争性市场机制的完美模型。

以上这一切都是建立在完全竞争基础上的。经济学教科书上给出了完

---

① ［法］莱昂·瓦尔拉斯：《纯粹经济学要义》，蔡受百译，商务印书馆1989年版，第168页。

② 熊彼特对此评价道："经济均衡理论是瓦尔拉的不朽贡献。这个伟大理论水晶般明彻的思路以一种基本原理的光明照耀着纯粹经济关系的结构。在洛桑大学为尊敬他而树立的纪念碑上只是刻着这几个字：经济均衡。"（［美］约瑟夫·熊彼特：《从马克思到凯恩斯十大经济学家》，宁嘉风译，商务印书馆1965年版，第79页）

全竞争市场必须具备的条件：第一，市场上有大量的买者和卖者，他们都是价格接受者；第二，市场上每一个厂商提供的商品都是完全同质的；第三，所有的资源具有完全的流动性；第四，信息是完全的，即所有市场参与者都有完全的知识，能对市场条件做出无摩擦的反应，制定最优决策，获得最大利益。① 新古典经济学的基本结论是：竞争越趋于充分，市场机制就越有效，完全竞争经济的一般均衡状态实现了帕累托最优。

然而，这里的问题是：完全竞争的必备条件能否全部得到满足？如果都得到满足，那么被称为"竞争"的活动还能存在吗？如果得不到满足，政府干预可以纠正不完全竞争的市场吗？市场机制发挥作用真的有赖于完全竞争吗？这些问题使我们不得不反思一般均衡这一精巧模型对产业结构调整的理论意义。

二　一般均衡理论对市场运行的曲解

一般均衡理论虽然为现代市场经济理论之发展做出了卓越的贡献，但它日益精巧的形式和看似严谨的表象却无法掩盖它对现实的错误假定。一般均衡理论将动态的经济问题转化为静态的计算问题，将充满活力的市场过程抽象为机械的均衡结果，在本质上构成了对市场运行的曲解。

其一，一般均衡理论将完全知识作为假设条件，回避了知识问题这一根本经济问题。在完全竞争条件下，无论是生产者还是消费者都具有完全的知识，他们能根据既定的市场价格进行最优选择。当非均衡出现时，他们会对价格迅速做出反应，直到形成均衡。他们的行为总是协调的，市场总会出清。然而现实果真如此吗？答案是否定的。很明显，每个市场参与者具有完全的知识这一假设不可能达到。所有人只知道身边和有限的一些事情，没有人全知全能。"市场过程的发动就源于市场参与者最初的市场无知。"② 市场面临的真正问题不是参与者在完全知识的假设下如何选择，而是在不完全知识的现实中如何发现和利用分散的知识。完全知识假设是新古典经济学最致命的缺陷。哈耶克（Hayek，1945）说："当我们试图建立一个合理的经济秩序时想要解决什么问题呢？根据某些常见的假设，

---

① 高鸿业：《西方经济学》（第五版），中国人民大学出版社 2011 年版，第 151—152 页。
② ［美］伊斯雷尔·柯兹纳：《竞争与企业家精神》，刘业进译，浙江大学出版社 2013 年版，第 8 页。

答案十分简单。即，假如我们具有一切有关的信息；假如我们能从一个已知的偏好体系出发；假如我们掌握现有方式的全部知识，所剩下的就纯粹是一个逻辑问题了。换言之，什么是现有方式的最好利用这一问题的答案，已隐含在上述假设中了。"① 事实上，一般均衡理论并没有解决任何经济问题，因为最重要和根本的知识问题还没有解决，就被假定已经解决了。如果市场主体事先知道产业结构的全部知识，那么产业结构调整将不再是问题。大家的一致行动将很快填补任何可能的产业缺口，均衡的出现意味着产业结构调整的终止。

其二，一般均衡理论描述了一种现实不存在的市场结果，忽视了真实的市场过程。严格约束条件下之"均衡"假设存在的情形其实应该是竞争过程趋于达到的结果。一般均衡理论使人们集中关注均衡状态及其所需条件，对均衡化过程本身没有提出任何解释。现实中有不计其数的商品和交易，每一种商品的生产、每一次交易都构成了一个市场过程，这些市场过程在不同的时间点由实际的引致变量和它们各自相关的"均衡值"的差距而诱发。市场过程接连发生，只要人类存在经济活动，市场过程就不会停止，无数个相互作用的力量构成了持续变化、高度复杂的市场经济。事实上，对于市场运行来说，重要的恰恰是过程，而非结果。知识的性质决定了市场参与者各自的计划不可能事先协调，他们通过竞争发现和利用知识、调整计划。市场过程由一系列发现而造就的变化构成，一种发现过程所产生的那些结果在本质上不可预测。一般均衡所追求的效率是在约束条件下追求最大化（或者说是求极值）。虽然经济系统有趋于均衡的趋势，但均衡从未真正实现，因此效率的标准无法在事前给出，我们不能拿一个不存在的理想标准和现实做比较，而要保证竞争性市场过程的顺利进行，让市场过程中的企业家们去探索、去发现、去促成经济系统动态效率的实现。只有通过对市场过程的认识，我们才能理解市场经济是如何运作的。

其三，一般均衡理论对人类行为进行高度抽象，事实上排除了企业家因素。在新古典分析框架下，人类复杂的经济活动似乎变成了一种简单的机械程序，均衡不是通过人类行为去实现，而是通过若干变量的数学运算

---

① ［英］哈耶克：《知识在社会中的利用》，载哈耶克《个人主义与经济秩序》，贾湛、文跃然等译，北京经济学院出版社 1989 年版，第 74 页。

来确定。"企业家的创造力和发现力、企业家对于由于纯粹的无知产生的机会的警觉性、企业家在经济中注入令人惊奇事物的潜力，都不能被纳入新古典模型。"① 因为企业家精神与均衡状态不相容。只有非均衡状态产生的利润机会，才能激发企业家精神，在均衡中，没有企业家存在和发挥作用的空间。一般均衡理论把市场看成总是协调的，所有企业被假定都掌握完全知识，为追求最大化利润能顺畅地对市场做出积极反应。在这种情况下所有企业的行为都是一致的，无论谁干都一样，实际上不需要企业家。另外，一般均衡理论强调完全竞争的重要性，但把竞争限制在均衡状态，实际上意味着竞争的中断。"根据'完全'竞争的定义，为货物和服务做广告、对其削价和改进（'使其拉开差距'）等等活动全部被排斥在外，所以，'完全'竞争实际上意味着没有一切竞争活动。"② 这种对经济活动中人类行为的高度抽象事实上排斥了对人类行为的分析，甚至可以说是违背了经济学的初衷，因而对市场运行的解释力也就非常有限。

三　真实的市场运行过程及条件

竞争，从本质上来说是一种动态过程，但这一主要特点却被以静态分析为基础的完全竞争假设抹杀了。一般均衡理论只关注竞争的起点和终点，抽象掉了所有非均衡的调整过程，而产业结构调整本身，正是一个非均衡的调整过程。一般均衡理论对市场运行的认识存在谬误，那种认为当一般均衡或完全竞争之理想世界的条件得不到满足就会出现"市场失灵"的看法也是对市场运行过程及条件的误解。市场有效调节产业结构绝不依赖十完全竞争或一般均衡理论那些脱离现实的假设条件。

奥地利学派经济学方法论的一个突出特点是，强调市场是一个过程，而不是产生均衡状态的一组相互协调的价格、质量和数量。市场过程永不停息，经济系统的最终均衡状态永远不会实现的根本原因是：变化总是在发生，知识问题始终存在。"市场过程是永不停息的知识流的表现……在社会中，知识的模式总是不停地变化着，是一个难以描述的过程。知识很

---

① ［美］伊斯雷尔·柯兹纳：《市场过程的含义》，冯兴元等译，中国社会科学出版社 2012年版，第 14 页。

② ［英］哈耶克：《竞争的含义》，载哈耶克《个人主义与经济秩序》，贾湛、文跃然等译，北京经济学院出版社 1989 年版，第 91 页。

难被当作'资料'，或在时间和空间上可确认的东西。"[1] 承认知识问题之存在，从市场过程的视角来看，真实的市场运行是这样一个过程：知识问题使市场参与者不可避免地出现不同程度的无知，他们的行动并不协调，导致经济系统处于经常性的非均衡状态。由非均衡状态产生的非均衡价格蕴含了利润机会，对机警的企业家产生激励。企业家为抓住利润机会展开竞争，在竞争过程中，知识被不断地发现和传递，市场参与者逐渐降低了无知程度，他们根据新的知识不断修正自己的计划，逐渐实现市场协调，促进经济系统趋向于均衡。但均衡尚未被实现就被新的均衡化过程打断，新一轮市场过程开始。无数个市场过程的叠加构成了真实的市场。市场调节的意义不在于实现均衡这一结果，而在于均衡化的过程创造了一种消除无知的自发机制。

因此，市场机制有效运行绝不依赖于完全竞争的条件。首先，市场上的大量买者和卖者并非都是同一价格的接受者，因为他们的知识不同，价格对他们的激励不同。讨价还价总是在发生，这是市场正常运行的表现。其次，如果市场上每一个厂商提供的商品都完全同质，那么竞争就没有意义。正是因为不同厂商所提供的产品是不同的，才激发了企业的竞争行为。哈耶克（Hayek，1948）强调："竞争的作用正好是告诉我们谁为我们服务得更好，即我们能指望哪一个杂货商或旅行社、哪家百货店或旅馆、哪一个医生或律师能为我们最满意地解决我们面临的各种特别的个人问题。显然，在所有这些领域，竞争会非常激烈，因为不同的个人和公司所提供的货物和服务决不会完全一样。正是由于这种竞争，我们才能得到像现在这样的服务。……把实际上是商品和服务的不可避免的差别说成是竞争的缺陷，掩盖了一个真正的混乱，而且时常导致荒谬的结论。"[2] 再次，资源的自由流动确实对市场运行至关重要，但这并不意味着所有的资源都要实现无摩擦地流动才能保证市场运行。因为企业家的知识不同、警觉不同、条件不同，他们的行为不可能协调一致。最后，也是最重要的，市场调节不要求参与者具备完全或充分的信息。市场调节本身就是一个克

---

① ［德］路德维希·拉赫曼：《论奥地利学派经济学的核心概念：市场过程》，载［美］伊斯雷尔·柯兹纳、穆雷·罗斯巴德《现代奥地利学派经济学的基础》，王文玉译，浙江大学出版社2008年版，第115页。

② ［英］哈耶克：《竞争的含义》，载哈耶克《个人主义与经济秩序》，贾湛、文跃然等译，北京经济学院出版社1989年版，第91—92页。

服无知的过程。如果所有的人都知道一切,那市场过程必定立即终止。"正是这种信息不充分,才使得人们不清楚这些价格概括是如何表达现有的知识的,从而创造实现自我修正的市场激励。"①

可见,正是因为完全竞争的条件不具备,经济系统没有实现均衡,竞争才能有效展开,市场才会正常运转。认为现实世界不能满足完全竞争或一般均衡的假设条件而出现"市场失灵"的观点是对真实市场运行的误解。市场机制是一种自发秩序,它有效运行所需的条件不是完全竞争的条件,而是一系列保证它自发运转的制度因素。最主要的制度因素有三个:一是市场参与者拥有受法律保护的独立产权。每个人都有权力占有其企业家精神的创造性产物。如果产权得不到清晰的界定和保护,任何激励都没有意义。二是富有弹性的价格机制。价格越僵硬,无知就越难克服。对价格的人为干预会阻碍知识的发现和传递,对企业家产生错误激励。三是市场的进出自由,主要是进入自由,即企业家能够自由发挥其才能,他所支配的资源可以自由流动,他自主决定资源流向。柯兹纳(Kirzner,1973)指出:"在考虑到市场过程的竞争性时,最关键的问题是进入自由(freedom of entry)。"② 如果产业进入受到限制,就意味着企业家活动受到限制,市场过程就无法顺利进行。只要这些制度条件得到保障,市场本身就可以自发有效运转。

第二节 竞争产生的"浪费"问题

对市场主导产业结构调整表示担忧的一个重要理由是自发的市场秩序具有"盲目性",竞争使企业生产处于"无政府状态",造成重复性生产的"浪费"。而政府的"科学规划"可以避免这种"浪费"。本节基于静态效率和动态效率的分析,指出所谓重复性生产的"浪费"是市场发挥作用的正常表现,是市场协调所必需的、不可避免的代价。政府主导不仅不能避免资源浪费,而且会恶化知识问题,造成更大损失。

---

① [美]伊斯雷尔·柯兹纳:《市场过程的含义》,冯兴元等译,中国社会科学出版社2012年版,第162页。

② [美]伊斯雷尔·柯兹纳:《竞争与企业家精神》,刘业进译,浙江大学出版社2013年版,第87页。

一　静态效率与动态效率

英文中的"效率"（Efficiency）一词起源于拉丁语动词"*ex facio*"，本意是"从某处获得一些东西"。早在古希腊时期，色诺芬（Xenophon，公元前 380 年）就论述了两种增加财富的不同方法，其思想实际上涉及两个方面的效率：静态效率和动态效率。第一种方法是对已有的（或给定的）资源进行良好的管理，使它们免于浪费。色诺芬提出的手段包括保持家庭有良好的秩序、小心谨慎地监督财货的使用等。第二种方法是借助企业家活动，通过经营商业来增加财富，包括贸易和投机等。色诺芬举了两个例子，一个例子是购买贫瘠的土地经改良后以更高的价格卖出；另一个例子是商人从小麦供给充足、便宜的地方买进小麦，运输到粮食匮乏的地方以高价卖出。[①] 第一种方法可视之为静态效率思想，第二种方法与动态效率思想类似。

德索托（De Soto，2009）指出，近代以来，经济效率的概念逐渐收缩至静态这一方面。这在很大程度上是受 19 世纪机械物理学的影响。能量守恒定律强调能量是恒定的，工程师意义上效率指的是"能量消耗最小"。蒸汽机把热能转化为动能，最大（静态）效率意味着以最小的能量消耗或浪费创造最大的运动。新古典经济学中的"效率"基本上是静态效率，和机械物理学一样，强调既有资源的充分利用，其特点是在约束条件下追求最大化（或者说是求极值）。福利经济学的核心就是静态效率，根据庇古（Pigou，1920）的分析，当所有要素的边际效用相等时，经济系统将实现效率最大化。帕累托的分析方法更为全面和精致，福利经济学家根据帕累托标准总结出福利经济学三大定理。虽然它们的表述不同，但本质上都描绘了静态效率标准。且不说这些静态标准本身包含的前提条件都存在问题，它们最致命的缺陷是只关注效率的静态方面。德索托（De Soto，2009）对此进行了精辟的总结："这些标准只关注经济效率两个方面中的一个方面，即静态方面，它假定资源是给定的、不变的，最根本的经济挑战是避免浪费它们。进一步地，比如说，当用这种标准去评价一个公司、社会制度或整个经济系统时，这种标准完全忽视了它的动态效率，

---

① ［古希腊］色诺芬：《经济论》，载色诺芬《经济论·雅典的收入》，张伯健、陆大年译，商务印书馆 1961 年版，第 1—65 页。

理解为它促进企业家创造性和协调性的能力；也就是说，企业家寻找、发现和克服不同的社会失调的能力。"①

"动态效率理论"（the Theory of Dynamic Efficiency）是奥地利学派经济学家德索托的一大理论贡献。动态效率强调的不是在给定资源情况下如何减少浪费，而是如何发现和创造新资源，资源的创造能力才是效率的标准。动态效率与企业家精神这一概念密不可分，它的主要内容有两个：一是创造（creativity），二是协调（Coordination）。从动态的角度来看，个人、企业、制度或整个经济系统所拥有的创造力和协调能力越强，它就越有效率。动态效率产生于克服无知的竞争性市场过程，只有竞争才能激发企业家精神，使企业家发现和使用知识，促进市场协调。动态效率不像静态效率那样有一个事先给定的最大化标准，因为竞争的结果不能事先预知，我们不能拿一个不存在的标准来衡量现实。在实现动态效率的过程中，人类必然会因为知识问题而犯错，因竞争而产生重复性生产的"浪费"。但这是市场过程的正常现象，是纠正无知的代价，不经历这一过程，不付出这一代价，知识就不能被发现和利用，企业家的创造和协调就难以实现。

因此，根据动态效率的观点，市场主导产业结构调整可能产生的"浪费"不仅是正常的，而且是必要的，是任何市场经济都存在的现象。经济社会不存在事先给定的最优产业结构标准，知识的分散性导致市场参与者不能协调其行为，产业结构出现失调，企业家从中发现利润机会。但企业家并非全知全能，而且利润机会可能稍纵即逝，甚至有的利润机会本身就是错误信息。对利润的警觉可能让企业家们重复生产，但随着知识的更新，企业家会迅速纠正错误。竞争产生一定数量的"浪费"是市场协调必不可少的代价。没有这些代价，知识问题无法解决，动态效率也就无法实现。我们不必为这些"浪费"过分担忧，因为随着动态效率的实现，更多的资源将被发现和利用，社会将得到更大的回报，这正是市场经济创造繁荣与活力的根源。

二 政府替代市场的代价：恶化知识问题

无论政府主导，还是市场主导，产业结构调整都面临不可逾越的知识

---

① De Soto J. H., *The Theory of Dynamic Efficiency*, New York: Routledge, 2009, p. 8.

问题。本书第二章和第三章已经论证了政府面对知识问题的困境，以及市场如何有效地解决知识问题。这里要强调的是，如果为避免市场竞争造成的"浪费"而以政府替代市场的主导地位，那么必然会以恶化知识问题为代价，其结果是经济社会将遭受更大的损失。

新古典经济学和奥地利学派都强调市场竞争和价格机制的重要性，但前者假定市场运行是无摩擦的，价格能顺利促使市场主体的选择相互协调，而后者认为市场运行并非完美无缺，即使价格机制十分顺畅，知识的分散性也将导致特定时期的价格做不到市场出清。政府主导所需的环境类似一般均衡模型的理想世界。只有首先解决知识问题，才能进一步解决资源配置效率问题。为了使资源在政府的指导下得到最优配置，我们不得不假定：不仅政府获取信息无须成本，而且政府自身已经是全知全能的。柯兹纳（Kirzner, 1973）认为："政府—市场比较的关键问题在于，必须关注两套系统各自把可得机会引向决策制定者关注的能力。……市场，依赖利润激励以促发企业家过程。……在政府直接指导下，在全知全能不可能的情况下，根本不清楚何种利润激励的替代物是可得的，这不仅仅涉及社会可欲机会的利用问题，还涉及把关注引向这种机会存在与否的问题。"[①] 也就是说，在全知全能不存在的情况下，我们不可能在市场之外找到另一种激励人们去发现知识的办法。

产业结构调整所需的"有关特定时间和地点的知识"，只能在竞争中发现，只能由企业家发现。企业家赢得利润的过程同时也是纠正市场无知的过程。由政府决定哪些产业该发展，哪些产业该退出，事实上拒绝了企业家的发现过程，同时又没有提出解决知识问题的新办法。就像动态效率标准不能事先确定一样，政府规划或决策的科学性也不能事先确定。政府调整产业结构虽然可能会避免竞争产生的"浪费"，但由于知识问题没有得到解决，市场会更加扭曲。我们可以看到，近年来我国产能过剩的钢铁、水泥、电解铝、平板玻璃、船舶、光伏等产业无一例外都曾经是政府选定大力扶持的行业。政府主导机制会严重抑制市场自发形成的解决知识问题的精巧手段。无论是就政府决策的性质还是知识问题的性质而言，政府都不可能提供任何解决知识问题的替代性手段。

---

① ［美］伊斯雷尔·柯兹纳：《竞争与企业家精神》，刘业进译，浙江大学出版社 2013 年版，第 190 页。

　　总而言之，产业结构调整面临的根本问题是知识问题，政府主导产业结构调整虽然有可能避免竞争造成的"浪费"，但会让知识问题变得更加严重，造成经济社会更大的损失。政府不可能替代市场找到解决知识问题的方案。柯兹纳（Kirzner，1992）说过的一段话值得我们深思："我们应该记住，知识问题的性质就在于该问题的影响范围与严重程度都不可能提前预知。各种产业政策与经济计划方案带来的悲剧，部分地就在于那些善意的设计者根本没有意识到知识问题——没有意识到自己的无知所产生的问题。"①

第三节　信息、外部性与垄断

　　在前两节分析市场机制有效运行的条件、竞争产生的"浪费"问题之基础上，本节运用市场过程、动态效率等奥地利学派理论和方法对信息不完全和不对称、外部性以及垄断等"市场失灵"现象进行具体分析。②这些现象实际上是人们基于静态观点对真实市场过程的误解，市场主导产业结构调整中不会"失灵"。所谓"市场失灵"多是规则缺失或"政府失灵"造成的，不能成为政府主导产业结构调整的理由。

一　信息的不完全和不对称

　　传统经济学基于完全知识之假设，把信息的不完全和不对称视为"市场失灵"的表现。阿克洛夫（Akerlof，1970）以旧车市场为例，最早分析了商品市场中的信息的不完全和不对称及它给市场机制带来的困难，提出逆向选择问题。③斯彭斯（Spence，1973）研究了劳动力的市场信息不对称问题，指出由于招聘者不了解应聘者而造成制定工资时的困难。④

---

　　①　［美］伊斯雷尔·柯兹纳：《市场过程的含义》，冯兴元等译，中国社会科学出版社2012年版，第178页。

　　②　这里没有讨论通常被认为属于"市场失灵"的公共物品问题。因为公共物品作为一个特殊领域，本身不是产业结构调整的对象，也并非市场要解决的问题。我们不能把一个不属于市场的问题理解为"市场失灵"。关于公共物品问题的详细分析请参见本书第五章第二节。

　　③　Akerlof G.，"The Market for Lemons: Quality Uncertainty and the Market Mechanism"，*The Quarterly Journal of Economics*，84（3），1970，pp. 488 – 500.

　　④　Spence M.，"Job Market Signaling"，*The Quarterly Journal of Economics*，87（3），1973，pp. 355 – 374.

斯蒂格利茨（Stiglitz, 1979）将信息不对称引入保险市场，指出信息不对称在交易之后可能造成道德风险。① 总之，在新古典经济学的框架下，市场机制不能解决所有的信息不完全和不对称问题。信息经济学虽然对完全知识假设提出批评，但关注的是搜寻信息的成本问题，没有认识到市场参与者"真正的无知"这一根本问题。

在奥地利学派看来，信息的不完全和不对称是知识问题的表现，它不是市场机制的缺陷，恰恰相反，它是市场运行的动力。正是因为现实世界信息的不完全和不对称，我们才需要借助市场过程来发现信息、降低无知。由于知识问题始终存在，信息的不完全和不对称不可能被消除，导致经济处于非均衡状态，所以才会产生利润机会。信息的不完全和不对称正是利润机会的来源，是企业家精神得以发挥的基础。米塞斯和柯兹纳都强调企业家对利润机会的敏感性。信息差异表现出非均衡价格等市场现象，激励着机警的企业家为追求利润而行动。柯兹纳（Kirzner, 1973）指出："当产品市场上的产品价格与要素市场上的要素服务价格不协调时，利润机会就出现了。换句话说，'某种东西'能以不同的价格在两个市场上出售，因为在这两个市场间存在不完全信息交流。"② 总有人比其他人更了解某个特定时间和地点的知识，这种优势让他在市场竞争中赢得先机，引领新的进入者参与市场过程，促进知识的发现和利用，逐步降低信息不完全和不对称的程度，使市场趋于协调。

随着市场的扩展，经济系统越来越复杂，市场上的信息也越来越丰富。知识问题在本质上是市场经济内生的动态问题。"旧知识不断被新知识取代，无人知道哪一些知识将在明天过时，但人又不得不采取事关未来的行动，根据预期来制订计划。"③ 市场过程不断地产生信息的不完全和不对称问题，也不断产生解决这一问题的方法。政府的直接介入不是解决问题的好办法，因为政府本身无力解决知识问题。市场解决这一问题的主

---

① Stiglitz J. E. , "Equilibrium in Product Markets with Imperfect Information", *The American Economic Review*, 69（2）, 1979, pp. 339–345.

② ［美］伊斯雷尔·柯兹纳：《竞争与企业家精神》，刘业进译，浙江大学出版社 2013 年版，第 71—72 页。

③ ［德］路德维希·拉赫曼：《论奥地利学派经济学的核心概念：市场过程》，载［美］伊斯雷尔·柯兹纳、穆雷·罗斯巴德《现代奥地利学派经济学的基础》，王文玉译，浙江大学出版社 2008 年版，第 116 页。

要办法是竞争。哈耶克（Hayek，1968）主张"把竞争视作是发现某些事实的一种过程，因为不诉诸竞争这种过程，这些事实就不会为任何人所知道，或者至少不会为人们所利用"。①

当我们从一个特定的时点考察市场时，信息的不完全和不对称确实对市场交易产生了影响，导致出现柠檬市场、逆向选择、道德风险等问题。但当我们把市场视为一个过程，而非一种状态时，这些问题就会在竞争中迎刃而解。以柠檬市场为例，从静态的角度来看旧车市场，买卖双方的信息不对称可能产生逆向选择，导致"劣胜优汰"。但在现实中，这一现象很少见，或者说不会长期存在。在现实的旧车市场中，高档车和低档车的差价显而易见，低档车不会驱逐高档车。因为真实市场不是一个静态模型，而是一个加入时间因素、人类行为的动态过程。竞争会使买卖双方的知识都不断更新，信息不对称在市场过程中趋于减弱。低档车和高档车会长期同时存在，因为人们的需求不同，对同一价格也不会有共同的行动。随着经济发展和需求水平的提高，市场长期的趋势是优胜劣汰。

二　外部性问题

一般而言，外部性（或外部经济、外部影响）"是指在竞争市场经济中的市场价格不反映生产的边际社会成本，因而产生'市场故障'，这意味着市场经济不能靠自身达到有效率状态"。② 一般均衡理论一个隐含的假设是：单个生产者或消费者的经济行为对社会上其他人的福利没有影响。当私人收益和社会收益、私人成本和社会成本不一致时，外部性出现。它的后果是造成完全竞争条件下的资源配置将偏离帕累托最优状态。以上的观点是基于静态效率标准的分析，而在奥地利学派看来，正外部性是市场纠正无知的正常机制，负外部性更多的是由制度外生的，它们都不能被认为是"市场失灵"。

首先，看正外部性，它是指市场主体的经济行为对他人产生了有利影响，而自己却不能从中得到报酬的现象。一个典型的正外部性是"知识外溢"现象。豪斯曼和罗德里克（Hausmann & Rodrik，2003）认为先驱

---

① ［英］哈耶克：《作为一种发现过程的竞争》，载哈耶克《作为一种发现过程的竞争——哈耶克经济学、历史学论文集》，邓正来译，首都经济贸易大学出版社2014年版，第35页。

② ［英］约翰·伊特韦尔等：《新帕尔格雷夫经济学大辞典》（第二卷），经济科学出版社1996年版，第280页。

企业在创新过程中会产生"知识外溢",即当一个企业发现利润机会并实现盈利时,其他企业会模仿跟进,因此先驱企业的收益会低于社会收益,导致市场为先驱企业创新活动提供的激励不足,出现"市场失灵"。[①] 本书认为,这种观点是基于完全竞争假设的静态效率分析,背后的条件是知识可以无障碍地传递、不同企业的产品高度同质。这显然与现实差距较大。知识具有主观性和默会性的特点,它的传递不是无障碍的,而要靠企业家去发现,即便是模仿先行者,也有一个学习和发现的过程。而且,现代市场经济有严格的知识产权保护制度,即使被模仿,企业的知识创新也能得到补偿。不同企业的产品也存在很大差异。肯德基或麦当劳的产品已经非常标准化,但还是难以被完全模仿。就算模仿者供给价格更低的类似产品,多数消费者依然会选择肯德基或麦当劳。

最重要的是,正外部性的积极意义在于实现动态效率。其一,"知识外溢"使创新型先驱企业在率先获得利润后,面临较大的竞争压力,促进企业不断地创新,创造新的价值,以保持竞争优势;其二,"知识外溢"促进了更多的企业家发现过程,提高了整个社会的效率。市场过程的驱动、产业结构的调整不是一个企业的事情,是整个经济系统面临的问题。由于知识的分散和企业家才能的差异,不同企业对利润机会的反应是不同的。更为机警的企业家率先发现利润机会并将资源投入该产业。他的成功激励其他企业家采取类似的行动,知识被更大程度地发现和利用,一个产业随之走向兴盛。一个典型的例子就是近年来苹果智能手机(Iphone)的出现很快颠覆了传统手机产业,使智能手机迅速普及,改变了人们的生活。因此,从市场过程的角度来看,正外部性就是先行先试的企业家对其他企业家的影响和带动,它本身是发现和扩散知识、纠正市场无知、促进市场运行的正常机制,是市场过程的附带产物,而非"市场失灵"的体现。

其次,看负外部性,即市场主体的经济行为使他人付出了代价而又未给予他人补偿。最常见的负外部性是生产造成的环境污染问题。在1960年以前,经济学主流学派基本承袭庇古的传统,认为在处理外部性过程中,应该引入政府干预力量。科斯(Coase, 1960)不赞成这种解决方案,

---

① Hausmann R. & Rodrik D. , "Economic Development as Self – Discovery", *Journal of Development Economics*, 72 (2), 2003, pp. 603 –633.

他认为当甲对乙造成损害时，片面考虑如何制止甲是错误的思考方法。"必须决定的真正问题是：是允许甲损害乙，还是允许乙损害甲？关键在于避免较严重的损害。"① 科斯认为可以通过产权界定来促进市场自发力量解决外部性问题。在一般均衡的理想世界中，不存在交易成本。这种情况下，根据科斯定理，只要产权明晰化，无论初始权利如何界定都不会影响经济效率。一旦进入交易成本不为零的现实世界，不同的权利界定，会带来不同效率的资源配置。在奥地利学派看来，外部性分析应建立在市场过程的基础上，与制度有关的外部性是外生的，不是市场机制自身的问题。出现外部性的主要原因是产权界定不清，而不是"市场失灵"。穆雷·罗斯巴德（Murray Rothbard, 1962）把外部性与产权相联系，指出外部性问题是未能彻底执行产权的结果，是维护自由市场的失败，而不是自由市场的失败。如果具备包括产权清晰在内的一定制度环境，市场可以自行有效运转，外部性虽然不能被消除，但可以最大限度地内部化。

本章第一节就曾指出产权清晰对于市场过程的重要意义。如果产权得不到清晰的界定和保护，任何激励都没有意义。初始产权的合理界定，能为市场参与者提供足够的激励，促使他们将外部成本内部化。类似环境污染等外部性问题的出现，主要是由于制度没有很好地界定和保护产权造成的，与市场机制本身没有关系。因此，我们可以把负外部性视为制度层面的规则缺失或执行失败的结果，而不应视为"市场失灵"。

三 两种垄断

传统的观点认为，自由放任的市场竞争极有可能走向自己的反面：垄断。从市场过程理论来看，垄断与竞争并非完全相互排斥，新古典经济学对垄断与竞争关系的处理过于简单。奥地利学派区分了两种垄断，一种是内生于市场竞争过程的垄断，可称之为"经济垄断"；另一种是政府授予的排他性经营特权形成的外生性垄断，即"行政垄断"。前者是市场过程中的暂时现象，是市场对优秀企业家的回报，激励着其他企业家对市场保持警觉；后者阻碍企业家自由进入，扭曲价格机制，是竞争性市场过程真正的威胁。反垄断的目的应该是避免第二种垄断，而这种垄断恰恰是政府

---

① ［英］罗纳德·哈里·科斯：《社会成本问题》，载科斯《企业、市场与法律》，盛洪、陈郁译，格致出版社 2009 年版，第 97 页。

干预造成的，这不是"市场失灵"，而是"政府失灵"。

基于动态的市场过程分析，在竞争性市场过程中内生的垄断具有明显的竞争特征，它不是竞争的对立面，而是竞争的促动力，有助于提高市场的动态效率。

首先，经济垄断是动态市场过程的暂时现象，短期垄断不会掩盖开放市场长期竞争性的本质。市场是一个动态、开放的竞争过程。每个人的知识不同、企业家才能不同，总会有人在竞争中脱颖而出，提供比别人更好的产品和服务，赢得消费者青睐。优胜劣汰的市场法则使一些高效率企业在市场中占据优势，形成垄断，这正是市场富有效率的表现。但这种垄断地位只是暂时的，因为人类的企业家精神生生不息，垄断利润会持续激励新的竞争者，他们的模仿和创新必定会削弱和动摇先行企业的垄断地位。除非限制进入自由，否则不可能存在长期的垄断者。[①] 柯兹纳（Kirzner，1973）指出："只要他没拥有对独一无二的资源控制，敏锐的企业家就根本不能被称为垄断者。……真正通过企业家活动获得垄断地位的例子有助于阐明环境的一个重要方面，在这一环境中敏锐的企业家（没有对资源的控制）暂时使其自身处于一种不寻常的有利地位。"[②] 从一个更长期的视角，垄断者的生产活动也是竞争的，面对潜在进入者的威胁，他们也会为维持自己的优势地位而保持警觉，不断地去探索新知识。罗斯巴德（Rothbard，1978）认为，自由市场不会出现垄断现象，只有在政府干预的非自由进入市场上才会出现真正的垄断。

其次，暂时性的经济垄断对企业家形成激励，促进更多企业家去争胜创新，提高了市场的动态效率。产业结构调整由企业家对利润机会的警觉而启动，先驱企业发现了以前未被认识到的机会，通过弥补产业缺口，在

---

① 这样的例子在我们身边经常出现。曾经的胶卷、摄影器材巨头柯达公司在 2012 年申请破产保护，这在 20 年前几乎是不可想象的事情。苹果智能手机在 2007 年最初上市时，凭借其令人震撼的创新成果几乎垄断了智能手机市场。但这种现象并没有持续太久。在利润的刺激下，包括中国厂商在内的其他品牌手机迅速转型跟进，纷纷推出自己的智能手机。苹果公司不久就失去了在智能手机市场的垄断地位，市场份额被三星赶超。美国市场研究公司 IDC（International Data Corporation）在 2014 年初发布的数据显示，2013 年全球智能手机出货量达 10.042 亿部。其中，三星出货量位居第一，市场份额为 31.3%，苹果排名第二，市场份额为 15.3%，然后分别是华为 4.9%、LG4.8% 和联想 4.5%。

② ［美］伊斯雷尔·柯兹纳：《竞争与企业家精神》，刘业进译，浙江大学出版社 2013 年版，第 111 页。

满足消费者需求的同时为自己带来垄断利润。在熊彼特（Schumpeter，1942）看来，垄断利润是市场过程对企业家的奖励。"在那些企业家利润之中包含或者可能包含一种真正垄断收益的因素，它是资本主义社会颁给成功革新者的奖金。"① 实际上，不是企业垄断了市场，而是市场选择了企业。在竞争中打败对手，获得垄断地位是每一个企业家的愿景。正是对垄断利润的憧憬激发了企业家的所有争胜竞争活动。从动态的角度看，垄断者会面临潜在进入者无休止的挑战，低效率的垄断者必然会失去垄断地位。为保住垄断地位，垄断者要经常进行研发和创新，现实中的大企业往往比小企业拥有更为优越的生产方法、较高的生产和组织效率，在研发领域比小企业投入更多，更容易出现创新成果。为挑战垄断地位，潜在的竞争者也会不断地探索和努力。在市场主体竞争博弈的过程中，知识被不断地发现和利用，"创造"和"协调"的成果接连涌现，市场实现了动态效率。

可见，内生于市场竞争过程的经济垄断属于竞争的产物，在动态的市场过程中不仅不会阻碍竞争，反而会促进竞争，不是"市场失灵"，而是市场有效。政府为反对这种垄断而干预市场，实际上不是反垄断，而是反竞争。但是，由政府授予的排他性经营特权形成的行政垄断则完全是另外一回事。这种垄断不是市场过程的产物，而是由制度外生的。行政垄断通过限制其他企业进入使垄断者独占垄断利润，垄断者既无动力，也没必要保持机警和进行创新。柯兹纳把"进入自由"视为竞争性市场过程"最关键的问题"。一旦通过行政手段限制资源自由流动，市场有效运行的制度基础就不复存在，由此必然会产生损害动态效率和社会福利的一系列后果。反垄断的重点应该是打破行政保护，维护自由市场，而不是惩罚高效率企业。我们通常感受到的垄断带来的危害，主要源于行政垄断。这不是市场的问题，而是政府的问题。

---

① ［美］约瑟夫·熊彼特：《资本主义、社会主义与民主》，吴良健译，商务印书馆1999年版，第171页。

第五章

产业结构调整与政府作用

产业结构调整本身是一个市场可以有效发挥作用的领域，那么政府就不需要发挥任何作用了吗？答案是否定的。政府无力主导产业结构调整，不能干预产业结构调整的市场过程，不宜干扰市场自动调节机制，但这并不意味着政府无所作为。作为一种自发秩序，市场机制具有天然的活力，但它的有效运行需要一定的制度前提，这些制度需要政府来保障。为维护和促进市场调节产业结构，政府应致力于完善市场体系的制度建设，增进市场机能，在以下三个领域更好地发挥作用：一是制度供给，二是公共物品，三是宏观政策。

第一节　制度供给

根据本书的分析，在产业结构调整中，政府的主要职责是不妨碍市场机制之运行，而且要为市场运行创造良好的制度环境。要处理好政府和市场的关系，更好地发挥政府的作用，首先要求政府承担并执行好制度供给的责任。

一　界定和保护产权

产权（Property Right）是财产权或财产权利的简称，它是一个含义丰富的概念，学者们从不同角度对产权进行了定义。① 概括来说，产权就是人们行为的权利以及规范人们行为的制度，其主体是产权享有人，客体是

---

① 《新帕尔格雷夫经济学大辞典》对产权的定义是："产权是一种通过社会强制而实现的对某种经济物品的多种用途进行选择的权利。"（［英］约翰·伊特韦尔等：《新帕尔格雷夫经济学大辞典》（第三卷），经济科学出版社 1996 年版，第 1101 页）一些学者认为，产权是人们对财产的一束权利。思拉恩·埃格特森（Thráinn Eggertsson, 1990）"把个人使用资源的权利叫做'产权'。"（［冰］思拉恩·艾格特森：《新制度经济学》，吴益邦、李耀、朱寒松等译，商务印书馆 1996 年版，第 35 页）哈罗德·登姆塞茨（Harold Demsetz, 1967）称："产权是一种社会工具……产权的所有者拥有他的同事同意他以特定的方式行事的权利。……要注意的很重要的一点是，产权包括一个人或其他人受益或受损的权利。……那么很显然，产权是界定人们如何受益及如何受损，因而谁必须向谁提供补偿以使他修正人们所采取的行动。"（［美］哈罗德·登姆塞茨：《关于产权的理论》，载［美］R. 科斯、A. 阿尔钦、D. 诺斯等《财产权利与制度变迁——产权学派与新制度学派译文集》，刘守英等译，上海三联书店 1994 年版，第 97 页）阿兰·鲁福特·华特斯（Alan Rufus Waters, 1987）给出的定义是："产权是以人们认为合适的办法控制和处理财产的权利。产权是人们对财产的权利，它不同于国家所有以及在此基础上产生的对人的具体权力。产权是指人们有资格处理他们控制的东西的权利，即人们有权拥有明智决策的回报，同时也要承担运气不好或失职所带来的成本。"（［美］阿兰·鲁福特·华特斯：《经济增长与产权制度》，载［美］道、汉科、［英］瓦尔特斯等《发展经济学的革命》，黄祖辉、蒋文华译，上海三联书店 2000 年版，第 128 页）柯武刚、史漫飞（Wolfgang Kasper & Manfred E. Streit, 2000）强调产权与拥有物品的区别："我们可以将产权定义为个人和组织的一组受保护的权利，它们使所有者能通过收购、使用、抵押和转让资产的方式持有或处置某些资产，并占有在这些资产的运用中所产生的效益。当然，这也包括负收益——亏损。因此，产权决定着财产运用上的责任和收益。绝不能将产权混同于拥有的物品。一项产权允许所有者享有财富的获益，也向所有者强加了一笔由所有权决定的成本。产权并非物质对象，而是一些在社会中受到广泛尊重的权利和义务。"（［德］柯武刚、史漫飞：《制度经济学：社会秩序与公共政策》，韩朝华译，商务印书馆 2000 年版，第 212 页）另一些学者认为产权不是物，不是人对物的关系，而是人们对物的使用所引起的相互关系。科斯就认为产权体现的主要不是人与物的关系，而是人与人的关系。菲吕博腾、配杰威齐（Furubotn & Pejovich, 1972）明确指出："产权不是指人与物之间的关系，而是指由物的存在及关于它们的使用所引起的人们之间相互认可的行为关系。产权安排确定了每个人相应于物时的行为规范，每个人都必须遵守他与其他人之间的相互关系，或承担不遵守这种关系的成本。因此，对共同体中通行的产权制度可以描述的，它是一系列用来确定每个人相对于稀缺资源使用时的地位的经济和社会关系。"（［美］菲吕博腾、配杰威齐：《产权与经济理论：近期文献的一个综述》，载［美］R. 科斯、A. 阿尔钦、D. 诺斯等《财产权利与制度变迁——产权学派与新制度学派译文集》，刘守英等译，上海三联书店 1994 年版，第 204 页）还有学者从一个更宽阔的制度视野定义产权。例如，加里·D. 利贝卡普（Gary D. Libecap, 1993）认为："产权是一些社会制度。这些制度界定或划定了个人对于某些特定财产，如土地或水，所拥有的特权范围。"（Libecap G. D., *Contracting for Property Rights*, Cambridge: Cambridge University Press, 1993, p. 1）综合不同学者对产权的定义，卢现祥、朱巧玲（2012）总结道："产权不是指人与物之间的关系，而是指由物的存在及关于它们的使用所引起的人们之间相互认可的行为关系。产权不仅是人们对财产使用的一束权利，而且确定了人们的行为规范，是一些社会制度。"（卢现祥、朱巧玲：《新制度经济学》，北京大学出版社 2007 年版，第 189 页）

财产，它的实质是界定产权主体与非产权主体对产权客体的关系、权利和义务。当法律规定产权主体享有产权，非产权主体就负有尊重、不予侵犯的义务。产权产生的基本前提是资源稀缺，在一个资源不稀缺的世界，产权没有存在意义。一旦资源稀缺，人们为获得和使用资源展开竞争时，产权制度就会对资源使用决策的动机产生重要影响，并因此影响人类行为和经济绩效。艾伦·瑞安（Alan Ryan，1987）指出："财产权，与稀缺性和理性一样，是经济学的基础。假若不是某种人类机构对所讨论的什么资源的使用都进行控制的话，那么，就无人确定价格，任何人也就没有计算生产成本的动机了。"①

产权有三个基本功能，第一个是激励。事实上，市场过程是在利润激励下市场参与者纠正以前无知的一系列步骤。经济发展过程中产生的每一个产业缺口都会以利润的方式表现出来，形成对企业家的激励。"用哪种方式界定产权，将决定从某种财产中获得的预期收入流，决定人们对将来的看法。对未来产权的确信度，决定人们对财富种类和数量的积累。"②如果产权不清晰，或随时面临被没收的威胁，那么即使有利润机会，也无法对企业家形成激励，也就不会促成发现和利用知识的竞争过程。第二个是把外部性内部化。产权和外部性有密切联系，因为产权不仅界定人们如何受益，而且界定人们如何受损。在环境污染这一负外部性的典型案例中，科斯等产权经济学家主张可以通过产权谈判和界定，使外部性内部化。登姆塞茨（Demsetz，1967）指出："产权的一个主要功能是导引人们实现将外部性较大地内在化的激励。"③清晰的产权让人们清楚负外部性产生后谁必须向谁提供补偿，促使人们修正所采取的行动。第三个是资源配置。产权制度的变迁会影响人们的行为方式，进而影响资源配置。菲吕博腾、配杰威齐（Furubotn & Pejovich，1972）说："新产权方法的中心任务是要表明产权的内容如何以特定的和可以预期的方式来影响资源的配置

---

① ［英］约翰·伊特韦尔等：《新帕尔格雷夫经济学大辞典》（第三卷），经济科学出版社1996年版，第1099页。

② ［美］阿兰·鲁福特·华特斯：《经济增长与产权制度》，载［美］道、汉科、［英］瓦尔特斯等《发展经济学的革命》，黄祖辉、蒋文华译，上海三联书店2000年版，第131页。

③ ［美］哈罗德·登姆塞茨：《关于产权的理论》，载［美］R. 科斯、A. 阿尔钦、D. 诺斯等《财产权利与制度变迁——产权学派与新制度学派译文集》，刘守英等译，上海三联书店1994年版，第98页。

和使用的。"① 当收益或成本不能影响财产所有者时，市场信号和激励就会被扭曲，资源也就无法合理配置。总而言之，"激励"是产权最基本的功能。外部性内部化、资源配置等功能最终都是通过激励（包括负激励产生的约束）发挥作用。②

产权是市场过程的前提，是保障市场交易最基本的制度因素，而政府作为具有制定和实施规则强制力的组织，是界定和保护产权的最佳主体。哈耶克（Hayek，1988）赞同洛克"无财产的地方亦无公正"这一观点，强调"要想保证个人之间的和平合作这一繁荣的基础，政权必须维护公正，而不承认私有财产，公正也不可能存在"。③ 这里表明了政府的基本职能：界定和保护产权。与其他组织相比，国家具有"暴力潜能"的优势。正如诺斯（North，1981）所言："国家可视为在暴力方面具有比较优势的组织……产权的本质是一种排他性的权利，在暴力方面具有比较优势的组织处于界定和行使产权的地位。"④ 国家产生以后，界定和保护产权这一责任天然地落在了国家或政府身上。如果没有政府介入，每个公民都以一己之力来保卫其财产，将会付出极高的代价。政府一方面对内防止一些公民对另一些公民的强制，另一方面对外抵御外来的强制，从两方面保护了公民的产权。否则，高交易成本将使复杂的生产系统瘫痪、市场过程停止。因此，政府要在产权领域发挥积极作用，保证市场运行的先决条件，无论是私有产权、共有产权还是国有产权，都应得到政府的清晰界定和严格保护。

---

① ［美］菲吕博腾、配杰威齐：《产权与经济理论：近期文献的一个综述》，载［美］R. 科斯、A. 阿尔钦、D. 诺斯等《财产权利与制度变迁——产权学派与新制度学派译文集》，刘守英等译，上海三联书店 1994 年版，第 204 页。

② 中国战国时期的法学家慎到（约公元前 390—公元前 315 年）在其著作《慎子》中讲述了一个关于产权的案例：一只兔子在街上跑，会有上百的人追捕它，却没有人谴责这些人的贪念，因为这只兔子的所属权没有确定划分。市场上兔子成堆，人人路过连看都不看，并非人们不想要兔子，只因兔子的所属权已经确定，即使贪鄙之人，也不会去争抢。（原文："一兔走街，百人追之，贪人具存，人莫之非者，以兔为未定分也。积兔满市，过而不顾，非不欲兔也，分定之后，虽鄙不争。"）这个案例就强调了"定分"，即明晰产权对市场交易的重要意义。慎到精辟地阐述了"定分止争"这一思想，指出只有清晰地界定和保护产权，才能制止纷争，保障市场交易顺利进行。

③ ［英］哈耶克：《致命的自负》，冯克利、胡晋华译，中国社会科学出版社 2000 年版，第 33—34 页。

④ ［美］道格拉斯·诺斯：《经济史中的结构与变迁》，陈郁、罗华平等译，上海三联书店 1994 年版，第 21 页。

二　维护价格机制自发运行

在以政府为主体的产业结构调整方式中，价格管制是一种经常被使用的手段。政府意图通过干预价格，影响市场对企业的激励，从而间接地调控企业的投资和生产行为，促使企业在价格指引下，进入政府想发展的产业，退出政府想抑制的产业。在不少人看来，这样做已经遵循了市场规律，是政府"运用"经济手段调整产业结构。但实际上，管制价格的做法割裂市场过程与结果，曲解价格机制的本质，犯了和"兰格模式"同样的错误。产业结构调整背景下，政府的责任是维护价格机制自发运行，让市场决定价格，而不是管制价格。

市场发生的一系列变化构成了市场过程，政府无法把握这一变化，更没有能力预知价格。从静态的角度来看，市场上每一个时点都存在一组价格体系，但我们不能试图通过非市场力量去为市场建立一组最优价格体系。因为一旦加入时间因素，把市场视为一个动态过程，价格体系就处在不断变化之中，没有事先存在的最优价格体系标准。本书在第三章已指出，市场主导产业结构调整的关键不在于探寻一组能够准确传递市场信息的均衡价格，而在于非均衡价格创造实现自我修正的市场激励。如果价格体系一成不变，则政府确实可以通过反复试验的方法来探寻均衡或最优价格，但正如哈耶克（Hayek，1945）所指出的："不断地发生变化是现实世界中的规律。能否达到接近理想的均衡以及离均衡有多远完全取决于所能做的调整的速度。实际问题不在于是否某种方法最终会导致假设的均衡，而在于哪种方法将保证更快更完全地适应不同地点、不同行业的每日变化的环境。"[①] 市场调节的意义不在于实现均衡，而在于非均衡的调整过程。价格涨落形成的激励会自发引导企业投资，实现市场的动态效率。政府对价格的管制会扭曲市场信号、对企业家形成错误激励，以致市场发现和利用知识的过程受阻。

若试图利用管制价格来干预市场，尽管初衷可能是善意的，但却是建立在"高尚而危险的自负"基础上。新古典框架下完全无摩擦的调整过程在现实中并不存在。哈耶克（Hayek，1945）强调："那种以几乎每个

[①]　［英］哈耶克：《社会主义的计算（三）：竞争的"解决办法"》，载哈耶克《个人主义与经济秩序》，贾湛、文跃然等译，北京经济学院出版社 1989 年版，第 170—171 页。

人的知识都几乎是完全的假设来处理问题的推理习惯，使我们看不清价格机制的真正作用，并使我们以错误的标准来判断其效力。"① 价格机制是一种人类社会自发形成的使用知识的有效制度。没有人发出命令，没有人知道原因，但在价格的指引下，每一个产业缺口都会得到弥补，市场参与者的行为自动趋于协调。哈耶克用"奇迹"来形容价格机制的作用结果，他说："我故意使用'奇迹'一词，以消除读者把价格机制看作理所当然的自得心理。我相信，如果这种机制是人类精心设计的结果，如果人们在价格变化的引导下懂得他们的决策之意义远远超出其直接目的的范围，则这种机制早已会被誉为人类智慧的一个最伟大的功绩了。但不幸的是，它既不是人类设计的产物，受其引导的人们通常也不知道自己为何会如此行事。"② 价格机制就是一种"自生自发秩序"、一种"在人类合作中不断扩展的秩序"。"为了理解我们的文明，我们必须明白，这种扩展秩序并不是人类的设计或意图造成的结果，而是一个自发的产物……"③

因此，政府不宜直接干预价格机制这种"自生自发秩序"，而要创造良好的环境，维护价格机制自发运行，让富有弹性的市场价格引导企业家行为，纠正市场无知，促进产业结构协调。市场决定资源配置的关键是市场决定价格。价格越僵硬，它激励人们发现和利用知识的作用就越不理想。理论和实践都已证明，价格管制破坏市场的动态效率，从长期看不仅不会实现政府的预定目标，而且往往适得其反，造成灾难性的短缺或过剩。总之，政府应在维护价格机制自发运行方面发挥更好的作用，通过维护市场秩序、增进市场机能让市场决定价格。

三　保障市场自由开放

市场过程的本质是一个企业家过程，其内在的竞争性缘于企业家精神无垄断。本书在第三章曾指出，企业家精神的本质就是对以前未被认识到的机会的敏感机警，是"产生促进者自强不息精神以及尽可能追求最大利润的那股劲"。每个人都拥有一定程度的企业家精神，潜在的企业家无处不在，他们都可能成为米塞斯意义上的市场经济"促进者"。企业家精

---

① ② ［英］哈耶克：《知识在社会中的利用》，载哈耶克《个人主义与经济秩序》，贾湛、文跃然等译，北京经济学院出版社 1989 年版，第 82 页。

③ ［英］哈耶克：《致命的自负》，冯克利、胡晋华译，中国社会科学出版社 2000 年版，第 1 页。

神的发挥需要一定的条件，但纯粹企业家精神的产生不需要任何资源。没有人能够垄断企业家精神，"就纯粹的企业家活动而言，的确不存在准入障碍，但那同样是真实的，即企业家活动运用中的障碍能很容易地想到"。① 这种障碍就是人为封闭市场，通过强制力量限制市场进出自由。这种限制可能来自政府，也可能来自其他组织。它不能消灭企业家精神，但有力地阻碍了企业家精神之发挥，抑制甚至破坏产业结构调整的市场过程。为促进市场顺利调节产业结构，政府要营造公平的市场环境，实行统一的市场准入制度，明确"法无明文禁止即可为"，保障市场自由开放，让劳动、知识、技术、管理、资本的生产要素的活力竞相迸发，让这些生产要素所有者的企业家精神充分发挥。

人类的企业家精神生生不息。政府不必，也不可能亲自去发掘企业家精神，政府能够且应该做的，是在制度层面上创造一个公平的准入环境，让生产要素自由流动，让企业家精神充分涌现。德索托（De Soto，1992）指出："从理论上讲，真正重要的不是谁具体地发挥了企业家才能（尽管在实践中，这正是最重要的问题），而是一种没有对企业家才能的自由发挥施加制度或法律强制的状态，因此每个人都能够自由地发挥他的企业家才能，并且有可能创造新的信息，以及利用他在任何特定场合发现的排他性实践信息。"② 对市场自由进出的限制，实质上是对企业家精神自由发挥的限制，也是对市场过程的限制。假如政府出于某种目的禁止企业家进入某一产业，那么人们将意识到，在那个被禁止的领域，企业家目标不可能实现，激励也就随之消失，企业家将不再去感知或发现与实现这些目标相关的任何知识。

柯兹纳（Kirzner，1973）强调保证竞争性市场过程"最关键的问题是进入自由"。"对所需资源的进入限制也许有效地阻碍了潜在企业家开发未被利用的利润机会，这并不是因为垄断限制他们察觉能设想到的任何机会，而是因为对资源的垄断也许已经消灭了进入市场的可能性。"③ 市

---

① ［美］伊斯雷尔·柯兹纳：《竞争与企业家精神》，刘业进译，浙江大学出版社 2013 年版，第 87 页。

② ［西］赫苏斯·韦尔塔·德索托：《社会主义：经济计算与企业家才能》，朱海就译，吉林出版集团有限责任公司 2010 年版，第 48—49 页。

③ ［美］伊斯雷尔·柯兹纳：《竞争与企业家精神》，刘业进译，浙江大学出版社 2013 年版，第 87 页。

场自由开放的重要性对于经历了由计划经济向市场经济转轨的中国人来说，感受太过深刻。改革开放后，中国迅速迈过短缺经济阶段，每一个产业的开放最终都极大地促进了这一产业的发展、相关市场的繁荣和社会福祉的提高。家电、汽车、民航、电信等行业的开放和发展历程让我们切身感受到了来自开放和竞争的繁荣。为解决这一"最关键的问题"，政府必须依法明确其行为的边界，不能对企业家精神的自由发挥施加显性或隐性的限制，确保市场规则统一、进出自由、公平开放。

第二节 公共物品

公共物品是社会所必需的产品，但由于其特殊性质不能完全通过竞争性市场提供，所以人们选择建立国家，由政府承担提供公共物品的责任。公共物品本身并非产业结构调整的对象，但政府履行好供给公共物品的责任能为产业结构调整创造良好的环境和预期，有利于市场调节产业结构。

一 建设基础设施

亚当·斯密（Smith，1776）在《国富论》中论述市场调节"看不见的手"之原理的同时，也明确指出了政府（君主）的责任："第一，保护社会，使不受其他独立社会的侵犯。第二，尽可能保护社会上各个人，使不受社会上任何其他人的侵害或压迫，这就是说，要设立严正的司法机关。第三，建设并维持某些公共事业及某些公共设施（其建设与维持绝不是为着任何个人或任何少数人的利益），这种事业与设施，在由大社会经营时，其利润常能补偿所费而有余，但若由个人或少数人经营，就决不能补偿所费。"① 这里就谈到了政府有建设公共设施或基础设施的义务及原因。在市场经济中，激励企业家的是利润机会。当政府没有介入基础设施供给时，尽管企业家知道社会对基础设施存在强烈需求，但公共物品不具有排他性和竞用性，其收益很难转化为企业家利润，因此不会对企业家形成有效激励。然而，如果没有基础设施等公共物品，社会生活将不可想象。政府从纳税人那里取得收入，并为纳税人提供服务，因而建设基础设

---

① ［英］亚当·斯密：《国民财富的性质和原因的研究》（下卷），郭大力、王亚南译，商务印书馆 1972 年版，第 252—253 页。

施、提供公共物品就成为政府的责任。

科斯（Coase，1974）在《经济学中的灯塔》一文中探讨了公共物品由私人提供的可能性。他通过对英国灯塔制度的历史考察指出："早期的历史表明，与许多经济学家的信念相反，灯塔的服务可以由私人提供。"①这一分析结果经常被后来的学者引述，用来作为公共物品可以由私人提供的论据。本书认为，这一论据不能成立，因为引述者只关注了科斯的分析结果，而忽略了形成这一结果的前提条件。

首先，根据科斯的考察，英国历史上私人建设和经营灯塔是由政府授权的。"国王允许他们建造灯塔和向受益于灯塔的船只收取使用费。……国王有时可能授权他们使用专利权以作为他们为他效劳的回报。后来，经营灯塔和征收使用费的权利由国会通过法令授予个人。"② 政府授权为企业家供给灯塔获得收益提供了强制力的保障，与其说是私人在供给灯塔，倒不如说是私人为政府效劳，代理政府供给灯塔。其次，灯塔使用费不是由私人收取，而是由政府部门代收，船主不缴费将面临政府的惩罚。"灯塔使用费由所在港口的代理者（它可能代理几座灯塔）收取，这种代理者可以是个人，但通常是海关官员。"③ 海关有决定船只能否在港口通行的权力，如果船主不缴纳灯塔使用费，那么海关可能拒绝船只进港。因此，在海关强制力的影响下，船主不得不缴纳灯塔使用费。最后，从船主的角度来看，灯塔使用费事实上成为一种带有强制性的"税"，只有缴纳这种"税"才能保障自己的船只得到港口服务，否则船只不及时靠岸卸货将使船主面临巨大损失。权衡利弊之后，为避免因小失大，船主只能缴费。这种强制性一般只能由政府提供。综合这三点，我们不难发现，灯塔由私人提供需要附加严格的条件，这些条件无一例外地与政府密切相关。

总而言之，在科斯给出的案例中，政府依然在公共物品供给中扮演了不可替代的重要角色。事实上，科斯自己也没有完全否认政府提供公共物品的责任，他在《经济学中的灯塔》一文的最后承认自己的文章"不准备解决灯塔服务应该怎样组织和筹资的问题，这需要更仔细的研究"。④

---

① ［英］罗纳德·哈里·科斯：《经济学中的灯塔》，载科斯《企业、市场与法律》，盛洪、陈郁译，格致出版社2009年版，第200页。
②③ 同上书，第189页。
④ 同上书，第201页。

灯塔的案例不能成为拒绝政府提供公共物品的证据。在现代社会，政府是提供公共物品的最佳主体。以基础设施为代表的公共物品影响每个企业的交易成本和投资边际收益，进而影响产业结构调整。从广义的视角来看，基础设施包括有形的硬件设施（公路、港口、电力等）和无形的软件设施（制度、法律、文化等）。林毅夫（2012）指出："一个经济的禀赋特征在任何给定时间是给定的，但会随着时间推移而变化。……理论上说，也应将基础设施作为一个经济的禀赋的一部分。"① 在市场主导下，产业结构最终要根据需求结构和要素禀赋的变化自发调整。优良的基础设施为产业结构调整提供了一种禀赋优势，它降低企业的交易成本，提高企业投资边际收益。从现实看，企业往往都偏好投资于基础设施较好的地方。政府建设基础设施有多种理由，仅从产业结构调整这一角度，政府就有足够的理由承担起建设基础设施的责任。

二　提供基本公共服务

随着经济发展和文明进步，政府的公共服务职能不断加强。基本公共服务是重要的公共物品，为居民提供完善的基本公共服务是现代文明国家的普遍特征。目前，绝大多数发达国家已经建立了较完善的基本公共服务体系，为居民编织了一道"社会安全网"。政府适度提供和普及基本公共服务有重大的经济和社会意义，对产业结构调整而言，它的主要意义是培育人力资本、改善居民消费预期、提振居民投资生产热情等，产生有利于产业结构调整的效应。

基本公共服务的内容具有动态特征，由于各个国家经济社会发展水平不同，居民需求层次不同，它在不同国家、不同发展阶段的内容和标准不尽一致。现代国家关于基本公共服务的一般立法原则是以机会均等为核心，保障公民生存和发展的最基本条件。以中国为例，自 2006 年中共中央首次提出"逐步实现基本公共服务均等化"后，学术界曾就基本公共服务的内容范围进行了广泛的讨论，国务院于 2012 年 7 月发布《国家基本公共服务体系"十二五"规划》，明确了基本公共服务的概念和我国现阶段应涵盖的内容范围。该规划指出："基本公共服务，指建立在一定社

---

① 林毅夫：《新结构经济学——反思经济发展与政策的理论框架》，苏剑译，北京大学出版社 2012 年版，第 16—17 页。

会共识基础上，由政府主导提供的，与经济社会发展水平和阶段相适应，旨在保障全体公民生存和发展基本需求的公共服务。享有基本公共服务属于公民的权利，提供基本公共服务是政府的职责。"① 该规划将我国现阶段基本公共服务范围确定为公共教育、劳动就业服务、社会保障、基本社会服务、医疗卫生、人口计生、住房保障、公共文化八个领域。其中，教育、医疗和社会保障是国内居民最迫切的需求，是基本中的"基本"。本书以这三项基本公共服务为例来简要说明完善的基本公共服务对产业结构调整的意义。

产业结构调整由企业家等人才推动，教育是提高人口质量，积蓄人力资本，培养产业结构调整所需人才的根本途径。从古典经济学时代以来，经济学家就把一个人培养成劳动力，特别是熟练劳动力的费用，看作一种可以获得丰厚回报的投资。马歇尔（Marshall，1890）说："一切资本中最有价值的莫过于投在人身上面的资本"。② 舒尔茨（Schultz，1981）的人力资本理论认为，人口质量是耐用的稀缺资源，教育的普及能提高人口质量，创造巨大的社会经济效应。"人口质量和知识投资在很大程度上决定了人类未来的前景。当人们考虑这些投资时，地球物质资源将会耗尽的预言就必然被抛弃。"③ 周幼曼（2013）通过对一些发达国家推进基本公共服务均等化经验的研究表明，发达国家在现代化过程中都十分重视对教育的投入。以德国为例，该国是现代义务教育的起源地。"1619 年，德意志魏玛公国率先规定父母必须送 6 至 12 岁的儿童入学。1763 年普鲁士国王签署世界上第一部《义务教育法》。19 世纪普鲁士王国统一德意志，并在普法战争中战胜法国。很多人把战争的胜利归功于实施了半个世纪的义务教育。从此欧洲各国纷纷仿效德国实施义务教育。"④ 当代德国的科技、工业十分发达，产业竞争力较强，悠久的教育传统被认为是这一成就的根源。政府提供的基本公共教育为国民接受更高层次的教育以及全民人口素

---

① 中华人民共和国国务院：《国务院关于印发国家基本公共服务体系"十二五"规划的通知》，2012 年 7 月 20 日，中国政府网（http：//www. gov. cn/zwgk/2012 – 07/20/content_2187242. html）。

② ［英］马歇尔：《经济学原理》（下卷），陈良璧译，商务印书馆 1965 年版，第 232 页。

③ ［美］西奥多·W. 舒尔茨：《人力投资——人口质量经济学》，贾湛、施伟等译，华夏出版社 1990 年版，第 1 页。

④ 周幼曼：《一些发达国家推进基本公共服务均等化的经验与启示》，《理论建设》2013 年第 4 期，第 9 页。

质的提高奠定基础，从长远看会产生促进产业发展的供给效应。

健全、适度的医疗和社会保障有助于降低人们对未来的不确定性。如果政府在这方面的支出偏低，会强化居民预防性储蓄动机，挤压居民其他消费增长，从而导致内需不足。这是中国经济持续健康发展面临的一大问题。如果政府在这方面的支出偏高，会迫使政府增加税收，进而增加社会生产成本，降低居民的投资和生产热情，制约经济发展。这是当前一些福利水平过高的欧洲国家面临的一大问题。这两种情况都不利于产业结构调整。马克思指出消费"生产着生产"，"消费的需要决定着生产"。① 第一种情况抑制居民消费，阻碍居民消费结构的升级，导致为适应消费结构变化的产业结构调整活动受到限制。税收过高会减少企业家利润，对企业家形成负激励。第二种情况抑制居民投资生产，产生不利于产业结构调整的负供给效应。政府要根据实际情况合理地制定医疗和社会保障等基本公共服务标准，发挥基本公共服务供给对产业结构调整的积极作用。

总之，政府根据国情，适度地履行基本公共服务供给责任，可以从需求和供给两方面促进产业结构调整。

第三节　宏观政策

市场机制的自发运行需要一个稳定的宏观经济环境。在产业结构调整背景下，政府要注重宏观经济政策的长期效应，稳定市场预期，不干扰产业结构调整的市场过程。同时应致力于优化收入分配格局，以改善需求结构来促进市场调节产业结构。

一　制定宏观经济政策

制定宏观经济政策时，政府要辨别所面对经济问题的性质：是总量问题，还是结构问题；是需求问题，还是供给问题。当经济形势和问题发生变化时，宏观经济政策也应进行调整。面对有效需求不足，凯恩斯主义主张政府搭配使用财政政策和货币政策进行宏观调控，刺激总需求。这种"需求管理"的方法是总量调控，当出现重大结构性矛盾时，需求管理就

---

① ［德］马克思、恩格斯：《马克思恩格斯全集》（第三十卷），中共中央马克思恩格斯列宁斯大林著作编译局译，人民出版社1995年版，第32、41页。

缺乏有效性和针对性，不能解决来自供给方面的结构矛盾。结构问题、产业问题需要通过供给管理解决。在供给方面抑制无效供给、创造有效供给，才能使供给结构与需求结构相符合，促进产业结构协调。供给管理需要一个稳定的宏观经济政策环境，让市场充分发挥调节作用，供给学派的政策主张符合奥地利学派对宏观经济政策的要求，对调整产业结构有重要的参考价值。

在财政政策方面，严控赤字，审慎操作，制定稳健的中长期财政计划，平衡好短期扩张与长期风险之间的关系，防止大起大落对市场造成干扰。在产业结构调整背景下，政府不适宜推出旨在刺激经济的凯恩斯主义扩张性财政政策。经济刺激虽然可以在短期内保证经济增长，但由于经济系统结构不合理，过度刺激经济会导致虚假需求，扭曲要素价格，进一步恶化产业结构，导致经济系统更深层次的矛盾。为保证结构调整，政府应最大限度地减少对经济的直接干预，通过减税刺激企业调结构。凯恩斯主义和供给学派都致力于刺激生产，但不同的是凯恩斯主义是从扩大需求角度，主张通过国家干预创造需求，以政府为主体进行投资；而供给学派是从优化供给角度，主张降低边际税率，把利润留给企业，以企业为主体进行自发投资。前者对民间投资有"挤出效应"，不利于结构调整，而后者会激发市场活力，促进企业自发调结构。企业投资比政府投资更容易符合市场需求，能增加有效供给，抑制无效供给，促进产业结构改善。

在货币政策方面，以稳定物价为首要目标，保持政策的独立性和稳定性，既不放松也不收紧银根，防止货币本身成为经济波动的一个诱因。哈耶克（Hayek，1935）的经济周期理论认为，货币超发会给整个市场体系发出一个错误信号，货币因素是导致生产结构失调的决定性原因，经济危机产生的原因是由于货币供应量过多导致消费过度并使生产资料的资本不足。弗里德曼（Friedman，1968）指出，货币政策最重要的功效是"货币政策能够防止货币本身成为经济波动的一个主要根源"。[①] 通货膨胀是一种货币现象，它扭曲价格体系，严重干扰市场运行。预防和治理通货膨

---

① ［美］米尔顿·弗里德曼：《货币政策的作用》，载《弗里德曼文萃》，高榕、范恒山译，北京经济学院出版社 1991 年版，第 510 页。

胀，关键在于控制货币发行量。① 弗里德曼提出货币政策应将货币供应量作为唯一的政策工具，使货币增长率同预期的经济增长率保持一致，这就是"单一规则"的货币政策。单一规则直指通货膨胀问题的要害所在。根据单一规则发行的货币量是适应市场需要的，既不会发生通货膨胀，也不会发生通货紧缩，可以确保价格机制正常发挥作用，为企业家提供相对准确的信息和激励，促进产业结构调整。

总的来说，宏观经济政策的基调要更加注重长远，保持政策的连续和稳健，避免短期刺激和反复波动。让市场有充分的时间和良好的环境去甄别产业，调整结构。

二　优化收入分配格局

产业结构调整的动因是消费者需求结构发生变化，机警的企业家从中发现新的利润机会。收入是影响消费最主要的因素，无论是凯恩斯的绝对收入消费函数，还是杜森贝里的相对收入消费理论，或者弗里德曼的永久收入消费理论都是基于收入对消费进行分析。从结构角度看，收入分配结构决定了消费者基本的需求结构。政府可以通过优化收入分配来改善消费结构，间接地促进产业结构为适应消费结构而调整。收入分配包括初次分配和二次分配，政府在其中扮演不同角色。

在初次分配领域，政府可被视为一个外生变量，要做的是维护初次分配规则，通过立法适度调节过高收入，而不能通过行政手段直接干预初次分配结果。根据奥地利学派的公平观，机会均等是最重要的公平。哈耶克（Hayek，1960）认为，结果均等是一个陷阱，会导致政府拥有强权和践踏个人自由。传统的自由运动形成的共识是：人们一般以"任才能驰骋"（la carrier ouverte aux talents）这一主张来表达其平等诉求，即机会均等。"国家为改进人们之状况而采取的措施，应当同等地适用于所有的人。……政府的职责并不在于确使每个人都具有相同的获致某一特定地位

---

① 为避免恶性通货膨胀，哈耶克（Hayek，1976）甚至主张货币非国家化，即允许私人发行货币，通过竞争让市场选择最好的货币。在哈耶克看来，廉价货币是"让人上瘾的毒品"。政府垄断发行货币必然导致货币超发而引起通货膨胀。他说："有人相信，廉价总是可取的、有益的，这种信念对于任何政治当局或垄断发钞者，都构成了无可避免的、无法抗拒的压力，人们也相信，政府或货币当局有能力通过发行更多货币而使货币趋于廉价。"（［英］哈耶克：《货币的非国家化》，姚中秋译，新星出版社2007年版，第118页）

的前途，而只在于使每个人都能平等地利用那些从本质上来讲须由政府提供的便利条件。"① 市场经济的基础是平等自愿，在产权得到尊重和保护的前提下，每个市场参与者自愿提供自己的生产要素，和其他生产要素所有者进行互利合作，共同创造财富，最后根据事先的约定获得相应报酬。初次分配结果由市场内生，每种要素的充裕程度不同，市场对它们的评价就不同，其所有者获得的回报也就不同；每个人的企业家才能不同、知识不同、掌握资源不同、机遇不同，他们从市场中得到的分配必然不同。这是竞争的结果，也是激励市场参与者参与竞争的原因。

　　通常说的效率与公平，事实上不是一个层面的问题。我们选择市场经济的原因正是因为追求效率是市场的基本功能，对市场而言，效率即是公平，平均主义才是剥削。如果出于完全的效率标准，政府在理论上不应干涉任何初次分配结果。但现实中，世界上绝大多数国家都会根据边际原则对高收入者征收一定的所得税，用于补贴低收入者，以改善整体社会福利。这种做法从静态的角度看无可厚非，但如果调控过度，从长期看必将损害市场的动态效率。在初次分配中，政府真正应该做的是维护市场规则，消除人为因素、体制因素扭曲市场而产生的分配不公，例如打破行政垄断，消除同工不同酬现象，打击恶意欠薪，在征地拆迁过程中合理补偿居民等。优化收入分配格局，政府不宜直接干预初次分配，而要确保初次分配的市场效率，让各种要素在市场中得到应有的收入分配，让一切创造社会财富的源泉充分涌流。

　　二次分配是在初次分配的基础上，各收入主体之间通过各种渠道实现财富转移的一种收入再次分配过程，政府是当之无愧的主角。通过转移支付，政府对低收入者和弱势群体进行补贴，防止结果过分不均等，维护社会稳定。政府在二次分配中增加居民福利，以消除居民扩大消费的后顾之忧是二次分配的一个重要功能。同时，在市场主导产业结构调整的背景下，必然会出现一些退出产业就业者的摩擦性失业问题。市场主导产业结构调整不仅要保证柯兹纳所说的"进入自由"，也需要完善企业正常的市场化退出机制，确保市场双向进出自由。这就要求政府健全社会保障体系，使临时失业者能够维持基本生活，保证相关企业正常退出市场。履行

---

　　① ［英］哈耶克：《自由秩序原理》（上），邓正来译，生活·读书·新知三联书店1997年版，第111页。

二次分配职能，一方面要求政府强化基本公共服务，加大教育、医疗、社会保障等民生投入；另一方面要求打破不同群体、区域、城乡之间公民权利和福利的差别，实现基本公共服务均等化。总之，二次分配的核心理念是结果均等意义上的公平，需要更好地发挥政府作用。

收入分配的改善会对扩大消费产生积极作用，有利于增强市场活力，改善需求结构，促进产业结构调整。政府在发挥作用时要明确自己的职责和角色，不可在初次分配中"错位"，也不可在二次分配中"缺位"。

第六章

日本产业政策之再认识

　　第二次世界大战后，日本作为一个战败国，在战争废墟上仅用30多年时间就实现了经济腾飞，发展成就举世瞩目。日本在经济腾飞过程中成功实现产业结构调整，政府的积极介入通常被认为是日本成功的基本经验。很多学者，特别是一些发展中国家的学者，把日本乃至东亚20世纪后半叶的经济成就归功于强势政府普遍的产业政策干预。日本实施产业政策的经验经常被学者引用为政府成功主导产业结构调整的论据。[①] 然而，另一些学者对此提出质疑，甚至日本学者自己也认为："外国对日本产业政策的实际状况和效果普遍存在着评价偏高的倾向。"（小宫隆太郎，1984）[②] 本章对日本"二战"后经济崛起时代各时期（战后恢复时期：1945—1960 年；高速增长时期：整个 20 世纪 60 年代；石油危机以后：20 世纪 70 年代和 80 年代）产业政策进行重新考察和评价，指出日本产业结构调整取得成功的根源是市场机制的内在活力，产业政策并非主要原因，政府主导更不是日本成功的决定性因素。日本的案例不仅不能作为反驳本书观点的论据，而且恰恰验证了本书的观点。[③]

---

　　① 传统经济学理论中没有"产业结构""产业政策"这些概念。日本产业结构调整和经济发展的成就不仅吸引了包括中国在内的发展中国家，而且引起了欧美发达国家对产业政策的强烈关心和浓厚兴趣，"产业结构""产业政策"这些概念本身就起源于日本。
　　② ［日］小宫隆太郎、奥野正宽、铃村兴太郎：《日本的产业政策》，黄晓勇等译，国际文化出版公司1988年版，第2页。
　　③ 原计划经济国家、"二战"后的拉美国家是政府主导产业结构调整的典型案例，它们调结构的失败实际上已经验证了本书的观点。而日本常常被认为是政府主导产业结构调整成功的案例，似乎可作为反驳本书观点的论据。因此，本书选择日本作为研究对象，意在澄清人们的这种误解。

第一节 "二战"后恢复时期的产业政策及评价

1945 年日本战败投降，此时日本山河破碎、物资短缺、社会混乱，经济几近崩溃，人民生活十分困难。当时日本经济发展的首要任务是尽快恢复生产。这一时期产业政策分三个阶段：1946—1948 年的倾斜生产方式、20 世纪 50 年代前期的产业合理化政策和后期的产业振兴政策。

一 倾斜生产方式

1946—1948 年，日本实施"倾斜生产"的产业复兴政策，以带有强烈计划经济色彩的国家控制来重点恢复生产比较困难的煤炭和钢铁两个工业部门，重启工业化进程。所谓倾斜生产，是指优先发展工业上游产业（煤炭和钢铁部门），为逐步发展下游产业提供能源和原材料。具体做法是：大力增加煤炭生产，并将其侧重分配给钢铁部门以增加钢铁生产，然后又将钢铁重点分配给煤炭部门进而增加煤炭生产，以这两个基础工业部门相互促进来扩大生产，为整个工业及国民经济的恢复发展奠定基础。具体的政策手段有：原材料直接分配、复兴金融公库贷款、价格控制、价格差额补助金、进口物资分配等。这些手段已超出间接调控的范围，多数都是政府直接控制，日本政府也明确认为"经济的计划化和相当程度的国家统一控制是必要的"。[1] 倾斜生产方式取得了预期效果：1947 年，日本普通钢材产量达 74 万吨，煤炭产量 2934 万吨，工矿业生产比上年增加 22.7%。1948 年，工矿业生产增加 33.3%。[2]

从效果来看，倾斜生产方式的确取得了成功。但这种国家直接控制的结构调整，产生于特殊的历史背景。作为一项权宜之计，它在短期的成功不能证明它长期存在的合理性。在战时，为集中物资支援战争，日本在一

---

[1] 1946 年，在日本外务省的主持下，主要由知识界人士组成的外务省调查委员会曾提出过一个题为《日本经济再建设的基本问题》的报告。该报告强调："金融机构及重要产业的公共化，经济的计划化和相当程度的国家统一控制是必要的；这种国家统一控制应当是与旧官僚机构不同的民主化的政府为主来实现。"这一报告反映了当时政府的基本态度。以此为据，日本政府在这一阶段对经济活动进行了大量强有力的干预。（陈淮：《日本产业政策研究》，中国人民大学出版社 1991 年版，第 40 页）

[2] ［日］小宫隆太郎、奥野正宽、铃村兴太郎：《日本的产业政策》，黄晓勇等译，国际文化出版公司 1988 年版，第 37 页。

定程度上取消了市场机制。"二战"后百废待举，而市场体系依然羸弱，虽然消费需求旺盛，但战时控制残存、企业被占领军重组、民间信贷活动不畅及其他社会混乱等因素导致市场机制不能顺利发挥作用。更重要的是，当时日本原材料进口断绝，处于封闭经济状态，市场机制的制度前提难以具备，只能通过国家主导的倾斜生产开发国内资源来替代。正如日本学者香西泰（1984）所说："只有以战后的非常情况为前提，才能够说明倾斜生产方式。……说到底，倾斜生产方式不过是应付当时非常事态的一项对策。勉强说来，其意义就是将战时的重化学工业化的遗产完整地继承下来并传给了下一时期，发挥了中继作用。"① 日本政府对此也有清醒的认识，日本没有像中国、东欧国家那样走上计划经济道路，而是在国家直接控制的同时出台了一系列培育市场和增进竞争的法律政策，例如《禁止垄断法》（1947 年）、《证券交易法》（1948 年）等，促进市场秩序逐步恢复，民营企业得到振兴。到 1949 年，随着日本国内形势好转和国际市场开放，倾斜生产方式很快就退出历史舞台。

二　产业合理化政策和产业振兴政策

随着 1949 年"道奇路线"的实施，日本对产业发展的干预由直接控制转为间接调控，20 世纪 50 年代先后实行产业合理化政策和产业振兴政策。② 产业合理化政策是通过设备更新和技术改进来促进基础工业成本降低的政策，核心手段是租税特别措施和财政投资贷款。钢铁、煤炭、电力、海运、化肥、合成纤维等产业都得到了政府减免税收和低息贷款的优惠，积极进行设备投资，通过降低成本提高了国际竞争力。50 年代后期，日本经济走上高速增长的轨道，在继续进行产业合理化的基础上，又采取

---

① ［日］香西泰：《复兴时期》，载小宫隆太郎、奥野正宽、铃村兴太郎《日本的产业政策》，黄晓勇等译，国际文化出版公司 1988 年版，第 37—38 页。

② 1948 年，美国政府通过占领军当局公布"经济安定九原则"，要求日本政府尽快制定稳定财政、工资、金融、物价等的措施，最大限度地提高出口产业产量。1949 年 2 月，美国底特律银行总经理约瑟夫·道奇（Joseph M. Dodge）作为驻日盟军最高司令道格拉斯·麦克阿瑟（Douglas MacArthur）的财政经济顾问来到日本，以他为中心制定了执行九项原则的具体方案。该方案的主要内容有：实施预算平衡、全面废止政府补贴、完全停止复兴金融公库贷款、设定单一汇率（1 美元兑换 360 日元）等。这一方案及在道奇领导下制定的一系列具体方针政策，通称为"道奇路线"。（详情请参阅［日］小林义雄《战后日本经济史》，孙汉超、马军雷译，商务印书馆 1985 年版，第 31—45 页）

了振兴和扶持新兴和成长型产业的产业振兴政策。这些产业有合成纤维、石油化学、机械部件与一般机械、电子工业等。政策手段包括通过日本开发银行等金融机构提供贷款以确保资金，设备的加速折旧、减免法人税与振兴产业进口设备的关税，允许成立合理化卡特尔，政府对有的部门直接投资（如合成橡胶），等等。此外，日本还利用进口审批制度等手段有限度地保护国内产业。这一阶段，日本由经济恢复转向振兴，为 60 年代持续高增长奠定基础。

从经济增长表现来看，日本在 20 世纪 50 年代的产业政策似乎取得了成功。但如果仔细分析那段历史，就会发现除产业政策外，还有许多支撑经济高速增长的重要因素，没有证据证明产业政策是产业发展的决定性因素。

其一，1950 年朝鲜战争爆发，战争创造了巨大的市场需求，刺激了日本各个产业的发展。三轮芳郎（1979）指出："经过 1950 年的朝鲜战争，从 1951 年到 1955 年前后，是一次消费革命时代。"[①] 美国对日政策也由抑制变为扶持；日本经济从封闭走向开放。这一时期政府已放弃直接控制，产业结构调整是由"消费革命"的爆发和需求结构变化引致，由企业推动，而非政府决定。例如机械等新兴产业振兴的主要原因，"首先还是市场的扩大和吸收技术革新的成果"。[②]

其二，日本在"二战"前已具备较强的工业技术基础，到 20 世纪 50 年代，企业的生产能力逐步恢复。面对朝鲜战争带来的大量订单，日本企业急切希望实现规模经济，降低生产成本。即使日本政府不提出产业合理化政策，企业也有迫切的合理化需求。事实上，有不少企业在没有得到政府援助的情况下，依靠自身力量进行了合理化。例如，丰田汽车就自发进行了"生产设备现代化五年计划（1951—1956 年）"。

其三，产业合理化和产业振兴政策最大的作用不是主导产业结构调整，而是为企业自发调结构提供了资金支持。企业的设备更新和技术革新需要投入大量的资金。然而，"二战"后日本资本市场不完善，企业难以通过市场筹集到资金。政府的减税和贷款在一定程度上帮助企业解决了资

①　［日］三轮芳郎：《日本主要产业盛衰史》，《经济学译丛》1979 年第 11 期，第 53 页。
②　［日］香西泰：《复兴时期》，载小宫隆太郎、奥野正宽、铃村兴太郎《日本的产业政策》，黄晓勇等译，国际文化出版公司 1988 年版，第 46 页。

金困难，是政府帮助企业，而非主导企业。

其四，政府重点支持的产业，有成功的，也有失败的。例如钢铁、机械等产业获得了成功，而政府对煤炭工业的扶持和合理化就未能成功。香西泰（1984）认为："扶植产业政策与振兴政策，在补充市场机制的作用和减少摩擦方面是有效果的。但是，它并不能经常自由地形成产业组织和进行正确的产业选择。"[①] 政府的直接干预绝不是产业发展的"灵丹妙药"，产业兴衰的根本原因还在于市场，政府只起到了辅助作用。

其五，产业合理化和产业振兴的投资效率较高之一大原因是竞争的引入和市场秩序的恢复，而非政府直接投资。1945 年日本投降后，战时统制经济终结，占领军通过日本政府解散财阀，结果民营企业逐渐兴起，到 50 年代已具备一定规模。以石油化学产业为例，正是因为更多的企业竞相加入，才使该产业在激烈的竞争中发展起来。是市场竞争，而非政府主导造就了繁荣。

考虑到以上五点，便不能把这一阶段日本产业发展和结构调整的成功看成产业政策获得成功的证明。

第二节　高速增长时期的产业政策及评价

20 世纪 60 年代，日本经济实现了历史上罕见的高增长，GDP 年均增长率超过 10%。[②] 到 1968 年，日本的经济规模在资本主义国家中已仅次于美国，跻身世界经济大国行列。与此同时，日本产业政策的理念与实际执行的具体政策之间产生的差距越来越大，政府企图主导产业结构调整的尝试以失败告终，政府对产业发展的直接干预趋于减弱。与人们通常之印象不同的是：产业高级化和经济高速增长不仅不能被视为政府主导的成

---

① ［日］香西泰：《复兴时期》，载小宫隆太郎、奥野正宽、铃村兴太郎《日本的产业政策》，黄晓勇等译，国际文化出版公司 1988 年版，第 46 页。
② 20 世纪 60 年代日本 GDP 年增长率如表 6 - 1 所示：

表 6 - 1　　　　　　　　日本 GDP 年增长率（1961—1970 年）

年份	1961	1962	1963	1964	1965	1966	1967	1968	1969	1970
GDP 年增长率（%）	11.9	8.6	8.8	11.2	5.7	10.2	11.1	11.9	12.0	10.3

资料来源：日本总务省统计局。

功，恰恰相反，它们是市场力量逐渐强大的结果。

一　"新产业体制论"的失败与结构调整主体之争

"二战"后的经济成就极大地鼓舞了日本政府，增强了政府对主导产业发展的信心。20世纪60年代初，日本政府提出了一个系统的产业政策设想"新产业体制论"。其核心思想是建立政府主导型产业发展体制，加强政府对产业结构调整的直接干预，提高产业集中度，增强日本产业的国际竞争力，以应对贸易自由化的冲击。这一设想集中体现在日本通产省1963年制定的《特定产业振兴临时措施法》（简称"特振法"）中。该法案被称为"战后最大的法律"，提出了一套系统全面的产业政策纲要，为政府主导产业结构调整提供指引和依据。但特振法遭到了企业界的强烈反对和抵制。不仅在野党借机批评政府破坏《禁止垄断法》，连当时的执政党自民党也对法案的通过持消极态度。该法案前后三次提交国会都未能通过，最终没有实施。这一事件是日本产业政策的一次重大转折，标志着政府试图主导产业结构调整的失败和市场力量的崛起。

事实上，企业界并不反对特振法提出的一些措施，提高产业竞争力不仅是政府，也是企业的愿望。企业界和通产省的关键分歧在于谁来主导产业结构调整，或者说谁是产业结构调整的主体。通产省提出以政府为主体的"官民协调"方式，而企业界提出以企业为主体的自主协调方式。战时统制经济的记忆尚未远去，企业界普遍担忧政府主导将造成政府对企业的再次控制。当时日本的市场体系已初步完善，大、中、小企业都得到了发展，企业已发展成为能够影响政府决策的重要社会力量，具备了调结构的能力。[①] 鹤田俊正（1984）指出："六十年代的日本，除了农业等极有限的几个领域外，实际上已在经济的大多数领域建立起来以企业的自主选择为基调的自由企业体制。……虽然说政府的意图是建立政府主导型产业体制，但必须看到，在当时情况下，政府对民间企业的作用是极为有限的。只要日本采取以企业的自主选择为原则的经济体制，就不能严格实行与经济发展方向相反的政府计划。"① 在政府放弃特振法的前提下，企业通过"官民恳谈会"等形式与政府进行了一定的沟通，"新产业体制论"中一些符合企业诉求的措施得到企业不同程度的自主贯彻。政府失去了结构调整的主体地位，但经济依然高速增长，日本的钢铁、汽车、石油化工等产业的竞争力在这一时期大幅提高。

二 产业扶植标准的事后性与市场的决定性作用

这一时期日本政府还提出"产业结构高级化""重化学工业化"等口号，继续对个别产业进行扶植。政府明确了选择扶植产业的标准：一是产品需求的收入弹性较高，二是产业的劳动生产率上升幅度较大，即著名的"筱原二基准"。机械、电子、飞机、能源等工业继续得到政府支持。电子计算机、核能发电等新产业也被列入政府扶植范围内。在政府支持下，日本 6 家电子计算机企业在 1961 年共同出资建立了日本电子计算机股份公司。然而，"筱原二基准"具有明显的事后总结特征。小宫隆太郎（1984）指出："一般认为，日本的产业政策大体上扶植和发展了政府及其背后存在着的'舆论'所想要在日本建立的产业，而制定'产业结构'的标准只不过是后来加上去的理论而已。"②

在 20 世纪 80 年代，日本的旅游业、超级市场和在外就餐业等都达到了"筱原二基准"，但政府却丝毫没有扶植这些产业的想法。小宫隆太郎认为，日本政府想扶植的产业基本上都是"有关国家威望"的产业。例如钢铁、机械、造船、石油化学、原子能、电子计算机和集成电路等。事实上，这些产业能够发展，从根本上来说是因为市场需求的刺激和经济发展引起比较优势的改变。例如，"二战"后重建对钢铁的急需促成钢铁工业最早发展；石油化学工业的振兴是为了弥补煤炭产业衰落造成的能源供给缺口；能源短缺和科技进步促进了原子能产业的发展。总之，市场最终决定了哪些产业应该发展振兴和产业结构逐步走向高级化。

另外，在高速增长时期，大量日本政府没有扶植的新兴产业在市场上同样得到了发展，其中多数都作为出口产业取得了巨大成功。小宫隆太郎

---

① ［日］鹤田俊正：《高速增长时期》，载小宫隆太郎、奥野正宽、铃村兴太郎《日本的产业政策》，黄晓勇等译，国际文化出版公司 1988 年版，第 56—57 页。
② ［日］小宫隆太郎《序章》，载小宫隆太郎、奥野正宽、铃村兴太郎《日本的产业政策》，黄晓勇等译，国际文化出版公司 1988 年版，第 9 页。

列出的例子有：20 世纪 60 年代初期的缝纫机、照相机、自行车、摩托车 、钢琴、拉锁、半导体等；后半期的彩色电视机、磁带录音机、磁带、音响设备、钓鱼用具、钟表、陶瓷、机器人等。其中普通消费者较为熟悉的照相机、彩色电视机、录音机等产品作为"日本制造"的代表享誉世界。它们都不是政府选定的扶植产业，而是在自由竞争的环境下依靠企业家精神发展起来的。"在这些为数众多的取得高速发展的产业中，许多企业在战后几乎是从零或极小规模起步，在没有得到产业政策的优待的情况下，依靠自己的力量发展起来的。因此，这些企业的经营者们，对于日本曾经普遍实行了系统而有力的产业政策的说法持有最强烈的反感。"① 事实上，随着经济发展、企业壮大，以及贸易自由化和资本自由化的实施，"二战"后初期政府主导产业发展的原材料直接分配、进口配额管理、价格控制、开发银行贷款及税收等手段已逐渐失去或弱化，20 世纪 60 年代政府对产业发展的政策性干预大为减少。而价格机制和企业通过竞争自主调节开始在产业结构调整中发挥决定作用。

最后，如果要对日本经济高速增长时期的产业政策进行一个总结性评价，笔者不得不引述鹤田俊正（1984）的一段评价："一般认为，政府对产业活动进行干预的倾向，在六十年代最强。但是，六十年代实现了高速增长、产业结构高级化、出口竞争力增强等成果，与其说是政策奏效，倒不如说更多的是依靠价格机制大致能顺利运行和企业的自主选择与企业的适应能力。产业政策的初期目标未能奏效，以纸上谈兵而告终。其原因就在于日本式决策和实施方式以及市场机制的作用。"②

第三节　石油危机以后的产业政策及评价

进入 20 世纪 70 年代，日本国内外经济形势发生了重大变化。特别是 1973 年第一次石油危机对日本经济造成了较大冲击，促使日本加快产业结构调整。在政府政策的指导思想中，控制思想和干预万能主义逐渐削弱，对产业政策过度干预的反省和对市场机制给予积极评价的趋势日益明朗。削弱对"重点产业"的扶持、最大限度地发挥市场机制作用、加快

---

① ［日］小宫隆太郎：《序章》，载小宫隆太郎、奥野正宽、铃村兴太郎《日本的产业政策》，黄晓勇等译，国际文化出版公司 1988 年版，第 10 页。

② ［日］鹤田俊正：《高速增长时期》，载小宫隆太郎、奥野正宽、铃村兴太郎《日本的产业政策》，黄晓勇等译，国际文化出版公司 1988 年版，第 87 页。

政府职能转变成为这一时期产业政策的特点。

一　产业政策指导思想的根本性转变

这一时期，日本已进入发达国家行列，市场经济体制趋于成熟，政府与企业的关系发生了深刻变化。与高速增长时期相比，企业作为产业结构调整主体的地位得到确认和强化，政府明显成了被动的一方。通产省的"经济导航"职能和权力趋于弱化，产业政策取向由过去以"积极的、能动的"政策为中心转向石油危机后以"被动的、消极的"政策为中心。如果说，在20世纪60年代，日本政府和民间对价格机制的调节功能还存在一些疑虑，那么到70年代，亲身见证了市场经济带来繁荣的日本国民已普遍对自由企业和价格机制充满信心。产业政策指导思想也发生了根本性转变。

这一转变体现在日本产业结构审议会于1970年公布的《七十年代的通商产业政策》（日本国内将其简称为《七十年代展望》）上。这份纲领提出"应该严格抑制过分的政策干预与产业的过度保护措施"，"最大限度地利用市场机制"。产业政策的实施手段也发生明显改变，从20世纪50年代到60年代前期的将资源直接分配给"基干产业"、金融税收优惠、设置贸易壁垒等手段因资本和贸易自由化的深入而逐步削弱。政府减少了对"重点产业"的扶持，更加注重全局性的产业协调；不再直接干预产业发展，而是重视"展望"的诱导作用，根据政府掌握的国内外形势向民间企业提供信息，促进企业调结构。

20世纪七八十年代，日本产业结构调整的趋势为：一是传统的制造业衰落，钢铁、化工、炼铝、合成纤维、造船等产业普遍出现产能过剩；二是新兴的知识和技术密集型产业迅速发展。这一变化从根本上来说是日本需求结构和比较优势动态变化的结果。此时日本的劳动力、原材料、能源等成本优势已远不如中国等发展中国家。"公害"事件频发使富裕后的国民环保诉求空前提高，对重化学工业产生了强烈的抵制情绪。① 与此同

---

① 日本在20世纪50—60年代经济恢复和高速发展过程中没有充分重视环境保护问题，导致环境污染造成的"公害"事件频繁出现，极大地损害了人们的生命健康。影响较大的四大公害事件分别是：熊本县水俣病事件、新潟县水俣病事件、富士县痛痛病事件和四日市哮喘病事件。70年代后，日本的国民意识从以前追求经济高速增长转向要求解决各种"增长的代价"，国内环境问题造成群体性事件频繁出现，引发轰动一时的日本"四大公害诉讼案"。日本国民的态度对70年代以后日本重化学工业的发展和布局产生了深刻影响。

时，日本的人才、科技、资本实力已较为雄厚，具备发展知识和技术密集型产业的比较优势，国内外也有这方面需求，这些产业由于污染小也为民众所接受。日本政府顺势而为，对于产能过剩产业，没有为保证经济增长而刺激需求，也没有通过行政手段强令其退出，而是出台《特定萧条产业安定临时措施法》，协助企业共同处理过剩设备（停用、封存、转让等），鼓励过剩产能企业正常退出市场，安顿离职企业职工等。对于蓬勃兴起的知识和技术密集型产业，日本政府加大对新能源开发、信息产业、电子计算机、集成电路等新兴产业的扶植力度。但从政策具体内容来看，政府资助的规模比较小，更多的是以"展望"为主的间接诱导。例如，《七十年代展望》提出产业结构知识集约化构想，1980年又出台《八十年代的通产政策展望》（简称《八十年代展望》），提出创造性知识集约化构想，鼓励发展尖端技术产业等。

　　但是，即便是这种被动、间接的产业政策，也受到了民间的批评。批评者认为，处于比较劣势的产业或衰退产业会在市场中自然退出，政府的支援耗费了大量财政资源，损害了纳税人利益。产业结构审议会提出的"知识集约化构想"存在着许多不明确的地方，选择扶植产业依据的是"相当随机性的、机会主义的思想"（植草益，1984）。时装设计、信息处理软件、广告业、经营咨询等都是高度知识密集型产业，但它们却没有得到政府扶植。不过，这并没有阻碍它们快速发展。政府扶植最多算是"锦上添花"。也许这些批评过于苛刻，总体而言，这一时期日本政府尊重企业在调结构中的主体地位，主张最大限度地利用市场机制，及时转变产业政策指导思想的做法还是值得肯定的。今井贤一（1984）从技术革新角度对日本这一时期产业政策的评价较为中肯："在必然成功的领域推动了建立在市场基础上的（技术）发展。恐怕这是一种带有挖苦意味的表扬，但从技术开发方面看，可以说这也是一种合理的产业政策。……日本的产业发展基本上是依靠市场机制，但产业政策对加快产业的发展也发挥了作用。"①

----

　　①　［日］今井贤一：《从技术革新看最近的产业政策》，载小宫隆太郎、奥野正宽、铃村兴太郎《日本的产业政策》，黄晓勇等译，国际文化出版公司1988年版，第236—237页。

二 政府职能的进一步转变

随着产业政策指导思想的根本性转变，日本政府的职能也在这一时期发生改变：经济职能弱化，社会和公共职能加强。转变方向与本书提出的产业结构调整背景下政府应发挥的作用基本一致。

在制度供给领域，日本政府进一步完善市场经济法制建设，特别是改变了过去片面注重经济增长的发展理念，致力于通过制度建设来解决环境污染等外部性问题。[①] 1970 年，日本国会一举通过 14 项防治环境污染的法律，迅速建立了较为完善的环保法律体系。其中《关于危害人体健康的公害犯罪制裁法》是世界第一部环境刑法。1973 年又颁布《公害健康被害补偿法》，规定对环境肇事者进行巨额罚款，以追究其民事责任。这一系列严格的法律成功地将企业的污染行为内部化为企业生产成本，促使企业为降低成本而自发进行节能减排，永久性地改变了日本企业的经营理念。同时，也促进了日本环保产业的发展，使产业结构进一步协调。时至今日，日本企业的环保理念和技术都处于世界先进水平。

在公共物品领域，日本进行了大规模的基础设施建设，并不断完善基本公共服务体系。20 世纪 70 年代前后是日本基础设施建设的高峰期，当今日本多数高速公路、机场、港口、城市公用设施等都是在这一时期建设或改扩建的。日本在 1961 年就建成了"国民皆保险、国民皆年金"的社会保障体系，但最初阶段保险金支付金额较低。1973 年被日本人称为"福利元年"，政府进行了大规模制度改革，大幅提高退休金标准，通过修改相关法律，国家对患者及家属医疗费支出补贴的比例从 50% 上调至 70%，70 岁以上老年人可以享受免费医疗。[②] 1984 年，医疗费个人负担比例进一步下降至 10%。日本是全球最长寿的国家，这与日本高标准的

[①] 在此之前，为不影响经济增长，日本政府对企业污染环境的行为基本持纵容和包庇态度。熊本县水俣病早在 1956 年就被发现了，但当地政府最初拒绝承认是工厂排污造成了水俣病，没有及时采取整治措施。直到 12 年后，日本政府才承认水俣病的起因是氮肥生产公司排放的含汞废水污染了水俣湾。

[②] 后来迫于经济增长放缓和人口结构"少子老龄化"的巨大压力，日本政府于 1982 年取消了 70 岁以上老人免费医疗制度，制定《老人保健法》，规定老年人定期体检，重视医疗和保健之间的协调平衡关系。尽管取消了免费医疗，但医疗费个人支付比例依然较低，而且政府更加注重对老年人健康保健和疾病预防的投入，从国际比较来看，日本老年人享受到的福利水平还是非常高的，这是日本人普遍长寿的重要原因。

医疗、社会保障制度以及完善的基本公共服务体系密切相关。

在宏观政策领域，日本在第一次石油危机后改变了积极干预经济的姿态。1971 年，日本政府为刺激经济增长而编制了大型预算，导致国内经济活动活跃，物价持续上涨。日本的通货膨胀率（按消费者价格指数衡量）1972 年为 4.84%，1973 年为 11.62%。在国际收支持续顺差带来的货币增发和第一次石油危机冲击下，日本通货膨胀率急剧上涨，1974年达到 23.18%。面对严峻的形势，日本政府迅速调整政策，从 1973年起收缩财政政策，1974 年起收紧货币政策，推出鼓励节能技术发展的产业政策，降低企业能源成本。1979 年第二次石油危机爆发，有了前车之鉴，日本政府采取了稳定物价优先的宏观经济政策，经济增长趋于稳定，通货膨胀率在整个 80 年代都在 5% 以下，为维护价格机制正常运行发挥了重要作用，促进企业在价格指引下自发调结构。1971—1990年日本的通货膨胀率（按消费者价格指数衡量）如图 6 - 1 所示。在收入分配方面，日本自 20 世纪 60 年代起就实施"国民收入倍增计划"，取得了良好的经济和社会效果。

总之，从 20 世纪 70 年代起日本政府职能转变的效果十分显著，政府和市场的关系进一步理顺，为市场主导产业结构调整创造了稳定的宏观经济环境。

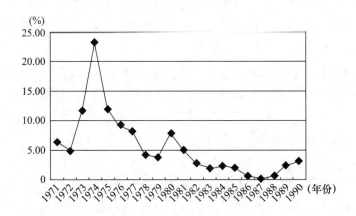

图 6 - 1　日本的通货膨胀率（1971—1990 年，按消费者价格指数衡量）

资料来源：世界银行世界发展指标（World Development Indicators，WDI）。

第四节　总体的评价

通过对以上各时期日本产业政策的考察和评价，我们不难发现，日本的产业结构调整机制和产业政策与人们通常的印象存在不小的差距。作为第六章的总结，本节对日本"二战"后产业结构调整机制和产业政策作一个总体评价。

第一，在"二战"后经济腾飞过程中，日本产业结构调整成功的主要原因不是政府主导，而是市场主导。事实上，除了"二战"后特殊时期，日本政府并没有真正主导产业结构调整。在"二战"后短暂的"倾斜生产"时期，由于市场机制的制度前提难以具备，政府对经济采取了直接控制，大力发展基础工业，促使工业化进程重新启动。但随着1949年"道奇路线"的实施，日本政府很快就停止了对经济的直接控制。20世纪50年代日本的企业力量已开始崛起，经济增长的原因是多方面的，其中来自市场的因素更多，没有证据证明产业政策是决定性因素。到了60年代，政府提出试图主导产业结构调整的"新产业体制论"以失败告终，企业在结构调整中的主体地位得到承认和确定。70年代从政府到民间对"最大限度地利用市场机制"已形成共识，产业政策指导思想和政府职能都发生转变，完全实现了市场主导产业结构调整。植草益（1984）强调民营企业兴起带来的竞争对于健全市场机制的重要意义。"由于不少新企业纷纷加入，产业集中程度呈下降趋势。在产业集中程度下降的情况下形成的竞争性市场机制，进一步促进企业提高劳动生产率和产品质量。正是这一充满活力的产业组织的变化，成了日本宏观经济发展的基础，而产业政策只不过是日本经济发展的配角。即产业政策只是从侧面支援了以市场机制为基础的充满活力的经济发展。"①

第二，日本产业结构调整的根本动力不是政府积极干预，而是源自市场：一方面是消费领域需求结构的变动，另一方面是生产领域比较优势的改变。市场是决定产业结构变动的最终力量，政府只起到辅助作用。三轮芳郎（1979）指出："不言而喻，日本的产业结构在1955年到1959年期

---

① ［日］植草益：《石油危机以后》，载小宫隆太郎、奥野正宽、铃村兴太郎《日本的产业政策》，黄晓勇等译，国际文化出版公司1988年版，第117页。

间非常落后，后来发生突变的原因，是由于实行了爆发性的消费革命，以及随之而来的技术革新和设备的大量投资。"① 他认为，日本产业发展与欧美国家相比没有太多特殊之处，无非是因为"二战"后日本加速重复实现了欧美在 19 世纪末至 20 世纪初迅速实现的"旧式消费革命和技术革新"，以及实现了欧美在"二战"后才正式进行的"各种新式革新"。产业合理化和产业振兴政策最大的作用是在资本市场不完善的条件下为企业自发调结构提供了资金支持，即便没有得到政府支持，以丰田汽车为代表的企业也自发进行了合理化。从 20 世纪 50 年代到 80 年代，很多符合市场需求的产业在没有得到政府扶植的情况下也得到了很好的发展。日本的产业升级是一种市场自发的效应，政府的作用是辅助性，而非决定性的。这一点和拉美国家由政府主导的产业升级完全不同。

第三，日本产业政策的作用没有人们想象中那么大，产业政策所支持的产业有成功的，也有失败的。最终决定成败的是市场，不是产业政策。而且，大多数成功产业的产业政策被视为"锦上添花"，对这些政策的称赞被日本学者认为是"带有挖苦意味的表扬"。很多学者对日本产业政策进行的计量分析证明了这一点。例如，比森和温斯顿（Beason & Weinstein，1996）对 1955—1990 年日本的产业政策工具进行了一项计量分析，他们发现没有证据表明生产率提高是产业政策工具使用的一个结果。电气、通用机械以及交通运输机械等行业的产业政策还对生产率产生了负面影响。② 造船业通常被认为是日本政府通过产业政策成功扶植的产业。③然而，米泽义卫（1984）通过一项计量分析却表明："在国内外市场繁荣、船舶需求吐盛的局面下，不需要政策支持……总起来说，给日本造船工业的订货变化以重要影响的，就是经济条件的变化和石油危机，除计划造船之外，政策并没有取得值得注目的效果。……这样的结论，意味着过

---

① ［日］三轮芳郎：《日本主要产业盛衰史》，《经济学译丛》1979 年第 11 期，第 52 页。

② Beason R. & Weinstein D. E. , "Growth, Economies of Scale, and Targeting in Japan (1955 – 1990)", *The Review of Economics and Statistics*, 78 (2), 1996, pp. 286 – 295.

③ 造船业的迅猛发展是 20 世纪 50 年代至 60 年代初日本经济发展的象征。1956 年，日本造船业的订单量、建造量均居世界第一。以订单为例，自 1954 年起，出口船舶超过一半以上；截止到 1960 年，船舶都是日本最主要的出口产品。60 年代，日本造船业在国际市场中的份额达到 40% 至 50%。（［日］桥本寿朗、长谷川信、宫岛英昭：《现代日本经济》，戴晓芙译，上海财经大学出版社 2001 年版，第 100 页）

去国内外有关日本造船政策的观念是一种'错觉'或是'神话'。"①

第四，日本政府在产业结构调整过程中发挥了重要作用，但这一作用不是主导结构调整，而是积极培育和服务市场，让市场机制充分发挥作用，让企业家精神竞相迸发。甚至在直接控制时期，日本也出台了一系列促进市场发育和企业成长的法律政策。在这一时期，企业家精神同样发挥了重要作用。例如，在"二战"后初期非常困难的条件下，川崎钢铁公司毅然决定自筹资金在千叶建立一座钢铁厂，这与时任总经理西山弥太郎的企业家精神密不可分。当时社会舆论普遍不看好川崎钢铁公司的建厂计划，连通产省的官员也不支持。但最终，西山弥太郎的冒险获得了成功。"新产业体制论"失败后，日本政府就放弃了主导产业结构调整的想法。以《七十年代展望》为开端，日本政府的产业政策指导思想发生了根本性转变，政府尊重市场和服务企业的意识不断加强，更加注重公共和社会职能。日本选择了市场主导，没有在直接控制取得成果后陷入结构主义的"直接控制教条"，这是日本"二战"后产业结构调整成功的根本原因。

总而言之，日本产业结构调整的成功不是反驳，而是验证了本书的观点。从各方的评价来看，对日本产业政策，即政府积极干预持肯定态度的主要是日本政府官员和一些发展中国家的研究者，而日本本国学者，以及不少欧美学者对日本产业政策的评价都不是很高（Wheeler，1982；Trezise，1983；Boltho，1985）。目前国内对日本产业结构调整机制及产业政策的认识还存在不少误区。通过本书的研究，笔者希望能够澄清人们对日本产业政策的误解。

① ［日］米泽义卫：《造船工业》，载小宫隆太郎、奥野正宽、铃村兴太郎《日本的产业政策》，黄晓勇等译，国际文化出版公司1988年版，第441—445页。

结　语

本书的主要观点可概括如下：

第一，政府主导产业结构调整要具备三个条件：一是事先预知最优产业结构，二是关注市场和尊重市场规律，三是具有有效的调节手段。而政府不具备这些条件，因此不宜成为调结构的主体。

第二，产业结构调整的根本问题是知识问题，这一问题只有在市场过程中才能得到解决。竞争的意义在于它是一个发现和利用知识的过程，价格机制在本质上是一种使用知识的有效制度。市场竞争克服市场参与者的无知，能够相对有效地解决知识问题，这是市场主导产业结构调整的要义所在。

第三，企业家精神、价格机制、竞争是市场主导产业结构调整的核心要素。产业结构调整的过程是：知识问题决定了非均衡状态是现实经济的常态，产业结构的每个缺口都会通过非均衡价格以纯利润的方式表现出来，对警觉的企业家形成"激励"，促成竞争性的企业家发现过程。在这个过程中，随着无知的逐渐驱散，市场的非均衡状态得到纠正，产业结构趋于协调。这一过程是政府无法模拟和替代的。

第四，一般均衡理论建立在对现实错误的假定基础上，在本质上构成了对真实市场运行的曲解。市场有效调节产业结构绝不依赖于完全竞争或一般均衡理论的假设条件，产业结构调整本身是一个市场可以有效发挥作用的领域，事实上不存在"市场失灵"。

第五，从动态效率来看，市场竞争产生重复性生产的"浪费"是市场发挥作用的正常表现，是市场协调所必需的、不可避免的代价。政府主导不仅不能避免资源浪费，而且会恶化知识问题，造成更大损失。

第六，政府无力主导产业结构调整，但这并不意味着政府无所作为。

作为一种自发秩序，市场机制具有天然的活力，但它有效运行需要一定的制度前提，这些制度需要政府来保障。为维护和促进市场调节产业结构，政府应致力于完善市场体系的制度建设，增进市场机能，在制度供给、公共物品和稳定市场预期方面更好地发挥作用。

第七，日本在"二战"后成功调整产业结构的历程经常被一些学者引述为政府主导产业结构调整或直接干预型产业政策有效的证据，本书对此提出质疑。通过重新考察和评价日本"二战"后各时期的产业政策，指出日本成功的原因不是政府主导，而是市场主导。产业政策的作用没有人们想象中那么大。日本的案例不仅不能作为反驳作者观点的论据，反而验证了作者的观点。

为论证以上观点，本书主体部分共进行了六章的写作。各章的主要内容是：

第一章综述研究产业结构调整机制的文献。一是 20 世纪 20—40 年代学术界关于"计划"和"市场"的争论；二是 20 世纪 50 年代以来国外的研究进展；三是新中国成立以来国内学者关于产业结构的研究。其中第一部分是本书综述的重点。这些经典文献中的光辉思想对笔者的写作产生了深刻的启迪。

第二章提出主导产业结构调整应具备的条件：一是事先预知最优产业结构，二是关注市场和尊重市场规律，三是具有有效的调节手段。政府能否满足这些条件？首先看第一个条件，产业结构调整是选择政府主导还是市场主导，首先要看哪种机制能更有效地发现和更充分地利用现有的知识。这些知识更多的是"分立的个人知识"，具有主观性、实践性、分散性和默会性等特点。知识的性质决定了政府不可能掌握全部的知识，也不具备有效发现和利用知识的能力，因此政府不可能事先知道什么产业结构最优，第一个条件不满足。再看第二个条件，局部利益的存在使政府官员与产业结构调整并非利害攸关，政府行为也不一定完全符合公共利益，理性和权威还会使政府产生凌驾于市场规律之上的自负；产业结构变动的微观法则还表明政府在关注市场和尊重市场规律方面存在无法克服的巨大困难。这使得政府官员既无意愿，也无能力比企业家更关注市场和尊重市场规律，因此第二个条件也不满足。最后看第三个条件，政府的调节手段通常是行政手段。行政调节之"效"偏重效果，市场调节之"效"偏重效率。产业结构调整是一种经济行为，不能不计机会成本地追求某种效果，而必须考虑资源的使用效率。如果从效率标准看，"行政调节比市场调节更有效"这个假设未必总能成立，因而第三个条件也不满足。因此，政府不具备主导产业结构调整的条件，不宜成为调结构的主体。

第三章深入分析了市场主导产业结构调整之机理。首先，以投入产出模型、扩展的线性支出系统、供需模型等理论工具为基础，构建了一个表达产业结构调整竞争性过程的数学模型。这个模型通过对现实世界的高度抽象和简化，在逻辑上表明生产者和消费者最优决策的形成过程，直观地表达了价格对产业结构调整的核心作用。但这个模型仍是新古典经济学框架下的静态分析，远不足以说明问题。要想真正了解市场调节的本质，就要跳出传统经济学机械的分析框架，从市场过程视角分析产业结构调整。产业结构调整的根本问题是知识的发现和利用问题。这一问题只有在竞争的市场过程中才能得到解决。竞争的意义在于它是一个发现和利用知识的过程，不经历竞争这个过程，产业结构调整所需的知识就不可能被发现和利用。市场竞争形成的价格不仅传递和交流信息，而且克服无知，引致市场参与者行为的一系列变化，实现市场协调。因此，价格机制在本质上是一种使用知识的有效制度。它是一种"自生自发秩序"，并非人类刻意设计的结果。市场主导产业结构调整的关键不在于探寻一组能够准确传递市场信息的均衡价格，而在于非均衡价格创造实现自我修正的市场激励。知识问题决定了非均衡状态是现实经济的常态，产业结构的每个缺口都会通过非均衡价格以纯利润的方式表现出来，由此形成对企业家的"激励"。企业家精神是推动产业结构调整的根本性力量，市场过程本质上是一个企业家过程。企业家对利润机会的"警觉"启动产业结构调整，促成竞争性的企业家发现过程。在这个过程中，随着无知的逐渐驱散，市场的非均衡状态得到纠正，产业结构与需求结构趋于协调。一些企业家不免会犯错，但这些错误造成的亏损对市场形成负激励，纠正了市场参与者初期的无知。而且市场力量对企业家分散的非系统性错误之纠正，避免了整个市场集中出现灾难性的系统性错误。政府取代市场主导地位的产业结构调整方式不仅不能消除知识问题，而且不能提供任何替代性的解决方法。

第四章分析了产业结构调整中的"市场失灵"问题，指出产业结构调整本身是一个市场可以有效发挥作用的领域，不存在"市场失灵"。通过对市场机制有效运行条件的分析表明，一般均衡理论描述的是一个现实不存在的理想世界，其精巧的形式无法掩盖它对现实的错误假定。一般均衡理论回避知识问题、忽视市场过程、排除企业家因素，将动态的经济问题转化为静态的计算问题，将充满活力的市场过程抽象为机械的均衡结果，在本质上构成了对市场运行的曲解。市场有效调节产业结构绝不依赖于完全竞争或一般均衡理论那些脱离现实的假设条件，认为现实世界不能满足这些条件而出现"市场失灵"的观点是对真实市场运行的误解。正是因为完全竞争的条件不具备，经济系统没有实现均衡，竞争才能有效展开，市场才会正常运转。市场机制是一种自发秩序，它需要的是一系列保证它自发运转的制度因素：产权、无人为干扰的价格机制和市场的自由开放，而不是完全竞争的假设条件。对于人们担忧的市场主导产业结构调整造成重复性生产的"浪费"问题，笔者基于静态效率和动态效率的分析，指出所谓重复性生产的"浪费"是市场发挥作用的正常表现，是市场协调所必需的、不可避免的代价。政府主导不仅不能避免资源浪费，而且会恶化知识问题，造成更大损失。从动态市场过程的角度来看，信息不完全和不对称、外部性以及垄断等被传统观点认为是"市场失灵"的现象实际不是"市场失灵"。信息的不完全和不对称是知识问题的表现，它不是市场机制的缺陷，而是市场运行的动力。正是因为现实世界信息的不完全和不对称，我们才需要借助市场过程来发现信息、降低无知。关于外部性，正外部性是市场纠正无知的正常机制，负外部性更多的是由制度外生的，它们都不能被认为是"市场失灵"。对于垄断要进行区分，内生于市场竞争过程的经济垄断不是竞争的对立面，而是竞争的促动力，有助于提高市场的动态效率。由政府授予的排他性经营特权形成的行政垄断是由制度外生的，它阻碍企业家自由进入，扭曲价格机制，是竞争性市场过程真正的威胁。政府通过行政干预反对第一种垄断的做法本质上是反竞争；第二种垄断本身就是政府造成的，不是"市场失灵"。总而言之，"市场失灵"是基于静态标准对真实市场过程的误解，不能成为政府主导产业结构调整的理由。

　　第五章分析了产业结构调整与政府作用。政府无力主导产业结构调整，不能干预产业结构调整的市场过程、扰乱市场自动调节机制，但这并不意味着政府无所作为。因为市场机制有效运行需要一定的制度前提，这些制度前提应由政府来保障。为维护和促进市场调节产业结构，政府应致力于完善市场体系的制度建设，增进市场机能，在以下三个方面更好地发挥作用：一是保障制度供给，主要包括界定和保护产权、维护价格机制自发运行以及保障市场自由开放；二是提供公共物品，主要包括基础设施建设和基本公共服务；三是通过宏观政策稳定市场预期，主要包括稳定宏观经济政策、优化收入分配格局等。

　　第六章重新考察和评价了日本"二战"后至20世纪80年代各个时期的产业政策。"二战"后，日本成功调整产业结构的历程经常被一些学者引述为政府主导产业结构调整或直接干预型产业政策有效的论据。本书在第六章对这种观点予以反驳，力图澄清人们对日本经验的误解。对各时期产业政策的考察表明：首先，在"二战"后经济腾飞过程中，日本产业结构调整成功的主要原因不是政府主导，而是市场主导。事实上，除了"二战"后特殊时期，日本政府并没有真正主导产业结构调整。其次，日本产业结构调整的根本动力不是政府积极干预，而是源自市场：一方面是消费领域需求结构的变动，另一方面是生产领域比较优势的改变。市场是决定产业结构变动的最终力量，政府只起到辅助作用。再次，日本产业政策的作用没有人们想象中那么大，产业政策所支持的产业有成功的，也有失败的。最终决定成败的是市场，不是产业政策。而且，大多数成功产业的产业政策被视为"锦上添花"，对这些政策的称赞被日本学者认为是"带有挖苦意味的表扬"。最后，日本政府在产业结构调整过程中的确发挥了重要作用，但这一作用不是主导结构调整，而是积极培育和服务市场，让市场机制充分发挥作用，让企业家精神竞相迸发。总之，日本的案例不仅不能作为反驳本书观点的论据，而且恰恰相反，实际上验证了本书的观点。

　　本书从一个新的学术框架对产业结构调整机制问题进行了一些有益的理论研究尝试。产业结构调整既是一个重要的现实问题，也是一个重大的理论课题，其中有很多问题有待进一步深入研究。受学术水平和写作时间所限，书中难免存在疏漏和不足之处，笔者真诚地欢迎各位读者批评指正。马克思曾说："在科学上没有平坦的大道，只有不畏劳苦沿着陡峭山路攀登的人，才有希望达到光辉的顶点。"[①] 学术研究无捷径、无止境，笔者愿与读者共勉！

　　① ［德］马克思、恩格斯：《马克思恩格斯全集》（第四十四卷），中共中央马克思恩格斯列宁斯大林著作编译局译，人民出版社2001年版，第24页。

附

进一步的研究及应用

　　按：本书的主体部分为作者的博士学位论文，主要致力于从学理角度，对产业结构调整机制进行深入的理论分析。近年来，随着中国经济发展进入"新常态"，结构调整的迫切性更加突出。产业结构形成基本的供给结构，产业结构调整是推进供给侧结构性改革的重点。本书主体部分的理论框架为认识经济新常态和解析供给侧结构性改革提供了一个很好的视角。本书附件部分收录了作者2014年获得博士学位后两年多来写作的部分财经评论文章，主要致力于从应用角度，对经济新常态和供给侧结构性改革中的现实问题进行分析评论，以期学以致用，为中国经济持续健康发展贡献绵薄之力。

附一 关于经济新常态若干问题的思考

"新常态"需要稳定的宏观经济政策环境[①]

国家统计局不久前公布的数据显示，2014 年第三季度中国 GDP 增速为 7.3%，较第二季度下降 0.2 个百分点，同比增速创下自 2009 年第二季度以来 22 个季度新低。经济增长的持续放缓引起了不少人士的担忧，加强政府干预、进一步放宽货币政策的呼声越来越高，市场上对央行全面降准降息的预期再度升温。

事实上，这是用过去的思维逻辑来分析当前经济数据，从根本上说是没有适应中国经济"新常态"的变化。用政府干预和全面释放流动性的方法刺激经济，只能保证短期的总量增长，并不能优化结构，更不能提高经济发展的质量和效益。本轮经济下行，一方面是前期大规模经济刺激的遗留影响；另一方面是我国主动转变经济发展方式的必然结果，是结构调整阵痛期的基本表现。当前制约我国经济发展的主要矛盾来自结构，而非总量。唯有咬紧牙关，冷静面对，避免再度刺激，在稳定的宏观经济政策环境中坚定不移地"转方式、调结构"，才能优化结构，培育新的增长动力，促进经济持续健康发展。

从 2011 年开始，我国经济增速持续下滑，从高速增长进入中高速平稳增长的"新常态"。出现这一变化的原因是多方面的。从总量来看，这是经济发展到一定水平的必然现象。在经济发展初期，由于总量小、起点低，增速自然会很快。但目前我国已是世界第二大经济体，当总量扩大到一定规模时，增速下降是客观规律。从供给来看，一是我国过去以廉价劳动力、资源、土地等成本为主的比较优势正逐渐失去，经济增长的成本越来越高。二是科技水平提高到一定程度后，通过模仿国外先进技术提高生产率的难度越来越大，在自主创新一时难以衔接上的情况下，生产率的提

---

① 本文发表于《证券时报》2014 年 11 月 7 日 A08 版。

高就遇到了瓶颈。从需求来看，一是国内投资需求下降。我国的基础设施越来越完善，市场上很多商品处于过剩状态，投资机会越来越少，投资回报很难提高。二是国内消费需求长期不振。从 2001 年到 2013 年，我国居民消费占 GDP 的比重从 45.34% 降至 36.17%，而世界平均水平一直稳定在 60% 左右。三是外需不景气。事实上，中国在经济"新常态"遇到的烦恼很多发达国家都经历过。"新常态"是我国完成从发展中国家向发达国家转型的必经阶段。

过去遇到经济下行时，我国习惯用凯恩斯主义进行需求管理，主要政策手段是积极的财政政策和适度宽松的货币政策，以此刺激有效需求，实现总量增长。需求管理是总量调控，不能化解结构矛盾。当出现重大结构性矛盾时，需求管理就缺乏针对性和有效性，过度使用反而会扭曲市场、恶化结构，对长期经济增长产生不利影响。4 万亿元刺激计划就产生了这样的后果。一是过度投资虽然保证了一时的经济增长，但刺激虚假需求，固化原本已不合理的产业结构，造成大规模产能过剩。二是政府主导的投资行为占用大量金融资源，对民间投资产生"挤出效应"，特别是中小企业融资困难，削弱了经济增长的内生性动力。三是大量流动性释放导致物价上涨，产生通货膨胀，一方面扭曲价格信号，造成资源错配；另一方面稀释购买力，严重影响居民生活。四是房地产业成为吸收过量货币的主要资金池，导致房价急剧上涨，不仅造成房地产业畸形发展，而且形成强烈的财富再分配效应：普通居民为买房耗尽多年积蓄，甚至透支几代人财产；而富裕阶层通过房产投资使财产迅速膨胀，政府在这个过程中获得巨额土地出让收益。在居民收入大部分用于住房支出的背景下，居民消费自然难见起色，而掌握大量财产收益的富人和政府为追求更高收益产生强烈的投资动机，因此消费与投资必然失衡。

在"新常态"条件下，再度依靠政府干预和全面释放流动性进行经济刺激，无异于饮鸩止渴，使转变经济发展方式更加困难。面对"新常态"，宏观经济政策重心应从总量调控转向结构调整：在供给方面，让市场在资源配置中起决定性作用，使企业成为调结构的真正主体。在需求方面，加快收入分配结构调整，提高居民实际收入水平，扩大居民消费需求。

实现这些目标需要稳定的宏观经济政策环境。一是财政政策从积极转向稳健，从服务需求管理转变为适应供给管理。需求管理主张加强国家干预，扩大政府投资。而供给管理主张降低边际税率，把利润留给企业，以企业为主体进行投资。产业结构调整是生产要素的重新配置，只有企业最了解市场需要什么。因此企业投资比政府投资更能创造有效供给、抑制产能过剩等无效供给。这就要求政府审慎扩大赤字，减少政府主导型投资，通过结构性减税，刺激民间投资。二是货币政策既不放松也不收紧，以稳定币值为首要目标，防止货币本身成为经济波动的一个诱因。要加强定向调控，加大对居民创业、小微企业等居民内生性投资需求的支持力度，促进金融业更好地服务实体经济、支持结构调整。三是以平常心态看待房地产业发展，回归市场化调控。要通过市场力量促进房价回归合理水平，避免房地产业汇聚过量资金；抑制房产投机，引导富人更多地投资生产，而非炒作房产；杜绝房价上涨再次扩大贫富差距。四是加快收入分配改革步伐。

总而言之，我们要以"新思维"面对"新常态"，避免总量调控的思维惯性和凯恩斯主义的路径依赖，着力加快结构调整步伐，促进中国经济提质增效、转型升级。值得注意的是，从2014年前三季度数据来看，虽然我国经济总量增长放缓，但质量在明显改善。一是产业结构改善，第三产业增加值占GDP的比重继续提高，比上年同期提高1.2%，高于第二产业2.5个百分点。二是需求结构改善，最终消费支出对GDP增长的贡献率比上年同期提高2.7%。三是居民收入和就业稳步增长，特别是就业形势较好。在经济增长放缓的条件下，前三季度城镇新增就业1082万人，提前完成全年目标。四是增长效益提高，前三季度单位GDP能耗同比下降4.6%。另外，我国居民的消费信心不断提振。万事达卡近日公布的消费者信心指数调查报告显示，2014年上半年，中国大陆消费者信心指数为82.6，创4年来新高，远高于亚太地区平均水平（68.3），大幅领先日本（37.6）、韩国（34.7）。可见，我国"转方式、调结构"的成效正在逐步显现。我们更不能全面放宽货币政策，再次刺激经济，否则会前功尽弃，将来可能陷入"衰退—刺激—再衰退"的恶性循环。只有为"转方式、调结构"创造稳定的宏观经济政策环境，经得起结构调整的阵痛，中国经济才能凤凰涅槃，实现转型升级。

审慎评估全面降息的经济后果①

2014 年 11 月 21 日晚，中国人民银行突然宣布，自 2014 年 11 月 22 日起下调金融机构人民币贷款和存款基准利率：金融机构一年期贷款基准利率下调 0.4 个百分点至 5.6%；一年期存款基准利率下调 0.25 个百分点至 2.75%。此次降息虽然符合一些市场主体的预期，但央行在年内突然降息还是令市场倍感意外。

央行解释，此次降息主要是为了缓解经济增长下行压力下企业特别是小微企业融资成本高的问题，对于稳增长、促就业、惠民生具有重要意义。

从理论上看，降息的确是降低社会融资成本的重要手段。但在当前中国经济处于增长速度换挡期、结构调整阵痛期和前期刺激政策消化期"三期叠加"的背景下，全面降息恐怕难以实现央行的预期目标，而且会让市场形成降息周期开启、货币政策再次走向宽松的预期，对中国经济"转方式、调结构"造成负面影响，产生一系列不利于中国经济转型发展的经济后果。

第一，全面降息不能从根本上解决小微企业"融资难、融资贵"问题。通过全面降息释放流动性可以增加资金供给总量，但不会优化资金供给结构。小微企业融资成本高不是因为货币总量短缺，而是资金供求结构性失衡所致。2014 年 10 月，中国货币供应量（M2）为 119.9 万亿元，比上年同期增长 12.1%，高于前三季度 7.4% 的国内生产总值（GDP）增速。M2 与 2008 年末相比，更是激增 1.52 倍，远高于同期实体经济增长。这表明，我国流动性并不紧张，所谓"钱荒"、实体经济"融资难、融资贵"等问题不是货币总量短缺造成的，而是结构性问题。在当前经济结构下，即使全面降息，资金还是会从银行流入国有企业、地方政府融资平台和房地产业，小微企业很难从中获益。而且，降息会导致能源、原材料价格上涨，提高生产成本，使小微企业面临更大困难。本来随着近期物价的回落，小微企业生产成本有所降低，但降息将改变这一形势。此外，降

---

① 本文发表于《证券时报》2014 年 11 月 26 日 A11 版。

息会使大企业获得更多廉价资金，助长其扩张，挤压小微企业市场空间。可见，对小微企业而言，全面降息不仅难以降低融资成本，而且会提高生产成本、增加竞争压力。

第二，全面降息可能再次催生房地产泡沫，放缓经济结构调整步伐。近年来我国房价持续上涨，一方面是由市场供求决定，另一方面是由货币因素导致。国际金融危机后，我国出台4万亿元刺激计划的初衷是刺激有效需求，以内需增长弥补外需损失，帮助企业渡过难关。但由于经济结构固化、新的增长点缺乏，所以过量货币涌入房地产市场，导致房地产业畸形发展、房价持续上涨。房价的高企又进一步将社会各阶层消费和投资创业的资金吸收到房地产市场，使经济结构再度恶化。中国经济持续健康发展的关键是要形成新的增长动力，从要素驱动、投资驱动转向创新驱动，避免对房地产投资形成过度依赖。2014年以来，我国房地产市场趋于平稳，房价有向合理水平回归的趋势。一些资金也开始撤离房地产业，探寻其他投资机会。因此2014年前三季度，虽然中国经济增速下滑，但有效投资稳步增长，城镇新增就业超去年同期，提前完成全年目标。此时全面降息，房地产业又将成为吸收新释放货币的主要资金池，已进入下行通道的房价可能再次反弹，催生新的房地产泡沫，使结构调整更加困难。

第三，全面降息可能加剧地方债务风险。目前我国地方政府性债务已超过10万亿元，蕴含较大风险。2014年9月，国务院发布《关于加强地方政府性债务管理的意见》，明确地方政府对其举借的债务负有偿还责任，中央政府实行不救助原则，并剥离融资平台公司政府融资职能。随着地方债务偿还高峰的到来，地方政府需要支付巨额利息，而不少地方的财力已经捉襟见肘。全面降息会暂时缓解地方政府利息偿还压力，有的地方会通过借新还旧的方式偿还一部分到期债务，但这无助于从根本上化解地方债务风险，反而会助长地方政府的投资冲动。从2014年10月16日到11月5日，国家发改委密集批复21个基建项目，总投资近7000亿元。由于财政政策保持稳健，地方政府可用于基建投资的资金非常有限，而降息为地方政府扩大融资提供了新的机会。随着更多廉价资金的注入，地方政府性债务会进一步膨胀，风险也随之加剧。

第四，全面降息短期内利好股市，但在长期不利于资本市场持续健康发展。从短期看，降息会促进更多资金从银行体系流入资本市场，为股市带来利好。但资本市场的持续健康发展在根本上取决于实体经济发展，取决于企业盈利和经济基本面。中国经济只有成功转型升级，形成新的、多元化的增长动力，资本市场才会迎来真正的发展机遇。因此，股市的长期走势取决于中国经济结构调整、提质增效的步伐。而全面降息会让市场形成货币政策再次走向宽松、经济刺激再度出台的预期。巨额投资、产能过剩、房价上涨、结构固化的老图景可能再次显现，使中国经济"转方式、调结构"严重受阻。资本市场也可能在短期的投机亢奋后迎来长期的萧条。

第五，全面降息将加速资本外流，增加中国经济金融风险。中国经济已深度融入世界经济，货币政策也要从全球视角来权衡，考虑其他国家，尤其是美国的货币政策走向。美国人十分清楚经济刺激作为一种短期应急手段，绝不可长期使用。因此，在逐步走出危机、国内经济开始复苏后，美国就着眼于经济长期发展，果断停止量化宽松货币政策，致力于结构调整和工业再造。在这一背景下，市场普遍预期美联储将在2015年加息。因为加息一方面保证美元坚挺，维护美元的国际地位；另一方面促进美元回流，为美国"再工业化"战略提供资本支持。两国利率差异会引起资本跨国流动，中国降息、美国加息将导致大量国际资本从中国流向美国，使中国经济金融风险加剧，实体经济遭受创伤。

总而言之，此次全面降息很难达到央行的预期效果。对于降息，房地产商为之欢呼；股市投机者为之雀跃；地方政府一方面为债务危机暂时松了一口气，另一方面为获得廉价资金、扩大政府主导型投资感到鼓舞。而小微企业不仅难以降低融资成本，而且会提高生产成本、增加竞争压力。中国资本市场得不到长期利好，反而使美国资本市场获利。客观来讲，一次降息对经济的影响还较为有限。央行也表示"此次利率调整仍属于中性操作，并不代表货币政策取向发生变化"。然而，市场普遍预期未来会继续降息。一旦降息周期开启，全面宽松货币政策的阀门可能被再次打开，刚刚开始转型的中国经济将重新滑向旧常态的发展轨道，错失结构调整时机，增加未来发生"硬着陆"的可能性。

决定房价的三大因素[①]

近年来，中国房价持续上涨，不少家庭为买房耗尽几代人积蓄，高房价成为很多老百姓心中的痛。同时，高房价使大量社会资金汇聚于房地产行业，严重影响中国经济结构调整和转型升级。2014 年以来，持续多年的高房价出现松动迹象，包括北京在内的大多数城市房价稳中有降，民众对房价高涨的恐慌心理略有缓解。中国经济增长虽然放缓，但结构明显改善，对房地产的依赖程度也有所降低。然而，2008 年房价短暂下跌后持续疯涨的记忆让很多人至今心有余悸。

那么，2015 年房价走势如何？会不会在经历短暂下跌后再次大涨？这是人们普遍关心的话题。要回答这些问题，首先要清楚房价的决定机制。住房既是消费品，也是投资品。在信用货币时代，从根本上说，决定房价的因素有三个。

一是供求关系。消费品价格由供求决定，这是经济学基本原理。住房的首要作用是供人居住，是每个人都需要的必需品。作为一种耐用的长期消费品，房价首先由人们的居住需求和供给态势决定。供大于求，房价下跌；供不应求，房价上涨。随着城镇化的快速发展，新入城居民有住房需求，原城镇居民有改善住房需求，在供给一时难以快速增加的情况下，这股强大的需求成为推动房价上涨的第一动力。

二是未来预期。作为投资品的住房，其价格会在一定程度上脱离消费需求，取决于人们对未来的预期。经济学家费雪在《利息理论》中深刻地指出，资本的价值在于它能提供收入，"果园是苹果的泉源；但苹果价值却是果园价值的泉源"。一项资产的市场价格并非由成本决定，而是主要取决于两个因素：第一，它为投资者带来的预期收入；第二，这些未来收入所据以贴现的市场利率。简言之，资产的现价就是它未来收益总和按市场利率的折现。房价越涨，表明它未来提供收益的能力越强，现在就越有投资价值。在居民投资渠道比较匮乏的背景下，房价上涨会催生巨大的

[①] 本文经编辑修改后，以"三大因素都不支持楼价重新进入上升通道"为题发表于《上海证券报》2015 年 1 月 22 日 A02 版。

房产投资需求。因此会出现房价越涨，人们越争相购买的情景。特别是在一线城市，投资需求成为高房价的重要推手。以北京为例，当前房产市场上以二手房交易为主。这些二手房多数都是投资者前期作为投资购买的。

三是货币因素。在信用货币时代，商品价格以货币数量表示，而货币发行量是可以人为控制的。因此货币发行量就成为影响商品价格的重要因素。当货币发行量超过流通中所需的货币量时，就会发生通货膨胀，物价全面上涨。此时，货币购买力不断稀释，占有房产等投资品是保值增值的最佳手段。因此通货膨胀会进一步刺激房产投资需求。由于各种商品需求不同，在物价全面上涨时商品涨价的幅度是不同的。投资需求旺盛的住房会吸收更多货币，价格上涨更快。我国2009年的经济刺激计划造成了较为严重的通货膨胀，房地产业成为吸收过量货币的主要资金池，导致房价急剧上涨。

我们不妨对照上述三大因素，来预估一下2015年房价走势。

从供求看，近年来，我国城市建设如火如荼，很多地方超前规划，开发大面积新区，住房供给快速增加，供需矛盾得到很大缓解，甚至出现住房结构性过剩。北上广深等一线城市因为每年都新增一定数量的落户人口，所以住房需求将保持稳定增长。但同时新房建设仍在不断增加，前期大量投资性空置住房也将流向市场，因此供给也会稳步增加。总体而言，一线城市住房供需将趋于平衡。二三四线城市由于住房库存较大，住房市场将进入"买方市场"时代，购房者有较大的议价权。总体而言，供求关系将难以推动房价再次上涨。

从未来预期看，若人们普遍预期房价会涨，则投资性需求增加，房价就会被顺势拉高。但2014年房价已经有所松动，人们很难形成房价再次上涨的预期。而且随着互联网金融的发展、股市的升温，人们投资理财的渠道更加多元，房产的投资需求面临全面衰退。特别是2014年底股指持续上涨，大量资金从房地产市场流向股市，人们看跌房市、看涨股市的预期十分明显。除非再次爆发通货膨胀，否则人们很难维持房价持续上涨的预期。因此，未来预期也难以推动房价再次上涨。

从货币因素来看，2014年中央经济工作会议明确指出2015年实施稳健的货币政策，强调稳定和完善宏观经济政策，继续实施定向调控、结构性调控。李克强总理多次表示不会再推行大规模经济刺激，而是要强力推进改革，大力调整结构，着力改善民生。从2014年物价走势来看，消费价格指数（CPI）持续低位运行，同比月度涨幅自 2014 年 9 月起徘徊在 1.5% 左右，目前尚不存在通货膨胀压力。因此，推动房价上涨的货币因素较弱。

总之，房价涨跌自有其规律，我们不能脱离一定的前提条件来判断房价走势。从当前经济形势来看，在住房供需趋于平衡，房产投资需求全面衰退、货币政策保持稳健的前提下，2015 年中国房价不会再大幅上涨。多数二三四线城市已进入"买方市场"时代，一线城市虽然刚需稳定，但仅靠消费需求难以支持房价上涨。由于前期经济刺激尚未完全消化，房价大跌的可能性很小，可能延续稳中有降的态势。**值得注意的是，决定房价的三个因素存在关联性。从长期看，人口因素对住房供求的影响是决定房价走势的基础，而货币因素改变资产价格，且对投资需求影响很大。如果我国货币政策再次走向全面宽松，那么房地产业又将成为吸收新释放货币的主要资金池，投资泡沫将被再次催生，房价必然大涨。**一旦这种情况发生，中国经济"转方式、调结构"的步伐会严重受阻，将再次滑向依赖房地产投资驱动增长的旧常态，未来发生"硬着陆"的可能性会大幅增加。我相信，这是货币政策制定者不愿意看到的。

警惕中国经济患上"货币依赖症"①

近几个月来，我国居民消费价格指数（CPI）持续低位运行，2015 年 2 月同比涨幅为 1.4%，已连续 6 个月未超过 2%。结合工业生产者出厂价格指数（PPI）连续下跌及经济下行压力，很多人担心中国经济会陷入通货紧缩。价格涨幅回落乃至物价下降的确是通缩的前兆。通缩打击人们对未来经济的信心，导致商品滞销，企业利润下降，失业增加，进而造成经济衰退，危害十分严重。因此，对通缩的忧虑可以理解。但是，我们不能仅凭一组短期的价格数据就判定中国经济陷入通缩，而要结合实际国情审慎研判。

实际上，当前的通缩预期是人们在当前中国经济处于"前期刺激政策消化期"情况下所产生的"货币幻觉"。2008 年国际金融危机后，我国出台大规模经济刺激政策，通过宽松货币政策向市场投放大量货币，由此导致物价、房价迅速攀升。很多经济主体适应了通货膨胀带来的虚假繁荣，因此当货币政策回归中性，物价恢复正常时，就会产生中国经济陷入通缩的错觉。短期的适度通胀能够刺激经济发展，然而长期的高通胀会将一国经济引入崩溃。过量货币犹如一杯毒酒，会让经济在短期亢奋后走向长期衰退。我国经济发展已进入新常态，主要障碍是体制机制弊端和结构性矛盾，这些问题不能通过宽松货币政策解决，要警惕中国经济患上"货币依赖症"。

市场在资源配置中起决定性作用的关键是市场决定价格。价格波动本是市场经济的正常现象。价格高涨刺激生产，只要货币总量稳定，当生产出现过剩时，价格必然回落。价格涨落的过程，就是产业结构调整的过程。在经济正常发展的情况下，如果价格持续全面上涨或下跌，背后一定有货币因素推动。无论是通胀还是通缩，都会扭曲价格体系，严重干扰市场运行。货币主义大师弗里德曼指出，货币政策最重要的功效是"货币政策能够防止货币本身成为经济波动的一个主要根源"。通常，各国都把

---

① 本文经编辑修改后，以"化解体制弊端与结构性矛盾不能靠货币政策"为题发表于《上海证券报》2015 年 3 月 25 日 A02 版。

稳定物价作为货币政策的首要目标，有的发达国家甚至把稳定物价作为货币政策的唯一目标。

近 10 年来，我国货币政策以宽松为主，物价几乎一路上涨，特别是 2008 年以来，人们对通胀的感受较为强烈。通胀对百姓生活影响很大。美国经济学家唐·帕尔伯格在《通货膨胀的历史与分析》一书中精辟地指出，通货膨胀是"这个世界上的头号窃贼"。"它不声不响地从寡妇、孤儿、债券持有者、退休人员、年金受益者、人寿保险受益者手中窃取财富。小偷、抢匪、贪官污吏等所掠走的财富加在一起也比不上通货膨胀的祸害。"当然，通胀也为不少资产投机者带来暴富机会，正如帕尔伯格所言，是"这个世界上最慷慨的施舍者"。"通货膨胀对债务人、不动产所有者的赠予超过了所有慈善事业、捐献、捐赠的总和。"通胀不但扰乱价格信号、稀释居民消费能力，而且扩大贫富差距，社会危害十分严重。近年来居民感受到的主要压力是通胀，而不是通缩。

面对经济下行压力加大态势，新一届政府审时度势，保持战略定力，稳定宏观经济政策，没有采取短期强刺激措施，一再强调实施稳健的货币政策。因此，物价涨幅连续下跌，整体物价趋于稳定，为"转方式、调结构"创造了良好的市场环境。从 2013 年到 2014 年，我国经济增速从 7.7% 下降到 7.4%，但新增城镇就业不降反增，从 1310 万人增加至 1322 万人。同时，全国居民人均可支配收入增速持续高于 GDP 增速，万元 GDP 能耗进一步下降。这说明，虽然我国经济增速下降，但结构明显改善，增长质量显著提高。此时千万不能对过量货币产生依赖，再次打开全面宽松货币政策的阀门。否则中国经济将错失结构调整时机，转型升级势必功亏一篑。

央行《2014 年金融统计数据报告》显示，2014 年我国广义货币增长 12.2%，高于同期 GDP 增长，表明我国货币供应充足。从价格走势来看，我国物价仍处在上涨周期。CPI 从 2009 年 11 月至 2015 年 2 月一直同比上涨，只是近 6 个月涨幅有所降低而已。PPI 虽然连续 6 个月下跌，但主要原因是产能过剩导致部分商品滞销，而不是货币短缺。因此，即使 CPI 和 PPI 的数据也不能说明中国会陷入通缩。如果此时通过宽松货币政策释放过量货币，不会刺激有效需求，只能刺激虚假需求。一方面物价将被继续推高，老百姓手中的货币会进一步贬值；另一方面信贷扩张刺激投资增加，产能过剩会进一步加剧。从消费和生产两个角度看都得不偿失。

　　此轮物价低位是消化前期刺激政策的必然结果，是经济新常态的正常现象。过量货币犹如一杯毒酒，面对新常态下"三期叠加"带来的阵痛，我们必须咬紧牙关，保持战略定力，警惕中国经济患上"货币依赖症"。要进一步加大结构性改革力度，促进中国经济提质增效，而不能饮下过量货币的毒酒，再次释放通胀这只"大老虎"。

深化改革是推进大众创新创业的关键[①]

随着中国经济进入新常态，经济增长动力将从要素驱动转向创新驱动。李克强总理多次强调大众创业、万众创新，指出这是中国经济的新引擎。国务院也专门发布指导意见，鼓励发展众创空间，推进大众创新创业。

从表面上看，创新创业是市场行为，应主要依靠民间力量推进。但实际上，对美好富裕生活的追求，是每个老百姓的愿望，广大人民群众绝对不缺乏创新创业的意愿和能力，当前束缚大众创新创业的主要障碍是体制机制弊端。

诺贝尔经济学奖获得者道格拉斯·诺斯曾指出，制度是影响经济绩效的重要因素，"有效率的经济组织是经济增长的关键：一个有效率的经济组织在西欧的发展正是西方兴起的原因所在。"推进大众创新创业的关键是制度革新，通过全面深化改革来激发亿万群众的创造活力。作为制度供给者，政府必须带头自我革命，加快行政管理体制改革。

突出问题是"权力任性"仍明显

中国已成为中等收入国家，市场经济体系日臻成熟，社会上并不缺乏支持创新创业的人、财、物，有关创新创业的各种奇思妙想蕴藏在亿万民众的智慧中。对民众而言，任何市场行为都要进行成本收益分析，只有预期收益高于成本，民众才有动力去创业。当前影响大众创新创业的一个突出问题，就是政府"权力任性"依然明显。由于政府行政管理方面的原因而导致创业成本过高，使大众创新创业活动受到阻碍。到政府部门办事，"明规则"名目繁多，"潜规则"暗流涌动，创业者要消耗大量时间、精力和资源周旋于各个政府部门，极大地影响了民众的创业热情。一些地方政府工作人员凭借自身的权力肆意设租、寻租，甚至出现"小官巨贪"现象。

虽然近年来，党中央、国务院大力推进简政放权，并取得了显著成

---

① 本文发表于《证券时报》2015 年 4 月 17 日 A03 版。

效，但行政管理体制改革与市场经济的要求和人民群众的期待相比，还有较大差距，建设服务型政府仍然任重道远。

通常认为，穷则思变，贫穷是社会动荡的诱因。但法国历史学家阿历克西·德·托克维尔在考察法国大革命爆发的历史背景时发现一个悖论：大革命前20年，法国的社会财富正以前所未有的速度蓬勃增加，但经济繁荣反而加速了大革命的到来。为什么会出现这一悖论？托克维尔指出，当时法国政府出台了许多促进经济繁荣的政策，且发放救济金和奖励，实施公共工程，大力改善民生，民众的创业热情非常高。托克维尔写道："国家因战争负债累累，但是个人继续发财致富；他们变得更勤奋，更富于事业心，更有创造性。"然而，在经济快速发展的同时，法国政治体制改革却十分滞后，"还保留着专制政府固有的毛病"。民众虽然更富裕了，但期望也更高，对自己遭受的待遇更加敏感，更容易产生不满情绪。政府与民争利的行为引发了民众的强烈不满以致愤怒。"30年前对同样的痛苦逆来顺受的人，现在对此却忍无可忍了。"最后，托克维尔总结道："一场浩劫怎能避免呢？一方面是一个民族，其中发财欲望每日每时都在膨胀；另一方面是一个政府，它不断刺激这种新热情，又不断从中作梗，点燃了它又把它扑灭，就这样从两方面推促自己的毁灭。"

托克维尔的分析值得我们深思。在经济新常态下，我国经济下行压力还在加大，经济转型正处在爬坡过坎的关口，发展中深层次矛盾凸显。以大众创新创业培育经济增长新动力，是实现经济平稳健康发展的重要举措。深化行政管理体制改革不仅有助于经济增长动力转换，而且事关新常态下的社会稳定，意义十分重大。

进一步简政放权减少创新创业束缚

要通过深化行政管理体制改革降低大众创新创业成本：

首先要以制度和法律约束政府权力，进一步简政放权，减少明规则对大众创新创业的束缚。要加快建立各级政府工作部门权力清单制度，全面梳理现有行政职权，按照职权法定原则，对现有行政职权进行清理、调整，明确政府权力界限。在取消和下放行政审批事项的同时，逐步把规定企业"能做什么"的审批式管理转变为只规定企业"不能做什么"的负面清单式管理，全面推行市场准入负面清单制度，最大限度地便利居民投资和创业，激发大众创新创业动力。

　　其次要以规范流程和强化监督打造廉洁政府，消除潜规则对创业者利益的侵蚀。在制定权力清单的基础上，各级政府工作部门要按照透明、高效、便民原则，制定行政职权运行流程图，切实减少工作环节，规范行政裁量权，保持反腐高压态势，严厉惩处政府工作人员设租、寻租以及慵懒怠政行为，提高行政职权运行的规范化水平。

　　中国经济发展已进入一个新的阶段，过去以廉价劳动力、资源、土地等要素成本为主的比较优势正逐渐失去。推进大众创新创业，势必促进亿万群众的创造活力在经济新常态下竞相迸发，为中国经济增长带来新的竞争优势和持久动力。只有通过全面深化改革，从体制机制的根本转变入手，才能根治政府"权力任性"，真正做到"把权力关进制度的笼子里"，为大众创新创业营造良好的生态环境，促进中国经济提质增效和转型升级。

反垄断就是要反垄断行为①

　　2015 年以来，我国反垄断执法力度空前。2 月，国家发改委对手机芯片厂商美国高通公司罚款 60. 88 亿元人民币；4 月，江苏省物价局对汽车制造商德国奔驰公司罚款 3. 5 亿元人民币。这两个罚单分别成为迄今为止，我国金额最大的反垄断罚单和汽车行业金额最大的反垄断罚单。这些"最大罚单"背后，显示出中国市场经济体系日臻成熟，以及反垄断调查执法能力和水平不断提升。

　　然而，个别外媒却认为中国进行反垄断是受"经济民族主义"驱动。也有人认为，这样处罚打压先进企业，是政府不恰当地干预了市场。这些处罚是否合理？政府的反垄断职责真的是损害市场的越位行为吗？我们不妨从现代西方经济学的逻辑重新审视反垄断，明确反垄断究竟是反什么。

　　市场上的垄断现象有两种，一是垄断结构，即企业在市场上形成垄断地位；二是垄断行为，即取得垄断地位之企业实施妨碍竞争的垄断行为。垄断地位可以通过市场竞争过程形成，即"经济垄断"；也可以通过获得政府授予的排他性经营特权形成，即"行政垄断"。

　　在一般竞争性领域，如果一个企业通过创新提供比别人更好的产品和服务，赢得消费者青睐，从而取得垄断地位，市场就会形成垄断结构。现代西方经济学理论认为，这种经济垄断并不可怕，它是竞争的产物，在动态的市场过程中不仅不会阻碍竞争，反而会促进竞争。因为优胜劣汰是市场法则，高效率企业通过竞争形成垄断正是市场富有效率的表现。每一个企业都渴望在竞争中战胜对手，获得更多利润，正是对垄断利润的憧憬，才激发了企业家的所有争胜竞争活动。创新理论大师熊彼特认为，垄断利润是市场"颁给成功革新者的奖金"。从长期来看，由竞争形成的垄断是动态市场过程的暂时现象。在垄断利润的刺激下，新的竞争者会不断加入，垄断者也会保持警觉，从而在两方面促进竞争。如果政府为反对这种垄断而干预市场，实际上不是反垄断，而是反竞争。因此，反垄断的内容不是反对通过自由竞争形成的垄断结构，即经济垄断。

---

　　① 本文经编辑删减后，发表于《证券时报》2015 年 4 月 30 日 A03 版。

　　但是，这并不意味着政府会放任在市场上拥有垄断地位的企业滥用市场支配地位，实施排除、限制竞争的垄断行为。政府有维护竞争性市场秩序的职责，而垄断行为破坏了竞争性市场秩序。从经济学角度来看，反垄断的内容正是反对垄断行为，而不是反对通过自由竞争形成的垄断结构。我国《反垄断法》也体现了这一精神，第一条就明确指出立法目标是"为了预防和制止垄断行为"。一个企业通过合法经营、自由竞争而做大做强是值得鼓励的，然而一旦实施反市场的垄断行为，就构成不公平竞争，会损害消费者利益和社会公共利益。

　　高通、奔驰都犯了这样的错误。高通将芯片和专利费进行捆绑销售，实施了一系列垄断行为。例如，高通向中国企业收取专利费时拒绝提供专利清单，对过期专利仍强制收费。而对我国手机生产企业的专利，高通视而不见，强行要求进行免费反向许可。这种强买强卖行为显然违背市场经济原则。高通并非因为处于垄断地位受罚，而是因为实施垄断行为受罚。奔驰与江苏省内经销商达成并实施了限制整车及部分配件自由定价的垄断协议，明显排除、限制相关市场竞争，损害消费者利益。这是典型的垄断行为。奔驰在汽车行业根本就没有形成垄断地位，对其处罚完全是因为它实施了反市场的垄断行为。因此，无论从法理上，还是从经济学意义上，高通、奔驰被罚都无可非议。

　　可见，反垄断首先要界定垄断的性质，明确要反什么。经济学理论认为，反垄断的内容不是反对通过自由竞争形成的垄断结构，即经济垄断，而是反对妨碍竞争的垄断行为。依靠创新提供比别人更好的产品和服务，通过自由竞争在市场上获得垄断地位，这是一个企业的本事，政府管不着。但是，滥用市场支配地位，强买强卖，实施损人利己、妨碍竞争的垄断行为就涉嫌违法。中国的反垄断执法是从垄断行为出发，而不是针对垄断主体和垄断地位。相关政府部门对高通、奔驰的处罚不仅合法，而且合理，标志着中国市场经济体制逐步走向成熟。

　　值得注意的是，获得经济垄断地位的企业可能实施垄断行为，而获得行政垄断地位的企业更可能实施垄断行为。事实上，行政垄断本身就是最严重的垄断行为。除公共产品外，其他一般竞争性领域的进入壁垒都应该被打破。这样才能真正使市场在资源配置中起决定性作用。未来中国反垄断的重点应该是行政垄断。

CPI 持续上涨之谜与货币廉价化之忧①

　　人们通常认为，产业上游生产资料价格持续下降会推动下游消费资料价格下降。然而，当前中国生产领域和消费领域的价格走势却呈背离趋势：生产资料价格持续下跌，但消费资料价格依然上涨。国家统计局公布的数据显示，我国工业生产者出厂价格指数（PPI）自 2012 年 3 月至 2015 年 9 月已连续 43 个月同比下跌，但 PPI 的长期负增长并没有传导至消费品，居民消费价格指数（CPI）自 2009 年 11 月以来持续上涨。2015 年以来 CPI 同比涨幅降至 1.5% 左右，加上经济增速持续下滑，不少人担心中国经济将陷入通缩。事实上，中国物价水平并没有回落，CPI 近 5 年来也从未下跌，只是增长放缓而已，当前我国仍处在通胀周期。

　　PPI 长期负增长，而 CPI 却持续上涨。这似乎违背了人们的惯性思维。为什么成本下降没有拉低物价？为何 CPI 和 PPI 走势会长期背离？要回答这一谜题，先要弄清楚商品价格的决定机制。供求决定价格是经济学基本规律。供求双方哪一方对价格影响更大，取决于双方的力量对比。市场经济必然形成消费者主权经济。在买方市场条件下，消费者处于强势地位，商品价格不由成本决定，而由需求决定。产能过剩是中国经济的痼疾。生产领域长期供过于求，必然导致生产资料价格下降。特别是国际金融危机后，我国推出巨额经济刺激计划，虽然保证了短期经济增长，但过量投资进一步加剧了产能过剩。而在产能需求端，经历了 30 多年高强度大规模开发建设后，国内传统产业相对饱和，需求很难扩大，因此造成 PPI 持续下跌的压力。在消费领域，过去我国居民消费具有明显的模仿型排浪式特征，现在模仿型排浪式消费阶段基本结束，个性化、多样化消费渐成主流，大多数一般消费品也处于过剩状态，居民自发增长的实际消费需求很难形成拉动消费品价格上涨的动力。

　　那么为什么 CPI 还在上涨？原因只有一个，那就是市场上积累了过量货币。价格上涨不一定是有效需求增加，也可能是流动性过剩导致"过多货币追逐过少的商品"。也就是说，过量货币带来的通胀效应抵消了供

---

　　① 本文发表于《上海证券报》2015 年 10 月 27 日 A02 版。

过于求带来的价格下跌效应。

近10年来，我国货币政策以宽松为主，物价几乎一路上涨，直到进入新常态后，货币政策趋于稳健，物价涨幅才得到控制。今年第三季度GDP 增速降至6.9%。为缓解经济下行压力，央行多次降准降息，并灵活运用货币政策工具，以保持货币信贷和社会融资规模平稳增长。但一些市场主体仍希望货币政策进一步放宽，通过释放货币刺激经济。事实上，当前经济下行不是货币总量短缺造成的，市场上货币总量已较为充裕。从货币供应量来看，9月末广义货币（M2）余额135.98万亿元，同比增长13.1%，高于同期 GDP 增速。再看资金使用价格，不同品种的上海银行间同业拆放利率（Shibor）从年初到10月都在大幅下降，隔夜 Shibor 从3.6%降至1.9%，一个月 Shibor 从5.6%降至3.0%。以余额宝为代表的货币基金收益率已跌至3%左右。

一些经济学教科书中提到：温和通胀是有益的。其实这一观点只有在静态分析下才成立。哈耶克在他晚年最后一本经济学专著《货币的非国家化》中提出，货币量增加在最初之所以会具有普遍的刺激作用，是因为人们突然发现价格、利润都高于预期，所以会增加产出。而一旦人们形成通胀预期，普遍预料到物价会上涨，增加产出会导致较大风险，这种刺激作用就会消退。这时，货币政策就面临两难选择。为了维持温和通胀所创造出来的经济活跃程度，货币当局不得不加大货币投放，以使通胀率能压过人们的预期，由此形成通胀自我加速机制，促使货币不断廉价化。另外，通胀将导致生产资源投向错误方向，特别是那些只有靠货币量增加，从而不断追加投资才能维持下去的生产活动，例如房地产。而一旦收紧货币政策，企业资金链断裂，经济就会陷入更加糟糕的境地。正是基于这一点，哈耶克深刻地指出：廉价货币是"让人上瘾的毒品"。"所有的通货膨胀都是非常危险的。"

从我国当前的情况来看，随着货币政策稳中趋松，经济对过量货币的依赖也变得越来越严重。央行于10月23日再次宣布降准降息，这是2015年第五次降准和降息。尽管央行一再强调"目前货币政策总体上仍是稳健的"，并表示下一步"货币政策将保持连续性和稳定性"，但不得不说持续降准降息会加重经济对廉价货币的依赖，未来货币政策有可能步入两难境地。在经济爬坡过坎的关键时期，一旦全面宽松货币政策被迫开启，将来经济可能陷入"衰退—刺激—再衰退"的恶性循环。对此，我们得尽早筹谋良策。

经济增速下滑是中国经济处在新旧常态转换过程中的正常表现,不会改变中国经济长期向好的基本面。经过 30 多年的持续高速发展,今天我们并不缺乏货币资产,也不缺乏廉价的一般消费品,但缺乏品质上乘的"中国制造",因此,我国消费者才会不惜远渡重洋,到欧洲、美国以及日本去高价购买高档、高科技消费品。这再清楚不过地说明,应对经济下行的关键是对症下药:通过深化改革解决体制机制弊端,通过调整经济结构解决结构性矛盾,以此激发市场活力,培育新的经济增长点。我们不能再靠超发货币,靠货币廉价化来延续传统粗放型增长,而要经得住结构调整的阵痛,通过调整结构、产业升级来满足消费者在新常态下的新需求,在向国人提供更高品质的"中国制造"的过程中,完成经济增长动力的转换。

认清经济新常态下"保增长"的要义①

2015 年中国 GDP 增长 6.9%，这是改革开放以来经济增速首次跌破 7%。经济增速持续下滑引起了很多人对中国经济，特别是对当前就业稳定的担忧。因为保增长的主要目的是保就业。经济学中的"奥肯定律"描述了 GDP 变化和失业率变化的关系，即经济增长会创造新的就业机会，从而降低失业率。政府强调保持一定的经济增长速度主要是为了稳定就业，从而维护社会稳定。

然而，近 20 多年来，中国经济高速增长并未显著带来相应的就业高增长。2011 年以来，中国经济增速开始下降。在高速增长的 1991～2011 年，中国年均 GDP 增长率近 10%，而城镇登记失业率却由 2.3% 上升至 4.1%。考虑到未登记因素，实际失业率要更高。很多学者都指出奥肯定律在中国出现悖论，例如著名学者蔡昉的一项研究表明"中国实际 GDP 增长率和失业率变动之间，不存在显著的相关关系"。如果我们延续以往的发展方式，中国经济仍能保持较高的增长率。但这种高增长对增加就业意义不大，不仅违背我们追求经济增长的初衷，而且会使结构性问题积重难返。新常态下仍要"保增长"，但必须明确"保增长"究竟是保什么。

为什么奥肯定律在中国出现悖论？从根本上看，这是市场机制不健全和以往过度追求投资的粗放型发展方式造成的。在很长一段时间内，GDP 增长是政府最大的政绩，而扩大投资是拉动 GDP 增长见效最快的办法。政府一方面千方百计地招商引资；另一方面一再提高杠杆率，不惜举债投资。投资对经济增长的效果立竿见影，特别是以政府为主体的投资更能体现政府追求经济增长的目的。但问题是投资创造的需求是中间需求，而不是最终需求，一旦消费跟不上，就会形成产能过剩。我们看到当前产能过剩的行业无一例外都是政府选定大力扶持和补贴的产业。

这种非内生性投资在短期内推高了 GDP 增长，但缺乏可持续性，不能及时适应市场变化，创造的就业也是有限和不稳定的。有的地方为了维

---

① 本文经编辑删减后，以"经济增长放缓会冲击就业吗"发表于《新京报》2016 年 1 月 29 日 A04 版。

系高增长而对"支柱产业"追加投资,甚至反复拆建、毁旧造新,实际上刺激的是虚假需求,GDP虽然在数字上增长了,但真实财富存量没有增加,对扩大就业效果有限,且加剧产能过剩,浪费大量资源,导致政府债务水平居高不下。这也是有的地方GDP增长很快,但民众感觉生活水平提高有限的原因之一。

而以企业为主体的居民自发性投资是一种内生性投资。这些投资由投资者自行承担收益和损失,因此会对市场保持高度敏感。它们承载着千千万万创业者的奇思妙想,而且大多数投资直接面对最终消费者,虽然不如"大手笔"的政府性投资对GDP贡献大,但能够创造相对更多、更持久的就业岗位,让更多的人富起来。从2015年的就业数据来看,虽然经济增速下降,但新增就业人数却保持稳定,其中一个重要原因是服务业增长较快,第三产业同比增长8.3%,高于同期GDP增长。绝大多数服务业都是居民自发性投资。

因此,保就业的关键不纯粹是保增长,而是要改变供给结构,压缩低效率的政府性投资,减少政府投资对居民投资的"挤出效应",把更多的资源交给市场,增加以企业为主体的居民自发性投资。只要内生性投资增长了,即使总的经济增速下降也会创造更稳定的长期就业。这就是新常态下"保增长"的要义。也就是说,新常态下我们需要的是市场自发的内生性增长,而非政府主导的高杠杆外生性增长。

这是中国经济结构调整的必由之路,中央也正是基于这一点提出"着力加强供给侧结构性改革"。宁可把经济增速降下来一些,也要压缩无效供给,增加有效供给,使供给结构更好地适应需求结构,以结构优化为新一轮总量增长奠定基础,促进经济持续健康发展。供给侧结构性改革的核心是放权减税,使市场在资源配置中起决定性作用,放手让企业去自发调结构促进经济内生性增长。

总之,增速下降是中国经济增长新旧动力转换的必经阶段。只有经历结构调整的阵痛,中国经济才能实现转型升级。在激发市场活力基础上的"保增长"才是新常态需要的增长。

人口政策背后的经济学逻辑①

中共十八届五中全会决定，全面实施一对夫妇可生育两个孩子政策，这是我国人口政策的一次重大调整。对此，社会各界普遍给予较高的评价，认为此举对改善人口结构、应对人口老龄化有积极意义。这些评价无疑是正确的，但其出发点与我国制定人口政策一样，都是从人口增长对经济发展影响的角度看问题。事实上，人口增长和经济发展是双向互动关系。制定人口政策，不仅要考虑到人口增长对经济发展的影响，也要反过来，考虑到经济发展对人口增长的影响，认清人口政策背后的经济学逻辑，完善配套措施。否则政策效果可能难以达到预期。

一般认为，资源有限与人口膨胀的矛盾要求控制人口数量。马尔萨斯在 1798 年出版的《人口原理》中系统阐述了人口增长的负效应，指出："人口的增殖力无限大于土地为人类生产生活资料的能力。人口若不受到抑制，便会以几何比率增加，而生活资料却仅仅以算术比率增加。"据此，他认为人口增长会达到生活资料所能供养的极限，进而造成苦难与罪恶。然而，历史事实并没有支持马尔萨斯的论断。世界各国经济发展历程表明，经济发展会自发降低人们的生育意愿，人口不会以"几何比率"无限增长。

经济学家们早已在理论上证明了经济发展对生育意愿的抑制作用。从成本收益角度看，生养孩子要付出成本，但孩子会为父母带来效用（快乐）。一个家庭想要几个孩子取决于抚养孩子边际效用（快乐的增量）与边际成本（成本的增量）之均衡点。随着收入的提高，抚养孩子的总成本和边际成本都不断上升，但增加孩子为家庭带来的边际效用是递减的。因此收入提高使父母想生育孩子的数量减少。

从效用最大化原理角度看，经济学理论认为，家庭效用由孩子数量、孩子质量和商品消费组成。在一定收入水平下，追求效用最大化的家庭将在这三者之间分配资源。随着人们越来越重视孩子质量和家庭生活质量的

① 本文经编辑删减后，以"经济发展影响生育意愿，怎么办"为题发表于《新京报》2015 年 12 月 1 日 A04 版。

改善，对后两者分配的资源越来越多，因此会降低对孩子数量的需求。虽然不排除个别富裕家庭偏爱多生育孩子，但从社会整体来看，经济发展会降低人们的生育意愿。

历史事实也是如此。从近半个世纪的数据来看，据世界银行统计，从纵向看，1960 年到 2013 年，世界人均 GDP 由 450 美元增至 10684 美元（现价），而世界粗人口出生率却由每千人 31.84 人下降至每千人 19.18 人。从横向看，2013 年粗人口出生率低收入国家为每千人 36.29 人，高收入国家为每千人 11.63 人。无论是纵向还是横向比较，都证明了经济发展导致生育率降低。日本、德国、西班牙、新加坡等发达国家目前都面临生育率过低的问题，有的国家甚至出现人口负增长，对经济发展产生严重消极影响。现在日本每 4 人中就有 1 人是 65 岁以上，总人口已连续多年缩减。"少子老龄化"造成的人口危机是日本经济持续低迷的主要原因。

中国已成为中等收入国家，一些大城市的生活水平接近或达到发达国家水平。即使全面放开二孩政策，人们的生育意愿也不会大幅提高。有人说，中国人受儒家传统文化影响，崇尚多子多福，但经济发展会改变传统文化观念。同受儒家文化深刻影响的韩国、中国台湾在经济腾飞后也出现了生育率下降的事实。韩国曾在 20 世纪 60 年代出台人口控制政策，后来转而鼓励生育，但至今生育率依然很低。

中国的低生育水平已经值得警惕。国家统计局数据显示，从 1995 年到 2014 年，我国普通小学招生人数从 2531.8 万减少至 1658.4 万，65 岁以上老年人数从 7510 万增长至 1.3815 亿。20 年来普通小学招生数下降 34.50%，65 岁以上老年人增长 83.95%。"一降一升"反映出的人口结构性变化应引起决策者高度重视。

因此，全面两孩不能一放了之，而要考虑到经济发展背景下人们生育意愿的改变，出台配套措施让人们愿意生，养得起。目前至少要尽快完善三项配套措施。

首先，要彻底改革生育审批制度，真正变核准生育为服务生育。虽然我国在名义上已实行一孩生育登记制，但政府核准生育的高昂姿态并没有降低。实施"单独两孩"政策后，有媒体报道办理二孩生育证的相关材料要盖十余个章，烦琐的行政审批使不少人对生育二孩望而却步。事实上，在信息化时代，通过全国联网的新生儿登记或户口登记已经可以使政府准确掌握生育信息，让群众多番奔波办理准生证件只会徒增行政成本，为群众带来麻烦。不能再让办理准生证件给群众"添堵"。

其次，要通过完善生育休假和补贴等制度，提高妇女，尤其是受教育程度较高、有稳定工作妇女的生育意愿。母亲承担着更多养育子女的责任。现代女性拥有自己的职业生涯和价值追求，多数人不愿被生养孩子捆绑。为确保全面两孩政策得到响应，需完善生育休假制度，给予生育二孩之女性充足的休假时间和较高的补贴，使女性更好地规划职业生涯，提高其生育意愿。

最后，要不断加大对学前教育的公共投入，降低家庭抚养幼儿成本。随着生活水平的不断提高，抚养幼儿的标准和成本也越来越高，"养不起"成为很多家庭生育两孩的最大顾虑。我国公共育儿设施普遍不足。不少家长感叹：上幼儿园比上大学还难。支持生育两孩、改善人口结构要付出"真金白银"的投入，财政要发挥应有作用，加大对学前教育的公共投入，切实减轻家庭抚养幼儿成本。

总之，如何应对经济发展背景下人们生育意愿的降低，是计划生育基本国策面临的全新问题。全面放开两孩后还需未雨绸缪，尽快出台配套措施让人愿意生、养得起。

谨防物价上涨触发滞胀风险①

2016 年春节后，我国先是一线城市房价剧烈上涨，且涨势向二线城市蔓延，继而各地猪肉、蔬菜价格大幅上涨。房价高企、物价攀升引起社会广泛关注。商品价格正常涨跌本是市场经济的一般特征，也是市场富有效率的表现。但近年来我们已感受到多轮物价普遍性上涨，当前房价更是涨到几年前难以想象的高位。虽然中国经济目前尚不具备发生滞胀的条件，但物价持续普遍上涨强化通胀预期，在经济增速放缓、下行压力持续加大的背景下让人不得不担忧未来发生滞胀的可能。因此，必须正本清源，认清物价上涨的真正推手，从而采取正确的应对措施，谨防物价上涨触发滞胀风险。

物价问题涉及民生、关系全局。通胀不仅稀释消费者购买力，损害多数居民利益，而且扭曲价格机制，严重干扰新常态下转方式、调结构的市场过程，会对经济转型升级造成消极影响。有人把通胀归咎于农产品价格上涨，认为"成本推动"是主因。此番物价上涨，猪肉价格又是首当其冲，成为千夫所指的对象。

理论上，农产品生产具周期性较长的特征，生产者往往根据上一期的价格决定下一期产量，因此供给滞后于价格变化，造成价格周期性涨落，这就是经济学中的"蛛网模型"。然而一旦引入理性预期，蛛网模型就不成立了。因为模型是死的，人是活的，现实中人们会根据经验改变预期，调整决策，更加灵活地组织生产，从而促进供需大体平衡。

因此，猪肉价格有涨有跌是正常的市场现象，不会大范围超出人们的可接受程度。如果物价持续普遍上涨，背后一定有过量货币推动。近 10 年来，我国货币供应量增速较快。2015 年 7 月以来货币和准货币（M2）供应量月度同比增幅都超过 13%，几乎是同期经济增长速度的 2 倍。截至 2016 年 2 月，中国 M2 余额高达 142.46 万亿元，按当前汇率计算是美国的 1.8 倍、欧元区的 1.9 倍，居全球第一。过量货币导致物价普遍上

① 本文经编辑修改后，以"稳定物价需提高资金使用效率"为题发表于《新京报》2016 年 4 月 13 日 B02 版。

涨，由于房地产市场是吸收新释放货币的主要资金池，所以房价涨幅最大；由于农产品处在产业上游，所以会先于下游产业涨价。所谓"成本推动"是通胀的结果，而不是原因。防治通胀关键还是在于控制货币发行，而不是舍本逐末地去管控猪肉等农产品价格。

通胀的危害不必赘述，而且任何通胀都是值得警惕的。笔者曾在2014年撰文指出"新常态"需要稳定的货币政策环境，2015年再次强调体制机制弊端和结构性矛盾是不能通过宽松货币政策来解决的，并对持续降息降准可能造成的货币廉价化表示担忧。因为适度通胀刺激经济增长这一观点只有在静态分析下才能成立。一旦人们形成通胀预期，这种最初的刺激作用就会消退。这时，货币政策就面临两难选择。为了维持温和通胀所创造出来的经济活跃程度，货币当局不得不增加货币投放，以使通胀率能够压过人们的预期，由此形成通胀自我加速的机制。而一旦收紧货币政策，企业资金链断裂，经济就会陷入更加糟糕的境地。正是基于这一点，哈耶克强调廉价货币是"让人上瘾的毒品"。"所有的通货膨胀都是非常危险的。"

经济新常态需要培育新的经济发展动能，推进结构性改革需要壮士断腕的决心。过量货币虽然会为经济带来短期亢奋，但会延缓调结构的进程，阻碍新旧发展动能接续转换，增加未来发生滞胀的可能性。因此，下一步货币政策要逐步转向稳健中性，保持战略定力，把稳定物价放在首要位置，为经济提质增效升级创造稳定的货币政策环境。

治理雾霾关键要化解社会成本①

一夜之间，一场大风吹散了北京持续多日的严重雾霾。2015 年 12 月 2 日，北京终于再现久违的蓝天。人们庆幸，风到底是来了。人们也感慨，何时才能根治雾霾，使环保不再靠风？

空气污染是一个全球性问题。工业革命后的英国是最早产生空气污染的国家，在 19 世纪，伦敦一年几乎有 1/4 的时间都被雾霾笼罩，被称为"雾都"。著名文学家狄更斯曾在他的作品《我们共同的朋友》中这样描述伦敦的雾霾："这一天，伦敦有雾，这场雾浓重而阴沉。有生命的伦敦眼睛刺痛，肺部郁闷，眨着眼睛，喘息着，憋得透不过气来。"狄更斯绝对想不到，这样的场景和感觉对于 100 多年后的北京市民来说是多么熟悉。我们也为经济发展付出了代价。持续大面积的雾霾是国人对环境污染最直接的体验。

如何治理雾霾？事实上，我们既不缺乏决心，也不缺乏技术，治理雾霾的关键问题是社会成本问题。经济学中的"机会成本"是指一种资源投入一种用途所放弃的该资源投入其他用途所能得到的最高收入。任何行动都要考虑机会成本，否则就不可能持续，治理雾霾也是如此。

环保部专家指出，就整个华北区域而言，冬季原煤燃烧和工业排放是雾霾的最主要来源。从原煤燃烧来看，我国已拥有太阳能、风能等发电技术，也有天然气等清洁能源，但煤炭仍占能源消费的 70%。为什么我们会大量使用煤炭？不是因为煤炭有多好，而是因为煤炭相对便宜。一项新的技术能否普及，不在于技术有多先进，而取决于该技术的使用成本是否比现有技术更低。企业和居民都会根据经济原则决定自己的行为。新能源技术再先进、再环保，只要使用成本远高于传统能源，那就不会普及。

从工业排放来看，河北是工业大省，钢产量连续 14 年居全国第一位，2014 年约占全国钢产量的 1/4。钢铁产业是大气污染的重要来源，关停工厂对治理雾霾来说，效果几乎是立竿见影。因此政府可以在短期内用行政手段关停工厂，制造"APEC 蓝""阅兵蓝"。然而这样做成本很高，只

---

① 本文经编辑删减后，发表于《新京报》2015 年 12 月 4 日 A04 版。

能是权宜之计。关停这些工厂对北京市民来说成本为零，但这些工厂的工人也要工作、养家，他们要承担关停工厂带来的巨大社会成本。对于我们来说免费的东西，不是因为它没有成本，而是成本由别人承担了。

因此，只有降低清洁能源的使用成本、化解工业转型的社会成本，雾霾问题才有可能得到解决。行政手段只能带来短期的效果，只有通过市场机制激励人们自发地节能减排，才能形成治理雾霾的长效机制。

首先，要用市场机制倒逼企业开发、采用节能环保技术，实现转型发展。原煤燃烧和工业排放造成的大气污染也是一种成本，只不过这种成本在很长一段时间内没有让工厂等排放主体承担，而是由社会承担了。这样虽然促进了经济快速发展，但代价就是我们现在共同生活在雾霾中。中国已成为中等收入国家，我们不能再用老的思维方式发展工业，而要经得起结构调整的阵痛，实施严格的环保标准，将污染造成的社会成本内部化为企业成本，让企业发现高污染太不划算，从而自发实施技术改造，淘汰落后产能，降低污染排放。

其次，要发挥政府在化解社会成本中的积极作用。雾霾问题是公共问题、民心问题，政府要主动作为，但不能简单地采用行政手段，而要做好公共服务。在大量燃煤的地区，政府应投入财政资金改造传统管线、完善基础设施，降低天然气等清洁能源使用成本，逐步取代燃煤。对高污染企业要征收重税，同时对新能源企业减免税收，降低企业普及新能源技术的成本。工业城市在产业转换和升级过程中，必然会出现工人下岗等问题，政府要利用过去发展高耗能产业的财富积累支持接续产业发展，鼓励居民二次创业，打造新的经济增长点，同时通过完善的社会保障政策为产业升级托底，保障居民基本生活。

总之，治理雾霾是我们共同的愿景，需要长期的努力。只有化解好社会成本，治理雾霾才会取得长久的成效。

附二　解析供给侧结构性改革

经济新常态下的供给侧结构性改革：背景、逻辑与路径①

一　新常态：中国经济转型升级的必经阶段

"新常态"意味着中国经济出现了明显不同于以往的新变化、新特征、新态势，面临的根本任务和最大挑战发生了重大变化。供给侧结构性改革正是在这一背景下应运而生。

（一）新常态的根本任务：从发展中国家向发达国家转型

改革开放以来，经济持续高速增长使中国从低收入国家跨入中等收入国家行列。新常态最明显的特征是经济增速下降。从2011年起，中国经济结束了1978年以来年均近10%的高速增长，增速连续下降，2015年降至6.9%。事实上，高基数导致增速下降是客观规律。经济增长放缓背后是新旧发展动能正在转换。

在供给侧，一是以劳动力、资源、土地等廉价生产要素为主的传统比较优势越来越弱，但以人口质量、科技创新为主的新兴比较优势仍在培育过程中，导致生产率提高遇到瓶颈；二是经济发展到一定水平后，传统产业相对饱和，中低端商品供给普遍过剩，供给体系效率下降，缺乏新经济增长点。在需求侧，一是经过30多年高强度大规模开发建设，中国基础设施越来越完善，投资需求下降；二是随着生活水平的提高，居民消费需求从主要追求数量向追求品质转变，国内市场难以充分满足，造成内需受到抑制；三是国际金融危机后，海外市场需求不振，出口对经济增长的拉动作用减弱。

新常态实际上是中国经济转型升级，向发达国家过渡的必经阶段。粗放型经济发展方式在中国经济起飞阶段发挥了巨大作用，当经济发展到一定水平后，供需体系的结构性变化，以及资源环境的约束，使中国既不可

---

① 本文发表于《现代管理科学》2016年第9期。

能，也没必要保持粗放型发展方式。新常态的根本任务就是推动中国经济向形态更高级、分工更复杂、结构更合理的阶段演化，完成从发展中国家向发达国家的转型。

（二）新常态的最大挑战：体制机制障碍和结构性问题

当前的世情、国情较改革开放之初发生了重大变化。长期的粗放型发展方式在过去促进了经济快速起飞，但也积累了制约经济持续健康发展的体制机制障碍和重大结构性问题，这是新常态下经济转型升级的最大挑战。优化经济结构，把经济发展方式从规模速度型粗放增长转向质量效率型集约增长，以此实现持续发展、更高水平发展，这是中国跨越"中等收入陷阱"，从发展中国家向发达国家转型的必然选择。

推进供给侧结构性改革是转变经济发展方式的必然要求，是适应和引领经济新常态的重大举措。供给侧结构性改革就是要通过深化改革，从体制机制的根本转变入手理顺政府和市场的关系，制约政府"权力任性"，矫正以前过度依靠行政配置资源带来的要素配置扭曲；通过完善市场体系，理顺产业结构调整机制，以结构优化促进新一轮总量增长，提高发展质量。

二　供给侧结构性改革"三位一体"的基本逻辑

供给侧结构性改革是经济新常态下的大势所趋，其"三位一体"的基本逻辑是供给管理、结构调整、深化改革，即从提高供给质量出发，用改革的办法推进结构调整，推动中国经济提质增效升级。

（一）强调供给管理，提高供给体系质量

凯恩斯主义主张通过政府干预刺激总需求，通过需求管理拉动经济增长。但总量刺激不能有效化解结构矛盾，过度使用会带来固化原有产业结构和扭曲市场需求的后果，产能过剩正是这一后果的表现。当前中国经济的症结不在需求侧，不是有效需求不足，而是消费者需求更趋个性化、多样化、高端化，过去以同质化、中低端商品为主的供给结构没有适应需求变化，进而导致了供需体系的结构性矛盾。

一方面，国内产能过剩严重，很多消费品积压滞销；另一方面，消费者在国内买不到价格合适的高品质商品，不惜重金全球"海淘"。2015 年中国人境外消费达 1.2 万亿元人民币左右。试想，如果把超万亿元的境外消费规模引导回流至国内，那将激发多少企业的活力，创造多少就业？因此，新常态下宏观调控的重心要从需求管理转向供给管理，推动产业结构调整和创新升级，促进"中国制造"迈向中高端，提高供给体系质量，逐步让中国企业为国人提供更高品质的商品和服务，更好满足人民群众的需求，形成新的经济增长动力。

（二）强调结构调整，发挥市场的决定性作用

结构优化是总量可持续增长的重要前提。当重大结构性矛盾成为经济发展的瓶颈时，即使通过总量刺激保证了一时增长，效果也难以持续，而且会使结构性问题积重难返，增加未来"硬着陆"的风险。过去遇到经济下行风险时，我国的主要对策是通过扩大政府性投资和宽松货币政策全面刺激经济。实践证明，新常态下全面刺激政策的边际效果明显递减。2015 年，国家发改委共审批核准固定资产投资项目 280 个，总投资达 2.5 万亿元，央行多次降息降准。但种种刺激措施依然难改经济下行态势。

实施供给侧结构性改革，就是要改变总量刺激的路径依赖，强调结构调整，重点是通过产业结构调整重塑供给结构，促进供需适应。总量刺激主要依靠财政和货币政策，政府是主角。但产业结构调整的本质是资源重新配置的市场过程，要以企业为主体，发挥市场的决定性作用。企业比政府更了解市场需求，而且更尊重市场规律，会在价格机制的指引下改变生产要素投向，主观上追求利润最大化，客观上促进要素优化配置。通过无数次"试错"，成功的企业获利，失败的企业亏损，由此向市场传递信息，探索出结构调整的方向。市场机制是供给体系纠正资源错配的成本最低的选择。

（三）强调深化改革，明确政府的权力边界

供给侧结构性改革的落脚点是改革。新常态下经济转型发展面临的很多问题，如"僵尸企业"出清困难、房地产库存难以消化、债务杠杆风险较大、企业生产成本居高不下、经济发展短板依然明显等，归根到底都是体制机制弊端造成的，要从根本上解决这些问题必须依靠改革创新。

深化经济体制改革的核心问题是处理好政府和市场的关系。在计划经济时代，我国资源配置的基本模式是政府主导、权力配置，由此造成官本经济思想根深蒂固，人们在心理上容易对威权产生依赖，往往主观地认为"没有政府办不成的事"。改革开放后，中国逐步明确了市场在资源配置中的决定性作用。然而，长期推行凯恩斯主义使政府形成主导产业结构调整的思维定式，政府常常在干预经济时表现出致命的自负。在不少地方，

政府是产业结构调整的直接发动者，也是产能过剩的始作俑者。供给侧结构性改革要求政府在行政干预上多做"减法"，在公共服务上多做"加法"，市场和政府各司其职，通过限制"权力任性"激发市场活力。

三　供给侧结构性改革的实施路径

供给侧结构性改革着眼于解决中长期经济问题，虽然会带来一定社会"阵痛"，但如果不推进，经济社会的"病情"会越来越重。2015 年中央经济工作会议提出了去产能、去库存、去杠杆、降成本、补短板五大任务。在具体实施路径上，至少要把握好以下四点。

（一）创造稳定惠民的宏观政策环境，防控经济波动风险

供给侧结构性改革不是权宜之计，而是一个长期过程，首先需要一个稳定的宏观政策环境，在全面刺激政策边际效果明显递减的情况下，更要避免短期刺激向市场发出错误信号，干扰调结构、转方式的市场过程。这就要求决策者尊重市场规律、尊重企业家发现过程，给予市场充分的时间和空间完成新旧发展动能接续转换。

从政策手段来看，积极的财政政策要立足供给管理，从服务政府性投资向大力改善民生转型。需求管理主张扩大赤字，加强政府性投资；而供给管理主张放权减税，鼓励企业自发投资。在供给侧结构性改革背景下，财政政策要积极适度，避免"大水漫灌"式的强刺激，新产生的财政赤字主要用于减税降费，进一步让利惠民，促进企业合理配置生产资源，优化供给结构。货币政策既不放松也不收紧，在总体稳健的前提下根据结构性改革的需要保持适度灵活，以稳定物价为首要目标，避免通胀或通缩干扰价格机制，影响经济结构调整。货币政策要统筹运用各类工具提高精准度，促进金融业更有针对性地服务实体经济、支持供给侧结构性改革。

在推进结构性改革的过程中，短期小幅经济波动难以避免，我们要经得起结构调整的阵痛，不能为追求短期目标延缓改革和转型进程，不能通过再度全面刺激饮鸩止渴，否则将来可能陷入"衰退—刺激—再衰退"的恶性循环。但要明确的是，结构性改革之目的最终还是要促进社会财富总量的持续稳定增长，因此经济波动风险要在可控范围之内。一旦经济运行滑出合理区间，就必须果断采取综合性措施稳定市场预期，防止过度失速影响社会稳定。

（二）让市场决定产业结构调整方向，产业政策积极转型

供给管理与需求管理最大的区别是主体不同。尽管政府具有调整产业结构、改善供给质量的愿景，但政府不能事先预知最优产业结构，不会比企业更关注市场和尊重市场规律，也不具有有效的调节手段，因此不宜成为调结构主体。中国产业结构存在的深层次问题，从根本上说是政府过度干预、扭曲市场的自动调节机制造成的。产业结构调整通过价格涨落激励企业家，促成竞争性的企业家发现过程，归根到底是由企业家对利润的"警觉"而非政府的"愿景"所启动。

供给侧结构性改革绝非用行政手段"调结构"，更不是搞所谓新的"计划经济"。恰恰相反，供给侧结构性改革就是要改变政府干预经济的凯恩斯主义惯性思维，明确企业的主体地位，让市场决定产业结构调整方向。其中关键是市场决定价格，让价格相对准确地向企业传递市场信息，放手让企业调结构。一旦价格扭曲，则市场必然失效。因此，全面深化改革要加大价格改革力度，尽快落实中共十八届三中全会提出的"凡是能由市场形成价格的都交给市场，政府不进行不当干预"。全面取消一般竞争性领域的价格管制，逐步放开自然垄断行业的竞争性环节价格。

在产业政策方面，政策取向要根据结构性改革的要求进行重大调整，从干预、替代市场向维护、增进市场转型。过去我国的产业结构调整具有浓厚的行政干预色彩，国家发改委以目录形式把鼓励、限制和淘汰的产业具体到某一型号的产品，对微观经济活动的干预广泛而细致。未来产业政策从理念到措施都要积极转型，更加注重功能性特征，严格限定调控范围，充分尊重市场规律。政策取向以促进竞争和扩展市场为目标，致力于增强市场机能、保护市场过程，而不是政府去确定具体项目，或用公共资源直接投资于一般竞争性领域的企业。

（三）以放权减税激发企业创新活力，改革"明规则"，同时消除"潜规则"

减税刺激生产是供给经济学的理论精髓。企业是国民经济的微观基础和调结构的主体，企业有活力，供给侧结构性改革才有动力。企业活力来自利润的刺激，虽然企业主观上追求利润最大化，但客观上促进资源优化配置，使供需结构对接。正如亚当·斯密在《国富论》中谈到的："他追求自己的利益，往往使他能比在真正出于本意的情况下更有效地促进社会的利益。"企业利润是收入减去成本的余额。保证利润的途径无非有二：

一是增加收入，二是降低成本。在经济下行压力持续加大的背景下，企业增加收入面临很大困难，降低成本是帮助企业渡过难关、培育发展新动能的关键举措。中央正是基于这一点把"降成本"列为结构性改革的一大任务。

首先要从"明规则"入手，通过实施规模更大、受益更广、措施更精准的减税降费措施向企业让利，进一步减轻企业负担，让企业腾挪出更多的资金创新产品供给。近年来，我国实施了一系列针对小微企业的定向减税政策，小规模纳税人税负明显降低，但总税负仍有下调空间。2016年"营改增"改革将全面完成，要加快制定对特定行业采取的过渡性措施，把握好改革的力度和节奏，确保"所有行业税负只减不增"。在税制改革方面，研究完善有利于大众创新创业的税收政策体系。对初创期企业、高科技企业、节能环保企业等创新创业活动的投资进行税收减免优惠，帮助新企业、新业态迅速成长。

其次要消除"潜规则"对企业利益的侵蚀，明确政府权责，清理各种不合理收费，健全惩治和预防腐败体系，净化创新创业环境。要加快推行地方各级政府工作部门权力清单制度，在全面梳理、调整清理现有行政职权的基础上，及时公布政府权力清单，按照权责一致的原则建立责任清单，明确政府职权与对应责任。对行政事业性收费实行目录清单管理，清理各种不合理收费，严惩政府工作人员设租、寻租以及慵懒怠政行为。让人民群众到政府部门办事少跑腿、不添堵，最大限度地减少居民创新创业的行政成本。

（四）在制度供给和公共产品领域，更好地发挥政府作用

简政放权并不意味着政府无所作为，而是强调市场的归市场，政府的归政府。作为制度供给者，政府要为供给侧结构性改革创造适宜的制度环境，激发市场活力。例如，要做好市场的"维护者"，而非"干预者"，特别是完善生产要素市场，促进生产要素在一般竞争性领域自由流通，让各类生产要素的活力竞相迸发，提高供给体系有效性。房地产去库存不能仅通过货币驱动和政策刺激，而要把握城镇化红利，加快落实户籍制度改革，让常年在城镇居住、工作的人户分离人口逐步取得落户资格，享受市民权利，坚定其买房定居的信念。让这些"新市民"的住房需求成为化解房地产库存的巨大力量，让人口城镇化追赶上土地城镇化的脚步。在需求侧，发挥收入政策的积极作用，通过优化收入分配格局改善消费结构，

间接地促进产业结构为适应消费结构而调整，助力供给侧结构性改革。

在公共产品领域，要强化政府支出责任，通过加大公共产品和公共服务供给，缓解供给侧结构性改革带来的社会阵痛，减少居民创业和消费的后顾之忧。化解过剩产能、处置"僵尸企业"，必然会对社会带来一定冲击，政府要强化公共服务职能，稳妥实施配套政策，守住民生底线。一方面要发挥好社会保障制度的托底作用，保障去产能过程中下岗工人的基本生活。对个别产能过剩严重、地方财政困难的地区，中央财政应从统筹全国的角度出发，进行定向支援，帮助其渡过难关。另一方面要支持接续产业发展，加大对再就业培训的投入和补贴，把下岗人员再转化为接续产业新的人力资本。医疗、教育、社保等基本公共服务标准要根据社会发展适时提高，减少居民的后顾之忧，让居民有更多的资金用于创新、创业和消费，促进经济增长动力从要素驱动、投资驱动向创新驱动、消费驱动转换。

供给侧改革要明确企业主体地位①

供给侧改革是经济治理新思路

进入新常态后，中国经济下行压力持续加大。过去遇到经济下行风险时，我国习惯用凯恩斯主义进行需求管理，主要政策手段是积极的财政政策和适度宽松的货币政策，以此刺激有效需求，实现总量增长。然而，当出现重大结构性矛盾时，作为总量调控的需求管理就会缺乏针对性和有效性。新常态下中国经济的主要问题来自结构，而非总量。实践证明，单纯的需求管理有效性越来越小。2015 年 1—10 月，国家发改委共审批核准固定资产投资近 2 万亿元，央行多次降息降准，但依然难改经济下行态势。

经济发展阶段不同，遇到的问题和使用的对策也就不同。中央提出"着力加强供给侧结构性改革"，意在打破需求管理的路径依赖，反映出新常态下中国经济治理的新思路。从中国的实际情况来看，一方面，国内产能严重过剩，一般消费品堆积如山；另一方面，消费者对国外高品质商品的消费需求如饥似渴，不惜重金全球"海淘"。这反映出中国经济的症结不在需求侧，不是有效需求不足，而是供给侧出现问题，是产业结构不合理导致供给结构不能适应需求结构的变化。

供给管理的要义是增加有效供给

供给管理的要义是通过产业结构调整增加有效供给，压缩无效供给，使供给结构更好地适应需求结构，以结构优化为新一轮总量增长奠定基础，促进经济持续健康发展。加强供给侧改革的核心是放权和减税，要明确企业的主体地位。

事实上，需求管理和供给管理都致力于刺激生产，但二者出发点不同。需求管理以凯恩斯主义为理论基石，主张加强国家干预，发挥政府在投资中的主体作用。而供给学派崇尚市场的自动调节机制，主张降低边际税率，把利润留给企业，以企业为主体进行投资。

---

① 本文发表于《证券时报》2015 年 12 月 10 日 A03 版。

长期推行凯恩斯主义使政府形成主导产业结构调整的思维定式。近年来我国产能严重过剩的钢铁、光伏、多晶硅、风电设备、电解铝、船舶制造等无一例外都是政府选定大力扶持和补贴的产业。虽然政府一再对产能过剩表示痛心疾首，可当市场这只"看不见的手"真正开始调节时，政府为了保护"支柱产业"，维系国内生产总值（GDP）增长，又不惜追加投资，用"看得见的手"去对抗市场。例如，为救助产能过剩的造船业，交通运输部等四部委曾出台文件，以财政补贴的方式鼓励旧船提前报废。该方案在 2015 年到期后又进一步延长实施至 2017 年。"毁旧造新"表面上增加需求，但这种反复拆建的办法实际创造的是虚假需求，必然不可持续。如果政府事先知道什么样的产业结构最优，并且拥有比市场更为精巧的调节手段，那么产能过剩就不会出现，甚至计划经济也不会失败。

供给侧改革的核心是放权减税

产业结构调整是生产要素在国民经济各行业和部门流动的过程，其本质是资源的重新配置，这是市场的强项。在价格机制的指引下，企业把生产要素从利润率较低的部门转移到利润率较高的部门，也就是从产品相对过剩的部门转移到相对稀缺的部门，由此决定了供给结构的变化。市场瞬息万变，产业结构调整所需的知识高度分散，相关企业一定比政府更了解在特定时间、特定地点该生产什么、生产多少。竞争的意义就在于它是一个发现和利用知识的过程，不经历竞争这个过程，产业结构调整所需的知识就不可能被发现和利用。无数微观个体的"试错"行为决定产业的兴衰，探索出结构调整的路径。尽管企业"试错"会付出一定的代价，但正是企业的分散决策避免了整个市场集中出现灾难性的系统性错误。而且为维护切身利益，企业会根据市场反应迅速调整决策，不会在亏本的情况下持续生产。市场机制本身就是一种自我纠错的机制。

因此，加强供给侧改革要发挥企业在产业结构调整中的主体作用。政府应进一步简政放权，改变凯恩斯主义干预经济的惯性思维，不要干预一般竞争性领域产业结构调整，放手让企业去自发调结构。

加强供给侧改革还要发挥好减税对刺激企业生产的积极作用，通过"放水养鱼"激发大众创新创业热情，以创新供给激活需求。"拉弗曲线"是供给学派的重要理论支柱，描绘了政府税收额与税率之间的倒 U 形变化关系。随着税率的升高，政府税收额一开始是增加的，但当税率升高到一定值时，高税率削弱人们投资和消费的积极性，从而削弱税基，导致税收额下降。该曲线表明，同样的税收额可以由高低两种税率获得。降低税率会提高劳动和资本的税后报酬，刺激劳动和资本供给的增加，进而推动潜在的产出增长。

近年来我国出台一些结构性减税措施，特别是实施了"营改增"，明显降低了小规模纳税人税负。但从经济转型发展需要和居民诉求来看，宏观税负仍有下调空间。在经济下行背景下，更要发挥好减税的逆周期调节功能。相对于降息，减税能直接降低企业生产成本，更有效地帮助企业渡过难关。对政府而言，减税并不意味着税收总量减少，因为减税产生的供给效应会开辟新税源、拓宽税基，从长远看会增加税收，这也是"拉弗曲线"的政策含义。

总之，加强供给侧改革是中国经济进入新常态后宏观经济政策的重大转向，其核心是放权减税，必须明确企业的主体地位。供给侧改革必然会造成结构调整的阵痛，但只有经历了这一过程，中国经济才能凤凰涅槃，跨越中等收入陷阱，在一个新的高度实现新的发展。

国人 2015 年境外消费超万亿说明了什么[①]

长期以来，内需特别是消费需求不足是制约中国经济持续健康发展的一大瓶颈。而中国消费者海外"扫货"却劲头十足，不仅是奢侈品，连电饭煲、马桶盖等一般消费品也热衷从境外购买。2015 年我国出境旅游人数达 1.2 亿人次，境外消费达 1.2 万亿元人民币左右。中国游客强劲的购买力成为拉动一些国家经济增长的重要动力。

消费者有自由选择、自主消费的权利。但值得反思的是，中国工业门类齐全，国内消费品堆积如山，为何国人还不远万里到境外消费？这不能怪消费者，而是国内缺乏让消费者称心如意的高品质商品供给。这再次说明当前中国经济的症结不在需求侧，不是有效需求不足，而是供给侧出现问题导致供需结构不协调。

一方面，国内产能过剩严重，很多消费品积压滞销；另一方面，消费者在国内买不到价格合适的高品质商品，不惜全球"海淘"。这是中国经济结构性问题的基本表现。长期以来，中国经济增长过于依赖投资，政府为实现"保增长"的目标，以凯恩斯主义为理论基石，通过需求管理对经济进行强有力的干预。但问题是投资创造的需求是中间需求，而不是最终需求，一旦消费跟不上，就会形成产能过剩。在结构不合理的背景下，单纯的需求管理刺激虚假需求，从而带来固化原有产业结构和扭曲市场需求的效果。而且这些投资占用大量资源，影响了企业对创新和研发的长期投入，使很多企业挣扎在供给过剩的中低端产业里，打"价格战"。

产业结构调整的本质是资源的重新配置，这是市场的强项。随着经济发展和人民生活水平的提高，消费者需求的层次和水平会自然提高。中国已积累了较强的工业生产技术，事实上消费者在境外抢购的不少商品都是贴上国外品牌的"中国制造"。只要预期收益大于成本，生产者就会加大投入，根据消费者需求变化提高供给品质。如果能真正让市场在资源配置中发挥决定性作用，供需结构性矛盾就不会如此突出。因为生产的目的是消费，如果不存在虚假需求的刺激，企业会根据市场变化自发调整供给，

---

① 本文发表于《新京报》2016 年 2 月 2 日 A05 版。

没有哪个企业会在亏本的情况下长期生产，使产能过剩愈演愈烈。

可见，引导境外消费回流至国内，要从根本上加快结构调整步伐，创造有效供给，抑制无效供给，推动国内一般竞争性领域的产业迈向中高端，为国内消费者提供更高品质的"中国制造"。如果在国内就能买到与境外品质相当、价格相差不大的商品，谁又会舍近求远？在这一过程中，市场和政府要各司其职，合力推进供给侧改革。

首先，要理顺产业结构调整机制，明确供给侧改革中市场的决定性作用和企业的主体地位，让企业获得更多资源，在市场指引下自发调结构。其次，在制度供给、公共产品等领域要更好地发挥政府作用。包括实施严格的质量标准，优化境内消费环境，加快实施促进供给侧改革的税收制度改革等。

总之，国人热衷境外消费反映出中国经济深层次的结构性问题。市场和政府要发挥好各自在供给侧改革中的角色，促进结构优化和产业升级，逐步让"中国制造"走向世界，把消费者留在境内，让亿万群众的消费潜力成为新常态下拉动经济增长的强劲动力。

让收入政策助力供给侧改革①

供给侧结构性改革要重视内生性需求的合理增长，通过优化收入分配来改善消费结构，释放收入政策的改革红利。

供给侧结构性改革是适应和引领经济发展新常态的大势所趋。但供给侧结构性改革绝非意味着忽视需求对经济发展的拉动作用。事实上，供给和需求是经济的两个基本面，二者互为条件，相互转化。推进供给侧结构性改革不能再搞"大水漫灌"式的强刺激，而要重视内生性需求的合理增长，通过优化收入分配来改善消费结构，释放收入政策的改革红利。

过去遇到经济下行风险时，我国习惯以凯恩斯主义为理论基石，从需求侧出发加强国家干预，通过总需求扩张刺激总量增长，政策手段主要是扩张性财政政策和宽松货币政策。而在供给侧结构性改革的背景下，宏观政策取向强调财政政策积极适度和货币政策稳健灵活。产业结构形成基本的供给结构，收入结构决定了基本的需求结构，因此结构性改革在政策手段上要更多地使用产业政策和收入政策。从需求角度看，就是要发挥好收入政策的积极作用。

收入决定消费，合理的收入政策优化收入分配格局、改善消费结构，间接地促进产业结构为适应消费结构而调整，从而为供给侧结构性改革提供动力。收入分配包括初次分配和二次分配，政府在其中扮演不同角色，收入政策要精准定位。

在初次分配领域，政府要做的是维护初次分配规则，通过立法适度调节过高收入，而不能通过行政手段直接干预。初次分配结果由市场内生，其所有者获得的回报也就不同。通常说的效率与公平，事实上不是一个层面的问题。我们选择市场经济的原因正是因为追求效率是市场的基本功能，对市场而言，效率即是公平，平均主义才是剥削。政府真正应该做的是维护市场规则，消除人为因素、体制因素扭曲市场而产生分配不公。让各种要素在市场中得到应有的收入分配，让一切创造社会财富的源泉充分涌流，这样才能激励大众创新创业，优化供给体系。

---

① 本文发表于《新京报》2016 年 3 月 23 日 A04 版。

　　二次分配的目的是通过公共产品和转移支付防止初次分配结果过分不均等，维护社会稳定，政府是当之无愧的主角。实施供给侧结构性改革，难免会出现一些退出产业的下岗问题，造成社会阵痛，但如果不改革，经济社会的"病情"会越来越重。政府要通过社会政策守住民生底线，在二次分配领域更好地发挥作用。一方面要强化基本公共服务，在医疗、教育、社保等方面减轻居民后顾之忧，让居民有更大的信心去消费和创业；另一方面要推进精准扶贫，尤其要对下岗人员再就业进行定向补贴，通过授之以渔助其再就业，使其成为供给侧结构性改革新的人力资本。

去产能，用好市场和政府"两只手"[①]

产能过剩是中国经济发展过程中长期积累的结构性问题。作为 2016 年经济工作的首要任务，去产能是推进中国经济结构性改革的关键环节。在经济新常态下，化解过剩产能不宜再靠经济刺激走总量扩张的老路，否则"僵尸企业"在得到短暂喘息后将来会酿成更大程度的产能过剩，而要理顺产业结构调整机制，让市场的归市场，政府的归政府。

从理论上看，产能过剩长期存在违背市场经济的基本逻辑。因为资源是稀缺的，如果一种商品供过于求，它的价格会自动调整，当价格低到不足以带来利润甚至弥补成本时，企业就不会追加投资生产这种商品。机警的企业家会小心翼翼地根据市场变化调整生产，把资源投入收益最大的地方。虽然个别企业会在"试错"过程中付出一定的代价，但亏损产生的负激励向市场传递新的信息。企业会据此及时纠错止损，把社会资源的总损失降到最低。一个正常企业不会在亏本的情况下持续生产，市场机制本身就是一种自我纠错的机制。

为何产能过剩会在中国长期存在？从根本上说是政府过度干预，扭曲市场的自动调节机制造成的。当前产能过剩的钢铁、水泥、平板玻璃、电解铝、船舶等产业无一例外都是政府曾经选定大力扶持和补贴的产业。这些产业在发展之初的确是市场所需要的，因投资大、税收高、对 GDP 拉动作用显著而受到政府青睐。可当各地都争相上马这些项目时，产能过剩就不可避免地出现了。此时，出于维系 GDP 增长、保障税收和就业等目的，地方政府往往投入大量公共资源对过剩产业进行支援和救助，导致正常的市场出清过程受到阻碍。

一味支援"僵尸企业"只是拖延了解决问题的时间，让产能过剩积弊更深。产业兴衰更替是正常的市场过程，只有缩减旧供给，才能腾挪出更多的资源投入新供给，从而提高供给体系的有效性。但去产能不可走另一个极端，即通过行政手段强制关闭企业。即使是过剩产能，也存在市场需求空间，只是供给严重超过了需求。唯有市场能够识别企业的优劣，通

---

① 本文发表于《新京报》2016 年 2 月 25 日 A04 版。

过优胜劣汰逐步化解产能过剩。行政手段虽见效快，但追求的是"效果"，而非"效率"。由政府主导产业结构调整，很可能出现一哄而上产能过剩，一哄而散产能短缺的现象，造成经济剧烈波动，浪费大量资源，产生一系列经济和社会问题。

因此，去产能也要尊重和依靠"看不见的手"，给予市场发挥决定性作用的时间和空间，让企业根据实际情况维持生产、开发创新、兼并重组或破产清算。让市场力量抑制无效供给，创造有效供给，使供给结构更好地适应需求结构。

同时，政府要在制度供给、公共服务领域更好地发挥作用，用"看得见的手"为去产能创造公平的市场环境和保障机制。一方面，要加强市场机制建设，完善生产要素市场，促进生产要素在一般竞争性领域自由流通，用市场的"活水"逐步消融过剩产能的"冰山"。另一方面，要强化公共服务职能，守住民生底线。发挥好社会保障制度的托底作用，保障去产能过程中下岗工人的基本生活，并加大对再就业培训的投入和补贴；与企业保持密切沟通，及时发布就业信息，促进企业用工和居民就业的信息对称，让去产能形成的下岗人员尽快走上新的工作岗位，维护社会稳定。

总之，只有真正做到市场的归市场，政府的归政府，市场与政府各司其职，去产能才会取得实效。

去库存，以深化改革促动供需两侧发力①

　　化解房地产库存是推进供给侧结构性改革的五大任务之一。国家统计局数据显示，截至 2015 年末，我国商品房待售面积 71853 万平方米。而 2015 年房屋新开工面积 154454 万平方米，这意味着在既有库存还未完全消化的同时，仍有新房源源不断涌向市场，房地产库存压力十分明显。

　　从理论上看，库存的大量存在说明企业商品积压滞销，是市场供过于求的表现。价格机制是调节供求关系的基本机制。在既有供给的约束下，降低价格以刺激更多需求是企业去库存的基本手段。只要价格机制顺畅，市场就会在新的均衡价格上形成供需平衡。然而，近期伴随我国房地产去库存的市场现象不是房价下降，而是多数城市房价上涨。国家统计局公布的房价数据显示，2016 年第一季度，全国 70 个大中城市新建商品住宅价格环比上涨的城市个数由 38 个增加至 62 个，4 月进一步增至 65 个。不仅房价上涨城市个数大幅增加，而且总体涨幅扩大，房价上涨由一线城市向二三线城市全面蔓延。4 月新建商品住宅价格环比综合平均涨幅二三线城市比上月分别扩大 0.3 个和 0.2 个百分点，有些二线城市涨幅已超过一线城市。随着住宅销售价格环比上涨，同比上涨城市个数继续增加。一二线城市新建商品住宅价格同比综合平均涨幅均比上月继续扩大，三线城市综合平均同比也已由降转升，开始上涨。房价上涨最快的深圳 4 月新建商品住宅价格同比涨幅高达 63.4%。

　　为何房价会在库存压力下逆势上涨？这已不能简单地用供求关系来解释。住房既是消费品，也是投资品。在信用货币时代，决定房价的三大因素是：供求关系、未来预期和货币因素。此轮房价上涨的主要原因是前期的货币驱动和政策刺激。2015 年以来，央行多次降息降准，货币投放趋于增加。2016 年 1 月人民币贷款更是激增 2.51 万亿元，创历史纪录，其中 78.7% 的住户部门贷款为中长期，绝大多数是购房按揭贷款。在股市受挫、实体经济新增长点尚未形成、从中央到地方出台各项利好楼市政策的背景下，大量资金涌入房地产市场，推高了原本稳中有降的房价。一旦

---

　　① 本文写作完成于 2016 年 5 月，在本书出版前未公开发表。

房价上涨的预期形成，就会引起"刚需"的恐慌性购买和投资客的返场投机，从而加剧房价非理性上涨。

从去库存的角度看，货币驱动和政策刺激并非长久之计。由货币驱动的房价大涨会加重房产的投资属性，挤占实体经济发展资金，影响大众创新创业。降低首付比例等刺激政策实际上是把房地产企业的杠杆转嫁到居民身上，削弱中产阶层未来的购买力，影响国内消费需求扩大。此外，资金的大进大出会造成市场异常波动。这都会对新常态下转变经济发展方式、培育新经济增长点产生消极影响。从长远来看，去库存不能以增加杠杆和风险为代价，而要着眼于解决房地产市场的体制机制弊端，通过深化改革引导去库存走向健康的市场化轨道，促动供需两侧齐发力。

在需求侧，要充分释放人口城镇化红利，扩大有效需求。当前我国人口城镇化明显滞后于土地城镇化，这是导致房地产库存大的一个重要原因。国家统计局数据显示，2015 年末，我国城镇常住人口 7.71 亿，占总人口比重（常住人口城镇化率）为 56.1%。然而，常住人口中包含大量在城镇工作，却没有取得所在城镇户籍的人户分离人口。他们常年处在迁徙和漂泊状态，虽生活在城镇但对城镇没有归属感，很多家庭宁可忍受较差的居住环境也不愿买房。2015 年末全国人户分离的人口达 2.94 亿，其中流动人口 2.47 亿。去库存首先要激活这部分人的住房需求潜力，通过落实户籍制度改革使他们真正成为市民，为其提供就业、社保、医疗、子女就学等基本公共服务，使其真正融入城市生活，对常年居住、工作的城镇有归属感，从而坚定其买房定居的信念。

另外，要深化财税体制改革，构建财力与事权相匹配的地方税收体系，让地方政府推进人口城镇化获得充足的财力保障，破除对土地财政的依赖。分税制改革后，地方政府由于税源不足，土地出让逐渐成为其收入的主要来源，因此热衷卖地造城、扩张城镇。地方政府对能获得收益的土地城镇化青睐有加，而对需付出财力的人口城镇化重视不足。为获得较高的土地出让收益，地方政府往往希望维持高房价，对市场正常的"以价换量"形成一定干扰。去库存在本质上是一种市场行为，要让房价按市场规律回归合理水平，促进供需逐渐平衡。在税制改革中要进一步理顺中央和地方收入划分，遏制地方政府卖地造城的冲动，杜绝新库存大面积形成，以人口城镇化逐步化解既有库存。

在供给侧，要积极改造存量住房，提高供给品质，通过创新地产供给模式创造新的有效需求。当前我国传统型住宅供给偏多，竞争同质化现象比较严重。房地产企业要根据人口老龄化趋势和居民多样化需求，将房地产业和其他产业有效融合，提供细分领域的高品质住房供给。例如，将存量住房和医疗保健、养老服务相结合，开发养老地产，主动把握人口老龄化带来的业务机会；将存量住房和特色休闲旅游相结合，开发旅游地产，满足新时期居民自如旅行和居住需求等。

　　总之，化解房地产库存不能过度增加居民杠杆，谨防货币驱动和政策刺激助长房产投机，影响经济结构调整进程。要通过深化改革推进人口城镇化、创新地产供给模式，在供需两侧同时发力，形成去库存的市场化长效机制。

去杠杆，寻找政府、企业和居民的平衡点①

经济学意义上的"杠杆"指通过借债等金融手段，以较小规模的自有资金撬动和支配大量资金，实现"以小搏大"，扩大经营或投资规模。国民经济的三个基本部门居民、企业、政府都存在不同程度的杠杆活动。杠杆必然带来风险，它既能放大收益，也能放大损失，具有显著的顺周期特征。近年来，中国经济整体杠杆水平增长较快，以"债务/GDP"计算，全社会杠杆率从 2008 年的 170% 上升到 2015 年的 249%。在进入新常态后经济下行压力较大的背景下，高杠杆之风险日趋显现，控制不好就可能触发系统性金融风险。因此，去杠杆成为供给侧结构性改革的主要任务之一。从实践来看，当前更多强调企业去杠杆。事实上，居民、企业、政府三大部门相互依赖、相互影响，共同构成国民经济的整体，去杠杆不能"拆东补西"，尤其不能以过度提高居民杠杆为代价来稳增长，而要统筹兼顾，寻找政府、企业和居民的平衡点。

从结构来看，我国非金融企业杠杆率最高，降低企业杠杆率的确是去杠杆的当务之急。中国社会科学院发布的"中国国家资产负债表"显示，截至 2015 年底，债务余额占 GDP 的比重非金融企业部门达 131%，而政府和居民部门都在 40% 左右，金融企业部门约为 21%。企业去杠杆将消耗大量财务资源，有的企业甚至走向破产重组，在短期内难免对经济增长带来一定冲击。阵痛不可避免，但这正是供给侧结构性改革的必经关口，是中国经济从规模扩张走向提质增效的凤凰涅槃。如果不经历这一阵痛，金融风险会不断聚集，中国经济转型的不确定性会越来越大。

有一种观点认为，可以通过居民部门加杠杆来缓释企业去杠杆对经济增长造成的冲击。直观地看，中国居民部门杠杆率与一些发达国家相比的确不高。但由于所处发展阶段不同，中国的基本公共服务供给、社会福利水平与发达国家仍有一定差距，居民的谨慎性动机更为强烈。2016 年居民中长期贷款急剧增长，对稳增长确实起到了一定作用。但居民中长期贷

---

① 本文经编辑删减后，以"找准政府、企业和居民的去杠杆平衡点"为题发表于《上海证券报》2016 年 11 月 23 日第 8 版。

款剧增的主因是 2016 年以来一二线城市房价快速上涨，绝大多数居民贷款投向房地产市场，并没有形成新的经济增长点。目前京、沪、深三城中心城区房价每平方米 10 万元已成为常态，与之相伴的是居民部门杠杆率大幅攀升。2016 年上半年居民房贷新增 2.36 万亿元，同比增长 1.25 万亿元，预计全年将突破 4 万亿元。杠杆率过高严重挫伤居民消费与投资的信心和能力，对中国经济新旧动能接续转换、经济转型升级造成一定消极影响。

在需求方面，高杠杆透支居民未来消费能力，不利于新常态下经济增长动力从投资驱动向消费驱动转换。经历了 30 多年高强度大规模开发建设后，传统产业产能过剩，投资效率下降。消费者多样化、高品质的消费需求成为激发投资新活力、拉动经济增长的基础力量。中等收入群体是扩大消费需求的主力，中央多次强调扩大中等收入群体。高杠杆使很多中产家庭把绝大多数预期收入用于偿还房贷，必然挤占居民未来消费空间，影响经济增长新动力的培育。

在供给方面，高杠杆与高房价相互影响，促使大量资金涌入房地产业，对实体经济发展和大众创新创业造成消极影响。"大众创业、万众创新"是结构性改革的重要内容和经济发展新动力。亿万群众的创造活力推动企业创造有效供给和开拓消费市场。然而，高房价下居民部门的高杠杆率促使大量原本应投入创新创业的资金进入楼市，造成居民和企业热衷炒房，甚至出现居民"众筹炒房"、上市公司"卖房保壳"等怪象。楼市高温、实业遇冷对推进供给侧结构性改革十分不利。

从政府部门来看，进入新常态后财政收入增长放缓，而财政支出却保持刚性增长，地方政府杠杆率上升趋势明显。房价上涨拉动地价上涨，虽然可增加地方政府当期土地出让收入，一时降低政府部门杠杆，但土地财政模式不可持续。从长远看，政府部门去杠杆的关键还是要通过经济结构调整和实体经济发展来增加税源、拓宽税基，使税收稳步增长，降低对土地财政的依赖。因此，政府部门去杠杆从根本上要靠企业和居民。只要供给侧结构性改革顺利推进，经济发展的质量和效益得以提升，政府部门杠杆率自然会水到渠成地降低。

对企业而言，去杠杆要更多地在分母上做文章。在结构调整中促进产业迈向中高端，通过扩大有效供给、激发有效需求来提高生产效益是企业去杠杆的根本之策。企业是供给侧结构性改革的主体，会在市场规律的指引下根据自身需求开展或参与降杠杆。正如亚当·斯密所言："他追求自己的利益，往往使他能比在真正出于本意的情况下更有效地促进社会的利益。"对于扭亏无望、已失去生存发展前景的"僵尸企业"，要当机立断进行处置，全面清查企业资产，依法进行兼并重组或清偿破产，妥善安置人员。

去杠杆是一项时间跨度较长的系统工程，要着眼于供给侧结构性改革的长远目标，寻找政府、企业和居民三大部门的平衡点。近期要特别关注房价剧烈上涨背景下居民部门杠杆率的提高，把握好稳增长、调结构、防风险的关系，防止居民高杠杆率困顿民生，影响结构性改革大局。

降成本，积极的财政政策要有所作为①

中央把"降成本"列为供给侧结构性改革五大任务之一，明确提出帮助企业降低成本。这是提振实体经济，稳固国民经济运行基础和维护社会稳定的关键举措。不少人指出融资成本高是企业成本高企的主要原因。2014 年底以来，央行多次降息降准，不断向市场释放流动性，以期进一步降低社会融资成本，缓解实体经济特别是小微企业融资成本高的问题。但从实际来看，小微企业"融资难、融资贵"是资金供给的结构性问题造成的，仅靠增加资金总量对解决这一问题效果有限。降成本，应该把政策重心从货币政策转向财政政策，通过减税降费能更直接、更有效地减轻企业负担，助力供给侧结构性改革。

小微企业是新常态下最具创新创业活力的市场主体，但在现有资金供给结构下，即使货币投放增加也难以使小微企业获得有效的信贷支持。以创历史新高的 2016 年 1 月信贷数据为例，当月对实体经济发放的人民币贷款增加 2.54 万亿元，其中住户部门贷款增加 6075 亿元，非金融企业及机关团体贷款增加 1.94 万亿元。从期限结构看，中长期贷款占比超过 60%，是贷款增加的主力。住户部门中长期贷款以购房按揭贷款为主，企业机关中长期贷款以基建项目为主。另外，受人民币贬值影响，一些企业将美元债务转换为人民币贷款以收缩外汇风险敞口。

也就是说，2016 年 1 月激增的信贷资金主要用于支持房地产、政府基建项目以及金融资产互换，对民营经济、小微企业"降成本"支持有限。另外，持续降息降准增加货币投放，可能造成通胀预期，引发物价上涨，增加居民生活成本的同时也会增加大众创新创业成本。2016 年 2 月我国居民消费价格指数（CPI）同比上涨 2.3%，创下近 19 个月以来的新高，前期货币投放快速增长产生的物价上涨效应开始显现。

更值得担忧的是，在新经济增长点尚未形成之时，房地产业将在资金驱动和政策刺激下再次升温，成为吸收新释放货币的主要资金池，势必影响"转方式、调结构"的市场进程。2016 年以来，新一轮房价上涨已从一线城市

---

① 本文写作完成于 2016 年 3 月，在本书出版前未公开发表。

向全国蔓延，北京、深圳等城市房价涨幅尤其惊人。高房价增加家庭杠杆，使多数居民将主要财富配置在房产上，削弱居民未来消费和投资创业能力，不利于经济增长动力从要素驱动、投资驱动向创新驱动、消费驱动转变。

因此，虽然在理论上增加货币供应量可能降低小微企业资金使用成本，但在结构性问题突出的背景下，这一效果难以达到。而且货币廉价化会造成居民购买力稀释、结构性问题更加严重等消极后果。与其如此，不如直接减税降费，让积极的财政政策有所作为，通过政府向企业让利来降低企业成本。

减税刺激生产正是供给经济学的理论精髓。事实上，减税降费是用短期财政收入的"减"换取持续发展势能的"增"，是为了更好地培育新经济增长点，从长远看会开辟新税源、拓宽税基，从而增加政府收入。

近年来，我国实施的营业税改增值税、小微企业所得税税率降低、应纳税所得额减半等措施明显降低了小规模纳税人税负。但从企业的实际情况来看，税负仍有下调空间。未来积极的财政政策要从服务政府性投资向大力改善民生转型，新产生的财政赤字应主要用于减税降费和增加基本公共服务支出，切实为企业减负，激发市场活力。

例如，在2016年"营改增"改革将全面完成的背景下，要加快制定特定行业应采取的过渡性措施，把握好改革的力度和节奏，确保2016年政府工作报告中提出的"所有行业税负只减不增"。研究完善有利于大众创新创业的税收政策体系，通过税收减免优惠帮助新企业、新业态快速成长。针对企业反映的基本养老保险企业缴费比例过高问题，要在降低企业和个人缴费比例的同时，增加政府支出比例，通过强化政府的公共服务职能在降低企业负担的同时保证社会福利不减。

同时，要深化行政体制改革。一方面，全面梳理、清理调整现有行政职权，加快建立各级政府工作部门权力清单制度。按照权责一致的原则建立责任清单，明确政府职权与对应责任。对行政事业性收费实行目录清单管理，清理各种不合理收费，降低"明规则"产生的交易成本。另一方面，要健全惩治和预防腐败体系，建设廉洁、高效政府，严厉惩处政府工作人员设租、寻租以及慵懒怠政行为，避免"潜规则"增加交易成本，挫伤居民创新创业的积极性。

总之，推进供给侧结构性改革要加快实施规模更大、受益更广、更精准的减税降费措施，进一步减轻企业税费负担和交易成本。

补短板，重在优化制度设计①

经过近 40 年高速发展，中国经济系统内部正发生深刻变化，结构性矛盾较为突出，在产业结构、民生保障、生态环境等经济社会不同领域都存在"短板"，有的"短板"已成为制约经济持续发展的全局性瓶颈。因而，"十三五"经济社会发展，关键在于补齐"短板"。制度是影响经济绩效的重要因素。诺贝尔经济学奖获得者道格拉斯·诺斯在《西方世界的兴起》中开宗明义地谈道："有效率的经济组织是经济增长的关键：一个有效率的经济组织在西欧的发展正是西方兴起的原因所在。"供给侧结构性改革着眼于解决中长期经济问题，仅靠要素投入，或者细枝末节的调整难以实现补短板标本兼治。补短板重在优化制度设计，要从顶层设计的高度深化重要领域改革，攻克体制机制上的顽瘴痼疾。

产业结构不合理是影响新发展动能形成的最大短板。事实上，产业结构调整是自发的市场过程，价格涨落自会引导结构调整。在正常的市场环境中，产能过剩不可能长期存在，因为没有一个企业会在亏本情况下持续生产。产能过剩之顽疾，归根到底是地方政府过度干预，扭曲要素配置形成的。为推进供给侧结构性改革，产业政策的基本定位应是维护市场公平、增进市场机能，而非干预市场过程、替代市场竞争。为此，补齐产业发展的短板，要在制度设计上鼓励企业家去发现，而非政府去选择。政府不能替代市场去预测哪些产业该发展，更不能动用公共资源去发展某个项目。

补新兴产业短板，政府应该在减少税费、降低交易成本方面更好地发挥作用。早些天，福耀玻璃集团创始人曹德旺赴美投资建厂引发热议。曹德旺详细对比了中美投资的成本和收益，认为在美国生产更为划算。事实上，赴美投资的中国企业不止福耀玻璃一家，近年来中国对美直接投资大幅增加，在 2015 年已超过美国对华直接投资。逐利是资本的天性，企业自由选择投资地本无可厚非，但在中国经济转型升级的关键时期，要补新兴产业短板，亟须进一步降低企业税费负担，用真金白银留住企业。

---

① 本文发表于《上海证券报》2017 年 1 月 18 日第 7 版。

　　在民生保障方面，还须构建扶贫开发的长效机制。捐赠救济、走访慰问式扶贫治标不治本，消除贫困关键是培育人才和产业，这至少可从三方面着手：一是统筹各级政府财力资源，构建乡村贫困家庭子女到城镇优质学校接受初、中等教育的资助体系。让贫困地区孩子享受同等丰富的教育资源。二是稳步推进农村土地所有权、承包权和经营权的"三权分置"，促进耕地流转确权，让有志于留在农村从事第一产业的农民稳定经营预期，获得农业生产的规模效应，放手发展现代农业。三是加大对农民工技能培训的财政补贴和社会支援力度，让那些脱离农业生产的青年农民工掌握一技之长，逐步成为现代产业工人、中高端服务业从业者和大众创业参与者，成为我国产业转型升级的人力资本。

　　在生态环境方面，当前的急务是通过市场机制和完善法制来引导和约束企业行为，通过制度安排使企业生产的外部成本内部化，激励企业自发节能减排。企业通过成本收益分析决定自己的行为，如果污染造成的环境成本不由企业承担，或企业以较低代价承担，那企业就没有防污治污动力。过去经济发展是短板，今天环境保护是短板，民众对清新空气的渴望甚至比对物质财富的追求更为强烈。中国已是中等收入国家，我们不能再用老的思维方式发展工业，而要经得起结构调整的阵痛。一方面，实施严格的环保标准，重罚企业直接外排，提高企业污染排放成本，实现环境污染外部成本内部化、社会成本企业化，让企业发现高污染太不划算。另一方面，根据时代发展和群众诉求，完善环保立法，提高官员政绩考核体系中生态环境所占比重，加强执法检查，让环保违法无所遁形。由此从内外两方面激励企业实施技术改造、加大环保投入、淘汰落后产能、降低污染排放。

　　经济社会发展的短板不是一两天形成的，补齐这些短板更需要决心、耐心、毅力，更需要优化制度设计，以攻克体制机制上的顽瘴痼疾，形成补短板巨大的内生力量。供给侧结构性改革的落脚点是改革。补短板要不失时机地深化重要领域的改革，通过释放改革红利、激发社会活力，引领中国经济新一轮高水平发展。

参考文献

[1] ［美］阿兰·鲁福特·华特斯：《经济增长与产权制度》，载［美］道、汉科，［英］瓦尔特斯等《发展经济学的革命》，黄祖辉、蒋文华译，上海三联书店 2000 年版。

[2] ［英］安格斯·麦迪森：《世界经济千年史》，伍晓鹰、许宪春、叶燕斐等译，北京大学出版社 2003 年版。

[3] ［波］奥斯卡·兰格：《社会主义经济理论》，王宏昌译，中国社会科学出版社 1981 年版。

[4] ［美］保罗·萨缪尔森、威廉·诺德豪斯：《经济学》（第 18 版），萧琛译，人民邮电出版社 2008 年版。

[5] ［美］布坎南、瓦格纳：《赤字中的民主——凯恩斯勋爵的政治遗产》，刘廷安、罗光译，北京经济学院出版社 1988 年版。

[6] ［美］查默斯·约翰逊：《通产省与日本奇迹——产业政策的成长（1925—1975）》，金毅、许鸿艳、唐吉洪译，吉林出版集团有限责任公司 2010 年版。

[7] 柴刚：《山东莱芜：一座航空之城的落地难题》，《中国经营报》2014 年 1 月 13 日 B9 版。

[8] 陈淮：《日本产业政策研究》，中国人民大学出版社 1991 年版。

[9] 戴文益：《产业结构调整机制及其作用条件探讨》，《上海经济研究》1992 年第 3 期。

[10] ［美］道格拉斯·诺斯：《经济史中的结构与变迁》，陈郁、罗华平等译，上海三联书店 1994 年版。

[11] ［美］道格拉斯·诺斯、罗伯特·托马斯：《西方世界的兴起——新经济史》，厉以平、蔡磊译，华夏出版社 1989 年版。

［12］范若虹、徐淑君：《比调整人民币汇率更重要的事——专访诺贝尔经济学奖得主斯蒂格利茨》，《财经国家周刊》2010 年第 8 期。

［13］〔美〕菲吕博腾、配杰威齐：《产权与经济理论：近期文献的一个综述》，载〔美〕R. 科斯、A. 阿尔钦、D. 诺斯等《财产权利与制度变迁——产权学派与新制度学派译文集》，刘守英等译，上海三联书店 1994 年版。

［14］〔美〕弗莱德·M. 泰勒：《社会主义国家的生产指导》，张春霖译，《经济社会体制比较》1987 年第 5 期。

［15］〔美〕弗兰克·H. 奈特：《风险、不确定性与利润》，安佳译，商务印书馆 2010 年版。

［16］〔美〕富兰克·H. 奈特：《风险、不确定性和利润》，王宇译，中国人民大学出版社 2005 年版。

［17］〔德〕弗里德里希·李斯特：《政治经济学的国民体系》，陈万煦译，商务印书馆 1961 年版。

［18］付雪成：《试论我国产业结构调整的机制》，《经济经纬》1995 年第 5 期。

［19］高鸿业：《西方经济学》（第五版），中国人民大学出版社 2011 年版。

［20］〔口〕关满博：《东亚新时代的日本经济——超越“全套型”产业结构》，陈生宝、张青平译，上海译文出版社 1997 年版。

［21］〔美〕哈罗德·登姆赛茨：《关于产权的理论》，载〔美〕R. 科斯、A. 阿尔钦、D. 诺斯等《财产权利与制度变迁——产权学派与新制度学派译文集》，刘守英等译，上海三联书店 1994 年版。

［22］〔英〕哈耶克（原译：海约克）：《物价与生产》，滕维藻、冯兴元、朱宗风译，上海人民出版社 1958 年版。

［23］〔英〕哈耶克、诺齐克等：《知识分子为什么反对市场》，秋风等译，吉林人民出版社 2011 年版。

［24］〔英〕哈耶克：《货币的非国家化》，姚中秋译，新星出版社 2007 年版。

［25］〔英〕哈耶克：《经济学和知识》，载哈耶克《个人主义与经济秩序》，贾湛、文跃然等译，北京经济学院出版社 1989 年版。

［26］〔英〕哈耶克：《竞争的含义》，载哈耶克《个人主义与经济秩序》，

贾湛、文跃然等译，北京经济学院出版社 1989 年版。

[27] ［英］哈耶克：《科学的反革命——理性滥用之研究》，冯克利译，译林出版社 2003 年版。

[28] ［英］哈耶克：《社会主义的计算（一）：问题的性质与历史》，载哈耶克《个人主义与经济秩序》，贾湛、文跃然等译，北京经济学院出版社 1989 年版。

[29] ［英］哈耶克：《社会主义的计算（二）：1935 年争论的真相》，载哈耶克《个人主义与经济秩序》，贾湛、文跃然等译，北京经济学院出版社 1989 年版。

[30] ［英］哈耶克：《社会主义的计算（三）：竞争的"解决办法"》，载哈耶克《个人主义与经济秩序》，贾湛、文跃然等译，北京经济学院出版社 1989 年版。

[31] ［英］哈耶克：《通往奴役之路》，王明毅、冯兴元译，中国社会科学出版社 1997 年版。

[32] ［英］哈耶克：《知识在社会中的利用》，载哈耶克《个人主义与经济秩序》，贾湛、文跃然等译，北京经济学院出版社 1989 年版。

[33] ［英］哈耶克：《致命的自负》，冯克利、胡晋华译，中国社会科学出版社 2000 年版。

[34] ［英］哈耶克：《自由宪章》，杨玉生、冯兴元、陈茅等译，中国社会科学出版社 2012 年版。

[35] ［英］哈耶克：《自由秩序原理》（上），邓正来译，生活·读书·新知三联书店 1997 年版。

[36] ［英］哈耶克：《作为一种发现过程的竞争——哈耶克经济学、历史学论文集》，邓正来译，首都经济贸易大学出版社 2014 年版。

[37] 何大安：《资源配置与产业结构调整》，《当代经济科学》1994 年第 5 期。

[38] ［西］赫苏斯·韦尔塔·德索托：《社会主义：经济计算与企业家才能》，朱海就译，吉林出版集团有限责任公司 2010 年版。

[39] ［日］鹤田俊正：《高速增长时期》，载小宫隆太郎、奥野正宽、铃村兴太郎《日本的产业政策》，黄晓勇等译，国际文化出版公司 1988 年版。

[40] 胡锦涛：《坚定不移沿着中国特色社会主义道路前进为全面建成小

康社会而奋斗——在中国共产党第十八次全国代表大会上的报告》，人民出版社 2012 年。

[41] 黄建军：《价格机制与产业结构调整的理论分析》，《价格月刊》1993 年第 5 期。

[42] 江飞涛、李晓萍：《干预市场抑或增进与扩展市场——产业政策研究述评及理论重构的初步尝试》，载《2011 年产业组织前沿问题国际研讨会会议文集》。

[43] 江飞涛、李晓萍：《直接干预市场与限制竞争：中国产业政策的取向与根本缺陷》，《中国工业经济》2010 年第 9 期。

[44] 江小涓：《产业结构调整与产业政策：迈过短缺经济后的再思考》，《经济研究参考》1999 年第 Z1 期。

[45] 江小涓：《理论、实践、借鉴与中国经济学的发展——以产业结构理论研究为例》，《中国社会科学》1999 年第 6 期。

[46] 江小涓：《市场竞争应该成为我国产业结构调整的基本途径》，《财经问题研究》1995 年第 8 期。

[47] ［日］今井贤一：《从技术革新看最近的产业政策》，载小宫隆太郎、奥野正宽、铃村兴太郎《日本的产业政策》，黄晓勇等译，国际文化出版公司 1988 年版。

[48] ［日］今井贤一：《综合评论之二》，载小宫隆太郎、奥野正宽、铃村兴太郎《日本的产业政策》，黄晓勇等译，国际文化出版公司 1988 年版。

[49] 金学：《关于社会主义再生产问题的讨论及值得探讨的若干问题》，《学术月刊》1962 年第 6 期。

[50] ［日］井村喜代子：《现代日本经济论——从战败到步出"经济大国"》，季爱琴、王建钢译，首都师范大学出版社 1996 年版。

[51] ［美］卡伦·沃恩：《奥地利学派经济学在美国——一个传统的迁入》，朱全红、彭永春、宋正刚等译，浙江大学出版社 2008 年版。

[52] 康珂、周幼曼：《供给学派与中国经济转型》，《理论研究》2013 年第 6 期。

[53] 康珂：《古典价值理论与经济结构调整——基于投入产出模型的分析》，《当代经济管理》2013 年第 9 期。

[54] 康珂：《经济结构调整也要走"群众路线"》，《党政论坛》2013 年

第 9 期。

[55] 康珂:《试论"中国梦"视域下中国经济结构的战略性调整》,《桂海论丛》2014 年第 2 期。

[56] [德] 柯武刚、史漫飞:《制度经济学:社会秩序与公共政策》,韩朝华译,商务印书馆 2000 年版。

[57] [法] 魁奈:《魁奈经济著作选集》,吴斐丹、张草纫选译,商务印书馆 1979 年版。

[58] [法] 莱昂·瓦尔拉斯:《纯粹经济学要义》,蔡受百译,商务印书馆 1989 年版。

[59] [美] 兰斯·泰勒:《结构主义宏观经济学》,颜泽龙译,经济科学出版社 1990 年版。

[60] 李克强:《关于调整经济结构促进持续发展的几个问题》,《求是》2010 年第 11 期。

[61] 李克强:《以改革创新驱动中国经济长期持续健康发展——在第七届夏季达沃斯论坛上的致辞》,《人民日报》2013 年 9 月 12 日第 3 期。

[62] 李命志:《论产业结构调整机制的转变》,《经济体制改革》1991 年第 3 期。

[63] 厉以宁:《经济改革、经济增长与产业结构调整之间的关系》,《数量经济技术经济研究》1988 年第 12 期。

[64] [苏] 列宁:《论所谓市场问题》,载《列宁全集》(第一卷),中共中央马克思恩格斯列宁斯大林著作编译局译,人民出版社 1984 年版。

[65] 林毅夫:《新结构经济学——反思经济发展与政策的理论框架》,苏剑译,北京大学出版社 2012 年版。

[66] 刘国光:《论所谓扩大再生产的"第二个基本公式"》,《光明日报》1962 年 2 月 26 日。

[67] 刘国光:《再论所谓扩大再生产的"第二个基本公式"——与雍文远等同志商榷》,《学术月刊》1962 年第 10 期。

[68] 刘杰、马传景:《资源配置机制的比较与选择》,《管理世界》1991 年第 2 期。

[69] 卢现祥、朱巧玲:《新制度经济学》,北京大学出版社 2007 年版。

［70］鲁济典：《生产资料生产优先增长是一个客观规律吗?》，《经济研究》1979 年第 11 期。

［71］［奥］路德维希·冯·米塞斯：《货币、方法与市场过程》，戴忠玉、刘亚平译，新星出版社 2007 年版。

［72］［奥］路德维希·冯·米塞斯：《社会主义：经济与社会学的分析》，王建民、冯克利、崔树义译，中国社会科学出版社 2008 年版。

［73］［奥］米塞斯：《人的行为》，夏道平译，远流出版事业股份有限公司 1991 年版。

［74］［德］路德维希·拉赫曼：《论奥地利学派经济学的核心概念：市场过程》，载［美］伊斯雷尔·柯兹纳、穆雷·罗斯巴德：《现代奥地利学派经济学的基础》，王文玉译，浙江大学出版社 2008 年版。

［75］［美］罗伯特·S. 平狄克、丹尼尔·L. 鲁宾费尔德：《微观经济学》（第七版），高远、朱海洋、范子英等译，中国人民大学出版社 2009 年版。

［76］［英］罗纳德·哈里·科斯：《经济学中的灯塔》，载科斯《企业、市场与法律》，盛洪、陈郁译，格致出版社 2009 年版。

［77］［英］罗纳德·哈里·科斯：《社会成本问题》，载科斯《企业、市场与法律》，盛洪、陈郁译，格致出版社 2009 年版。

［78］罗勤：《论政府在产业结构调整中的作用》，《社会科学辑刊》2001 年第 4 期。

［79］［英］马尔萨斯：《政治经济学原理》，厦门大学经济系翻译组译，商务印书馆 1962 年版。

［80］马洪、孙尚清：《中国经济结构问题研究》，人民出版社 1981 年版。

［81］马建堂：《我国产业结构调整机制的转换》，《学术界》1987 年第 3 期。

［82］［德］马克思、恩格斯：《马克思恩格斯全集》（第二十卷），中共中央马克思恩格斯列宁斯大林著作编译局译，人民出版社 1971 年版。

［83］［德］马克思、恩格斯：《马克思恩格斯全集》（第二十五卷），中共中央马克思恩格斯列宁斯大林著作编译局译，人民出版社 1974 年版。

［84］［德］马克思、恩格斯：《马克思恩格斯全集》（第三十卷），中共中央马克思恩格斯列宁斯大林著作编译局译，人民出版社 1995 年版。

［85］［德］马克思、恩格斯：《马克思恩格斯全集》（第四十四卷），中共中央马克思恩格斯列宁斯大林著作编译局译，人民出版社 2001 年版。

［86］［德］马克思：《资本论》（第一卷），中共中央马克思恩格斯列宁斯大林著作编译局译，人民出版社 2004 年版。

［87］［英］马歇尔：《经济学原理》（上卷），朱志泰译，商务印书馆 1964 年版。

［88］［英］马歇尔：《经济学原理》（下卷），陈良璧译，商务印书馆 1965 年版。

［89］毛泽东：《论十大关系》，载《毛泽东文集》（第七卷），人民出版社 1999 年版。

［90］［美］米尔顿·弗里德曼：《货币政策的作用》，载《弗里德曼文萃》，高榕、范恒山译，北京经济学院出版社 1991 年版。

［91］［美］米尔顿·弗里德曼：《价格理论》，蔡继明、苏俊霞译，华夏出版社 2011 年版。

［92］［美］米尔顿·弗里德曼：《资本主义与自由》，张瑞玉译，商务印书馆 1986 年版。

［93］［日］米泽义卫：《造船工业》，载小宫隆太郎、奥野正宽、铃村兴太郎《日本的产业政策》，黄晓勇等译，国际文化出版公司 1988 年版。

［94］欧阳胜：《论生产资料和消费资料的平衡》，《经济研究》1979 年第 6 期。

［95］［日］桥本寿朗、长谷川信、宫岛英昭：《现代日本经济》，戴晓芙译，上海财经大学出版社 2001 年版。

［96］［日］青木昌彦、金滢基、奥野－藤原正宽：《政府在东亚经济发展中的作用——比较制度分析》，中国经济出版社 1998 年版。

［97］［法］萨伊：《政治经济学概论——财富的生产、分配和消费》，陈福生、陈振骅译，商务印书馆 2009 年版。

［98］［日］三轮芳郎：《日本主要产业盛衰史》，《经济学译丛》1979 年

第 11 期。

[99] ［古希腊］色诺芬：《经济论·雅典的收入》，张伯健、陆大年译，商务印书馆 1961 年版。

[100] 实学：《关于扩大再生产公式的初步探讨》，《光明日报》1961 年 12 月 4 日。

[101] 舒福荣：《相对价格扭曲与产业结构调整》，《商业经济与管理》1991 年第 5 期。

[102] ［冰］思拉恩·艾格特森：《新制度经济学》，吴经邦、李耀、朱寒松等译，商务印书馆 1996 年版。

[103] ［美］斯蒂芬·马丁：《高级产业经济学》，史东辉等译，上海财经大学出版社 2003 年版。

[104] ［美］斯坦利·L. 布鲁、兰迪·R. 格兰特：《经济思想史》，邸晓燕等译，北京大学出版社 2008 年版。

[105] 宋则行：《也谈关于扩大再生产公式》，光明日报 1961 年 12 月 25 日。

[106] 王东京：《产业结构协调配置模型研究》，《经济理论与经济管理》1990 年第 2 期。

[107] 王东京：《谁是中国调结构的主体》，《学习时报》2012 年 10 月 8 日第 4 版。

[108] 王东京：《调结构，要放手让市场做主》，《21 世纪经济报道》2009 年 5 月 11 日第 26 版。

[109] 王东京：《中国的难题》，中国青年出版社 2006 年版。

[110] 王东京：《中国的选择》，中国青年出版社 2008 年版。

[111] 王东京：《中国的前景》，中国青年出版社 2010 年版。

[112] 王皓：《金融危机对产业结构的影响》，《中国社会科学报》2009 年 7 月 2 日第 7 版。

[113] 王廷惠：《微观规制理论研究——基于对正统理论的批判和将市场作为一个过程的理解》，中国社会科学出版社 2005 年版。

[114] 王效昭：《经济结构调整主体研究》，《技术经济》2006 年第 5 期。

[115] 王效昭：《经济结构调整主体与政府进、退作为研究》，《华东经济管理》2005 年第 5 期。

[116] ［英］威廉·配第：《政治算术》，陈东野译，商务印书馆 1978

年版。

[117]　魏杰、张文魁:《以产业组织创新实现产业结构调整》,《云南社会科学》1990 年第 3 期。

[118]　魏农建、刘静波:《产业结构调整的政治经济学诠释》,《产经评论》2011 年第 1 期。

[119]　吴宏洛:《产业结构调整与政府角色定位》,《福建教育学院学报》2002 年第 4 期。

[120]　吴树青:《马克思关于社会生产两大部类的学说及其在社会主义再生产中运用的几个问题》,《光明日报》1962 年 1 月 8 日。

[121]　〔美〕西奥多·W. 舒尔茨:《人力投资——人口质量经济学》,贾湛、施炜等译,华夏出版社 1990 年版。

[122]　〔法〕西斯蒙第:《政治经济学新原理》,何钦译,商务印书馆1964 年版。

[123]　夏杰长:《计划与市场的双重失效是产业结构调整的最大障碍》,《湘潭大学学报》(社会科学版) 1991 年第 1 期。

[124]　〔日〕香西泰:《复兴时期》,载小宫隆太郎、奥野正宽、铃村兴太郎《日本的产业政策》,黄晓勇等译,国际文化出版公司 1988年版。

[125]　肖梁:《论价格在经济结构调整中的杠杆作用》,《经济体制改革》2002 年第 5 期。

[126]　〔日〕小宫隆太郎:《日本的企业制度与政府宏观调控》,李建勇、刘锡良译,西南财经大学出版社 1992 年版。

[127]　〔日〕小宫隆太郎:《序章》,载小宫隆太郎、奥野正宽、铃村兴太郎《日本的产业政策》,黄晓勇等译,国际文化出版公司 1988年版。

[128]　〔日〕小林义雄:《战后日本经济史》,孙汉超、马军雷译,商务印书馆 1985 年版。

[129]　熊红星:《抛弃反垄断——奥地利学派垄断思想述评》,《产业经济评论》2009 年第 4 期。

[130]　薛亮:《产业政策和产业结构调整》,《计划经济研究》1992 年第6 期。

[131]　〔英〕亚当·斯密:《国民财富的性质和原因的研究》(上卷),郭

大力、王亚南译，商务印书馆 1972 年版。

[132] [英] 亚当·斯密：《国民财富的性质和原因的研究》（下卷），郭
大力、王亚南译，商务印书馆 1972 年版。

[133] [匈] 亚诺什·科尔内：《反均衡》，刘吉瑞、邱树芳译，中国社
会科学出版社 1988 年版。

[134] 杨坚白：《试论农业、轻工业、重工业比例和消费、积累比例之间
的内在联系》，《经济研究》1961 年第 12 期。

[135] 杨文进：《产业结构调整与宏观经济运行稳定性关系研究》，《经济
纵横》2012 年第 9 期。

[136] [美] 伊斯雷尔·柯兹纳、穆雷·罗斯巴德等：《现代奥地利学派
经济学的基础》，王文玉译，浙江大学出版社 2008 年版。

[137] [美] 伊斯雷尔·柯兹纳：《竞争与企业家精神》，刘业进译，浙
江大学出版社 2013 年版。

[138] [美] 伊斯雷尔·柯兹纳：《市场过程的含义》，冯兴元等译，中
国社会科学出版社 2012 年版。

[139] 雍文远：《关于扩大再生产的公式问题》，《学术月刊》1962 年第
5 期。

[140] 尤安山：《拉美债务危机：原因及对策》，《拉丁美洲研究》1986
年第 1 期。

[141] [英] 约翰·梅纳德·凯恩斯：《就业、利息和货币通论（重译
本）》，高鸿业译，商务印书馆 2007 年版。

[142] [英] 约翰·伊特韦尔等：《新帕尔格雷夫经济学大辞典》（第二
卷），经济科学出版社 1996 年版。

[143] [英] 约翰·伊特韦尔等：《新帕尔格雷夫经济学大辞典》（第三
卷），经济科学出版社 1996 年版。

[144] [英] 约翰·伊特韦尔等：《新帕尔格雷夫经济学大辞典》（第四
卷），经济科学出版社 1996 年版。

[145] [美] 约瑟夫·熊彼特：《从马克思到凯恩斯十大经济学家》，宁
嘉风译，商务印书馆 1965 年版。

[146] [美] 约瑟夫·熊彼特：《经济发展理论——对于利润、资本、信
贷、利息和经济周期的考察》，何畏、易家详等译，商务印书馆
2011 年版。

［147］［美］约瑟夫·熊彼特:《资本主义、社会主义与民主》,吴良健译,商务印书馆 1999 年版。

［148］张俊:《产业结构调整的价格阻逆及对策》,《经济问题探索》1992 年第 4 期。

［149］［日］植草益:《石油危机以后》,载小宫隆太郎、奥野正宽、铃村兴太郎《日本的产业政策》,黄晓勇等译,国际文化出版公司 1988 年版。

［150］《中共中央关于全面深化改革若干重大问题的决定》,人民出版社 2013 年版。

［151］中华人民共和国国务院:《国务院关于印发国家基本公共服务体系"十二五"规划的通知》,2012 年 7 月 20 日,中国政府网(ht-tp://www. gov. cn/zwgk/2012 – 07/20/content_ 2187242. html)。

［152］［日］中央大学经济研究所:《战后日本经济》,盛继勤译,中国社会科学出版社 1985 年版。

［153］周幼曼:《一些发达国家推进基本公共服务均等化的经验与启示》,《理论建设》2013 年第 4 期。

［154］周叔莲:《我国产业结构调整和升级的几个问题》,《中国工业经济》1998 年第 7 期。

［155］朱海就:《大改革:中国市场化改革的理论与现实取向》,福建教育出版社 2012 年版。

［156］朱海就:《知识、企业家才能与生产结构的演进》,《社会科学战线》2011 年第 7 期。

［157］［日］佐贯利雄:《日本经济的结构分析》,周显云、杨太译,辽宁人民出版社 1988 年版。

［158］Ackerloff G. , "The Market for Lemons: Quality Uncertainty and the Market Mechanism", *The Quarterly Journal of Economics*, 84 (3), 1970.

［159］Adaman F. & Devine P. , "The Economics Calculation Debate: Lessons for Socialists", *Cambridge Journal of Economics*, 20 (5), 1996.

［160］Albu L. L. & Georgescu G. , *Problems in the Structure of Romania's Economy*, University Library of Munich, Germany, 1994.

［161］Amsden A. , *Asia's Next Giant: South Korea and Late Industrialization*,

New York: Oxford University Press, 1989.

[162] Arrow K. J. & Debreu G. , "Existence of an Equilibrium for a Competitive Economy", *Economica*, 22 (3), 1954.

[163] Barone E. , "The Ministry of Production in the Collectivist State", Hayek F. A. , *Collectivist Economic Planning*, London: Routledge and Kegan Paul Ltd. , 1935.

[164] Baumol W. J. , "Entrepreneurship in Economic Theory", *The American Economic Review*, 58 (2), 1968.

[165] Beason R. & Weinstein D. E. , "Growth, Economies of Scale, and Targeting in Japan (1955 – 1990)", *The Review of Economics and Statistics*, 78 (2), 1996.

[166] Boettke P. J. & Leeson P. T. , "Liberalism, Socialism, and Robust Political Economy", *Journal of Markets & Morality*, 7 (1), 2012.

[167] Boettke P. J. , *Socialism or the Market: The Socialist Calculation Debate Revisited*, New York: Routledge, 2000.

[168] Boltho A. , "Was Japan's Industrial Policy Successful?", *Cambridge Journal of Economics*, 9 (2), 1985.

[169] Brander J. A. , "Rationales for Strategic Trade and Industrial Policy", in Krugman P. R. (ed.), *Strategic Trade Policy and the New International Economics*, Cambridge: The MIT Press, 1986.

[170] Chaloupek G. K. , "The Austrian Debate on Economic Calculation in a Socialist Economy", *History of Political Economy*, 22 (4), 1990.

[171] Clark C. , *The Conditions of Economic Progress*, New York: St. Martin's Press, 1940.

[172] Coase R. H. , "The Nature of the Firm", *Economica*, 4 (16), 1937.

[173] Cottrell A. & Cockshott W. P. , "Calculation, Complexity and Planning: The Socialist Calculation Debate Once Again", *Review of Political Economy*, 5 (1), 1993.

[174] De Soto J. H. , *The Theory of Dynamic Efficiency*, New York: Routledge, 2009.

[175] Debreu G. , *Theory of Value: An Axiomatic Analysis of Economic Equilibrium*, New Haven: Yale University Press, 1959.

[176] Desrochers P. , "Industrial Symbiosis: The Case for Market Coordination", *Journal of Cleaner Production*, 12 (8), 2004.

[177] Donzelli F. , "The Influence of the Socialist Calculation Debate on Hayek's View of General Equilibrium Theory", *Revue Européenne Des Sciences sociales*, 31 (96), 1993.

[178] Economic Commission for Latin America, *The Economic Development of Latin America and Its Principal Problems*, New York: United Nations Publication, 1950.

[179] Fedderke J. W. , "Competition, Industrial Structure and Economic Growth", *Monetary Policy and the Challenge of Economic Growth: South African Reserve Bank Conference Series* 2012, 2013.

[180] Foss N. J. , "The Theory of the Firm: The Austrians as Precursors and Critics of Contemporary Theory", *The Review of Austrian Economics*, 7 (1), 1994.

[181] Ghemawat P. & Kennedy R. E. , "Competitive Shocks and Industrial Structure: The Case of Polish Manufacturing", *International Journal of Industrial Organization*, 17 (6), 1999.

[182] Gray J. , *Hayek on Liberty*, Oxford: Basil Blackwell Ltd. , 1984.

[183] Hausmann R. & Rodrik D. , "Economic Development as Self – discovery", *Journal of Development Economics*, 72 (2), 2003.

[184] Hayek F. A. , *Collectivist Economic Planning*, London: Routledge & Kegan Paul Ltd. , 1935.

[185] Hayek F. A. , *Denationalisation of Money: An Analysis of the Theory and Practice of Concurrent Currencies*, London: Institute of Economic Affairs, 1976.

[186] Hayek F. A. , *Individualism and Economic Order*, Chicago: University of Chicago Press, 1948.

[187] Hayek F. A. , *Rules, Perception and Intelligibility*, Oxford: Oxford University Press, 1962.

[188] Hayek F. A. , "The Moral Imperative of the Market", *The Unfinished Agenda: Essays on the Political Economy of Government Policy in Honour of Arthur Seldon*, London: Institute of Economy Affairs, 1986.

[189] Hayek F. A. , "The Use of Knowledge in Society", *The American Economic Review*, 35 (4), 1945.

[190] Hobbs C. , Lee I. & Haines G. , et al. , "Implementing Multicultural Policy: An Analysis of the Heritage Language Program, 1971 – 1981", *Canadian Public Administration*, 34 (4), 1991.

[191] Hülsmann J. G. , "Knowledge, Judgment, and the Use of Property", *The Review of Austrian Economics*, 10 (1), 1997.

[192] Kirzner I. M. , "Entrepreneurial Discovery and the Competitive Market Process: An Austrian Approach", *Journal of Economic Literature*, 35 (1), 1997.

[193] Kirzner I. M. , "The Economic Calculation Debate: Lessons for Austrians", *The Review of Austrian Economics*, 2 (1), 1988.

[194] Kornai J. , *Anti – equilibrium*, Amsterdam: North – Holland Publishing Co. , 1971.

[195] Kornai J. , "The Hungarian Reform Process: Visions, Hopes, and Reality", *Journal of Economic Literature*, 24 (4), 1986.

[196] Lall S. , *Learning from the Asian Tigers: Studies in Technology and Industrial Policy*, London: Macmillan Publishers Ltd. , 1997.

[197] Lange O. , "On the Economic Theory of Socialism: Part One", *The Review of Economic Studies*, 4 (1), 1936.

[198] Lange O. , "On the Economic Theory of Socialism: Part Two", *The Review of Economic Studies*, 4 (2), 1937.

[199] Leontief W. , "Quantitative Input and Output Relations in the Economic Systems of the United States", *The Review of Economics and Statistics*, 18 (3), 1936.

[200] Lewis W. A. , "Economic Development with Unlimited Supplies of Labour", *The Manchester School*, 22 (2), 1954.

[201] Libecap G. D. , *Contracting for Property Rights*, Cambridge: Cambridge university Press, 1993.

[202] Lin J. Y. , *Economic Development and Transition: Thought, Strategy, and Viability*, Cambridge: Cambridge University Press, 2009.

[203] Lluch C. , "The Extended Linear Expenditure System", *European Eco-*

nomic Review, 4（1），1973.

[204] Mises L. V. , *Economic Calculation in the Socialist Commonwealth*, Auburn: Ludwig von Mises Institute, 1990.

[205] Myrdal G. , *Economic Theory and Under – developed Regions*, London: Duckworth, 1957.

[206] Neurath O. , "Economics in Kind, Calculation in Kind and Their Relation to War Economics", *Otto Neurath Economic Writings Selections 1904 – 1945*, Berlin: Springer Netherlands, 2005.

[207] O' Neill J. , "Knowledge, Planning and Markets: A Missing Chapter in the Socialist Calculation Debates", *Economics and Philosophy*, 22 (1), 2006.

[208] Okuno – Fujiwara M. , "Interdependence of Industries, Coordination Failure and Strategic Promotion of an Industry", *Journal of International Economics*, 25 (1), 1988.

[209] Pareto V. , *Manual of Political Economy*, London: Macmillan Publishers Ltd, 1927.

[210] Patrick H. , " The Future of the Japanese Economy: Output and Labor Productivity", *Journal of Japanese Studies*, 3 (2), 1977.

[211] Polanyi M. , *Personal Knowledge: Towards a Post – critical Philosophy*, Chicago: The University of Chicago Press, 1962.

[212] Polanyi M. , *The Study of Man*, Chicago: The University of Chicago Press, 1958.

[213] Powell B. , "State Development Planning: Did It Create an East Asian Miracle?" *The Review of Austrian Economics*, 18 (3 – 4), 2005.

[214] Robbins L. , *An Essay on the Nature and Significance of Economic Science*, Auburn: Ludwig von Mises Institute, 2007.

[215] Rostow W. W. , *The Stages of Economic Growth: A Non – communist Manifesto*, New York : Cambridge University Press, 1960.

[216] Rothbard M. N. , *Man, Economy, and State: A Treatise on Economic Principles*, Auburn: Ludwig von Mises Institute, 2004.

[217] Ryle G. , "Knowing How and Knowing That: The Presidential Address", *Proceedings of the Aristotelian Society*, 46 (9), 1945.

[218] Samuelson P. A. , "Alvin Hansen as a Creative Economic Theorist", *Quarterly Journal of Economics*, 90 (1), 1976.

[219] Schultze C. L. , "Industrial Policy: A Dissent", *The Brookings Review*, 2 (1), 1983.

[220] Schumpeter J. A. , *The Theory of Economic Development: An Inquiry into Profits, Capital, Credit, Interest, and the Business Cycle*, New Jersey: Transaction Publishers, 1934.

[221] Shapiro D. , "Reviving the Socialist Calculation Debate: A Defense of Hayek against Lange", *Social Philosophy and Policy*, 6 (2), 1989.

[222] Spence M. , "Job Market Signaling", *The Quarterly Journal of Economics*, 87 (3), 1973.

[223] Stiglitz J. E. , "The Role of the State in Financial Markets", *World Bank Economic Review*, 7 (1), 1993.

[224] Stiglitz J. E. , "Equilibrium in Product Markets with Imperfect Information", *The American Economic Review*, 69 (2), 1979.

[225] Stone R. , "Linear Expenditure Systems and Demand Analysis: An Application to the Pattern of British Demand", *Economic Journal*, 64 (255), 1954.

[226] Taylor F. M. , "The Guidance of Production in a Socialist State", *The American Economic Review*, 19 (1), 1929.

[227] Wade R. , *Governing the Market: Economic Theory and the Role of Government in East Asian Industrialization*, Princeton: Princeton University Press, 1990.

[228] Wheeler J. W. , Janow M. E. & Pepper T. , et al. , *Japanese Industrial Development Policies in the 1980's: Implications for US Trade and Investment*, Washington: Hudson Institute, 1982.

[229] Williamson J. , "What Washington Means by Policy Reform", *Latin American Adjustment: How Much has Happened*, 7, 1990.

[230] World Bank, *The East Asian Miracle: Economic Growth and Public Policy*, Oxford: Oxford University Press, 1993.

[231] Zygmont Z. X. , "Debating the Socialist Calculation Debate: A Classroom Exercise", *The Journal of Economic Education*, 37 (2), 2006.

索 引

后 记

时间回到 2004 年 9 月，那是 10 年前。初秋的武汉，依然炎热。凌晨 3 点多，父母和我背着大包小包的行李，迎着湿热的空气，在武昌火车站走下火车。此时的我，懵懵懂懂，但心情激动，对即将到来的大学生活充满无限期待。那 4 年，在美丽的中南财经政法大学，青春洋溢着激情，我似乎永远都不会感到疲惫。学习和考试，对于一个在河南省经历了严酷高中学习的学生来说，并不困难。① 终于考上重点大学，我渴望更多的经历和挑战。于是大学 4 年，我在学习之余参加了各种活动，生活忙碌而充实。除了每年都获得奖学金，从新生演讲比赛一等奖到湖北省优秀学士学位论文一等奖，毕业之时，我抱回家二十多本荣誉证书。这些证书放在家中的书柜里，我已多年没有翻看，但它们背后的故事，我却经常想起。最重要的是那些经历、那些人，我永远也不会忘记。

感谢大学 4 年辛勤教导我的老师们。许国新教授是我的本科生导师，他是一位慈祥、睿智的长者，他逐字逐句为我修改调研报告的情景如在昨日；廖涵教授和孙荃教授分别是我的本科毕业论文和学年论文指导老师，是他们引领我学术入门；江勇教授是我的系主任，2007 年获得保研资格的我 10 月来北京面试时和他在中共中央党校门口碰巧相遇，他的建议坚

---

① 由于人口数量和国家高等教育资源分配的极不对称，河南省的高考竞争异常激烈（以 2008 年为例，河南省高考一本录取率仅为 3.2%，远低于 9.5% 的全国平均水平。2009 年以后，由于高考报名人数下降等原因，一本录取率才有所增加）。因此，河南省的高中教育也相对更为严酷。在我就读的河南省伊川高中，学生一般每半个月才被允许回家一次，每天凌晨 5 点起床，点名、跑步、早读，晚上要上三节晚自习，10 点多才能回宿舍睡觉。熄灯后，不少同学还会拿手电筒再学习一会儿。为了梦想，大家都刻苦努力、坚韧不拔。这样的历练一方面让我心理承受痛苦，另一方面磨炼了我的意志，培养了我的学习能力。

定了我到中央党校攻读硕士研究生的决心；朱巧玲教授虽然没有给我们班上过课，但我经常到别的班听她的课；还有曾繁华教授、方时娇教授、陈立兵副教授等老师，他们对我的关心、教导和爱护不仅使我学业有成，而且让我走向成熟。感谢陪我一起度过青春最美好4年的大学同学们。邱香、黄能强、黄修方、肖正昱、张世磊、吕长城、黄彩莲、乌仁娜……这些大学同窗是我一生的朋友。特别要感谢黄瑞绍师姐，没有她的帮助，我就不会成功申请"博文杯"大学生百项实证创新基金；没有她的指导，我也不会顺利保研。她总在关心和照顾别人，就像一朵美丽的百合花，把芬芳留给大地。

　　回顾那4年，可以用八个字概括我的大学生活：绚丽多彩，不虚此行。至少在当时，我是这么认为的。然而现在，我的看法有了变化。后来我知道，在我入学的20多年前，有位学长从湖南省也考入这所大学，和当时的他相比，我还差得很远。年轻时都拼命考学，初入大学时的兴奋与期待，想必我们都是一样的。我们在同一个地方挥洒青春，放飞梦想，和我不同的是，他没有参加那么多活动，而是把大部分时间都用在了图书馆里。他在本科时就系统地读完了亚当·斯密、大卫·李嘉图、马歇尔、凯恩斯等经济学大师的名著。说来惭愧，这些著作大部分我都是在硕士、博士研究生时才读完。我在大学只是学到知识，而他不仅学到知识，还积累了学术。这位学长就是我的博士生导师——王东京教授。

　　博士刚入学，导师就对我说："要好好读书，在我这里，是混不过去的。"博士3年，导师耳提面命，严格要求。我不敢懈怠，一直认真读书、勤奋写作。与本科、硕士研究生时期相比，攻读博士期间我大部分时间都在书桌前度过，生活似乎缺少一些趣味。尽管在研究生院的老师和同学看来，我的学术做得还算不错，每年都被评为优秀研究生，每次学术征文比赛都会获奖，参加了不少课题研究，发表了近20篇学术文章，主持研究生院周二学术讲座，还曾代表年级与时任副校长的李书磊教授座谈经典著作阅读，代表年级参加研究生院2014年春季学期学位研究生"读经典"交流会。但面对导师犀利的提问，我还是感到捉襟见肘，在学术上远远达不到他的要求。博士前两年，我主要按照古典经济学、新古典经济学的发展脉络阅读经典著作，但导师为我选定的学位论文题目，需要阅读大量奥地利学派及其相关著作，因此这一年的论文写作，前期极为艰难。奥地利学派的思想博大精深、视角独到，米塞斯、哈耶克等大师的不少著作都较为艰深，要读完读懂，需要大量的时间和极大的耐心。但多加研读之后，会有一种豁然开朗的感觉。用其中的真知灼见观察和分析产业结构调整等经济问题，大有拨云见日之感。通过研读经典著作，把问题想清楚之后，论文写作自然也就水到渠成。导师的远见卓识和谆谆教诲让我选择并完成了一个理论性很强、富有挑战性的课题，他为这篇论文也付出了很多心血。感谢导师的悉心指导和严格要求。这 3 年，导师担任中央党校教务部主任，并成为校委委员，于 2014 年 3 月晋升为教育长，工作非常繁忙，但每次和我谈论论文，他都耐心指导，诲人不倦。导师不经意的点拨，常常让我茅塞顿开，克服写作中遇到的困难。尽管导师像约翰·穆勒的父亲一样，缺乏一点温柔，但父爱如山，导师就像那座关怀、庇护我的大山，他对学生的关爱厚重深沉，给我力量，让我成长。①

　　当我在读书过程中感到沮丧时，我的硕士生导师孙小兰教授总会安慰和鼓励我。她说："没关系，书是读不完的，什么时候说你要多读书都不会错。"博士生补助微薄，孙老师，还有经济学教研部副主任梁朋教授经常带我参加一些课题研究，一方面锻炼了我的科研能力；另一方面让我获得了不菲的稿酬，改善了生活。在此，向两位老师致以衷心的感谢。谢鲁江和胡希宁两位教授在我论文开题和写作过程中给了我巨大的支持和帮助。我非常喜欢听谢老师的课，他对经济学理论体系的融会贯通让人叹为观止，每次听他的课都受益匪浅。胡老师是中央党校西方经济学领域的资深教授，他的博学与敬业让学生们肃然起敬。经济学教研部的赵振华、潘云良、曹立、石霞、陈宇学、李继文等教授在我硕士、博士 6 年的学习生涯中都给予我很多指导，使我的学业日益精进。中国人民大学经济学院陈享光教授担任我的论文答辩委员会主席，他和中国社会科学院数量经济与技术经济研究所党委书记何德旭研究员、中央党校经济学教研部梁朋教授、谢鲁江教授和曹新教授五位专家在论文答辩时向我提出了宝贵的修改

---

　　① 作为古典经济学的集大成者，约翰·穆勒取得了巨大的学术成就，同时也有令人惊奇的成长历程，这与他父亲詹姆斯·穆勒的严格培养密切相关。在父亲的指导下，约翰·穆勒在 3 岁时开始学习希腊语，8 岁时就开始阅读古希腊哲学原著。他在《自传》中写道，他父亲让他从小就读经典，只被允许有少量的玩具和儿童书籍，不允许度假或与其他小孩过多联系，以防止工作习惯被打断或养成懒散的习性。约翰·穆勒说，他的父亲"与他孩子之间的精神联系主要缺乏的因素就是温柔"。（［美］斯坦利·L. 布鲁、兰迪·R. 格兰特：《经济思想史》，邸晓燕等译，北京大学出版社 2008 年版，第 110 页）

意见。中国社会科学院城市与竞争力研究中心主任倪鹏飞教授在我攻读博士期间邀请我参与多项课题研究，进一步锻炼了我的科研能力。研究生院培养处处长董节英老师是我在中央党校认识的第一位老师，2007 年时她在研招办工作，正是她的电话让获得保研资格的我来到中央党校。这么多年来，她一直非常关心我。同样，我们 2011 级博士生组织员——亲爱的苏燕老师，经济学教研部党总支书记——亲切的鲍永升老师也都非常关心我的学习和生活。对以上这些恩师的感恩之情，溢于言表。

　　父母是人生的第一任老师，感谢他们赐予我生命，并教育我辨善恶、知感恩、守孝悌、懂礼节。厚重的中原大地是一个多产故事的地方，我父母两个家族的先祖都经历了巨大的苦难。到父母这一代，生活终于安定下来。我的母亲是外公外婆的第一个孩子，她下面有好几个弟弟妹妹。母亲小的时候，中国还很贫穷，她很早就承担起家庭的重担。7 岁时，外公在外工作，外婆去种地，她要为弟弟妹妹做饭。由于太过幼小够不到案板，母亲把板凳搬到厨房，站在板凳上擀面条。照顾好弟弟妹妹、做完家务、喂完猪才能去上学，这时她还要把襁褓中的弟弟或妹妹背在身后，一边上课，一边照料。母亲的辛劳使她在家族中获得了广泛的尊重，我的舅舅和姨妈以及他们的朋友见到我母亲都会毕恭毕敬地喊"大姐"。这一声"大姐"背后有多少那个时代的辛酸故事。其实，母亲这样的经历对于中国很多 20 世纪 60 年代前后出生的人来说并不陌生，这是那一代中国人的写照。从父母这一代到我这一代，中国人的生活发生了翻天覆地的变化。中国能有今天的发展成就实属不易，我们有什么理由不去珍惜今天的生活呢？我的父亲天资聪颖，是家族中第一个接受现代高等教育的人。他为人正直，待人宽厚，有极好的人缘。如今，父母都已年过半百，两鬓斑白。在我读博士期间，他们数次病倒住院，但为不影响我学习，都没有告诉我。这时，我的妹妹默默地承担起照顾父母的重任，她非常懂事。从小到大，尽管我有时会责备她，但发自内心地疼爱她。特别是在我上大学后，我希望在家乡的她也能有更广阔的视野。在外读书这些年，我邀她到武汉、北京游玩，带她到上海看世博会，到江西访名山，意在让她走出家乡，增长见识，体验更多人生精彩。我爱我的父母，我的妹妹，我所有的亲人。现在，我终于完成学业，将要走上工作岗位。我会努力工作，成为他们坚实的依靠。

　　有亲人和朋友，人生才充满意义。感谢赵杰、郭柯、杨松、宋飞、胡朝晖、舒志彪等博士同门师兄弟，熊瑞杰、李凤健等硕士同门师弟，延安市副市长彭祖佑、江西道口金融服务有限公司董事长谢世冬、中国人民大学硕士研究生郝江浩、中共青岛市委党校李光全博士、中共上海市委党校潘文轩副教授、上海财经大学龚剑博士等好友在我论文写作及攻读博士期间对我的关心、鼓励、支持和帮助。另外，感谢我的答辩秘书，可爱的贾佳师妹，她在论文答辩前后辛苦奔走，为答辩的顺利进行付出了心血。

最后要感谢的，是我的妻子周幼曼博士以及我的岳父、岳母。我和幼曼 2008 年相识于校园，一起攻读硕士，一起考上博士。这些年虽然清贫辛苦，但十分快乐幸福。我们一起读书，一起写作，一起游玩，博士毕业之际一起被评选为"北京市普通高等学校优秀毕业生"，留下了许多美好宝贵的青春记忆。她是那么可爱、善良和善解人意，对我无所求，只愿和我在一起。她总想给我买好一点的衣服，看到我穿新衣服就特别开心，但却舍不得为自己买。我主持的每一次学术讲座，她都坐在台下默默地关注和支持。我们在 2012 年 6 月 5 日领取结婚证，这是她选的日子，因为这一天对于学习经济学的人来说有特殊的意义。6 月 5 日，既是亚当·斯密的生日，也是凯恩斯的生日。有幼曼这样的学术伴侣、人生伴侣，夫复何求？我的岳父、岳母一直十分关心我，能成为他们的女婿，是我的荣幸。我会照顾好幼曼，并像孝敬自己的父母那样孝敬他们。

读博士不易，相信所有读过博士的人都有这样的感慨。但坚持就是胜利，再苦、再难、再累，也打不倒坚强的博士；论文、工作、生活，三重压力再大也压不垮坚强的博士。10 年高等教育的学术积累凝结在这篇博士论文中，这既是学生生涯之结束，也是一个人生新时代的开始。我的导师一心以天下为己任，他曾对我说："人就这一辈子，平平淡淡是活着，轰轰烈烈也是活着。与其这样，为什么不轰轰烈烈地活一回？"导师的教诲，我谨记在心。离开校园，我要在工作岗位上努力工作，笔耕不辍。千言万语，化为一句话：心怀天下，脚踏实地，珍惜时光，努力奋斗，创造人生精彩！

康 珂

2014 年 6 月于中共中央党校

出版后记

本书是在我博士论文基础上增加新的研究成果形成的，主体部分为博士论文，附件部分为获得博士学位后的进一步研究。2014年7月博士毕业后，我到中国工商银行从事博士后研究工作（与中国人民大学联合培养）。两年后出站留行，正式开启职业生涯。作为企业博士后，一边要进行学术研究，一边要从事课题对口部门的业务工作，经常加班至深夜。这几年，我也经历了很多人生大事：毕业、工作、买房、一儿一女先后出生……忙忙碌碌，因此直到毕业近3年后，论文才得以出版。不过，正是这3年的时光，给了我更充分的时间检验论文观点，让我能够理论联系实际，观察和思考中国经济的现实问题。

令人欣慰的是，论文主要观点初步得到了近年来中国经济发展和政策走势的验证，为认识经济新常态和解析供给侧结构性改革提供了一个很好的视角。基于论文的理论框架，毕业后我写作了不少可读性相对较强的财经评论文章，形成一系列博士论文的延伸应用成果。这些成果附于书中一并出版，希望能为读者研究产业结构和供给侧结构性改革的相关问题以及观察中国经济提供一定的参考。

很荣幸本书能入选"中国社会科学博士论文文库"，并由中国社会科学出版社出版。特别感谢中国社会科学出版社的侯苗苗女士，这3年来，她给予我充足的时间完善书稿，为本书的出版付出了很多心血。感谢我的博士生导师王东京教授、博士后导师姜建清先生、胡浩先生和张杰教授对我学业及人生的指导。感谢我的父母、岳父岳母、妻子和孩子对我的关心与支持。感谢李文漪、王虎和高溱三位同事对本书英文摘要和目录的校对修改。

最后，再次感谢我的亲人、恩师和好友。有你们，我的奋斗才充满意义；有你们，我对生活才如此热爱。

康 珂
2017 年 4 月于北京海淀